MADAME DE SOMMERVILLE

SUIVI DE

LA CHASSE AU ROMAN

PAR

JULES SANDEAU

NOUVELLE ÉDITION

REVUE ET CORRIGÉE PAR L'AUTEUR.

PARIS,

CHARPENTIER, LIBRAIRE-ÉDITEUR,

19, RUE DE LILLE, FAUBOURG SAINT-GERMAIN.

1852

MADAME
DE SOMMERVILLE

SUIVI DE

LA CHASSE AU ROMAN

CORBEIL, typ. et stér. de CRÉTÉ.

MADAME
DE SOMMERVILLE.

MADAME DE SOMMERVILLE.

Saint-Léonard est une pauvre ville en pays marchois. Si vous faites jamais un voyage aux rives de la Creuse, prenez à l'entrée du faubourg le sentier qui se sépare de la grande route : vous aurez d'un côté la montagne, couverte de genêts dorés, et de l'autre la Creuse, qui vous semblera de loin un large ruban jeté sur la plaine. Ce pays vous plaira : il est pauvre, mais pittoresque ; vous aimerez le bruit de ses torrents et le calme de ses petits lacs perdus au milieu des bruyères. Après deux heures de marche, vous arriverez à Anzème : c'est un misérable hameau tapi sous une masse de chênes et de châtaigniers comme un nid d'oiseau dans un buisson. Ses rustiques habitations communiquent entre elles par des *traînes* bordées d'aubépine et de sureau. Ces rues de feuillages et de fleurs enferment comme les quartiers d'une ville les enclos cultivés, où le vieux buis croît à côté de la ruche d'abeilles. Les carrés de légumes, symétriquement encadrés dans des bordures du thym, laissent encore place à des roses de Provins, qui s'enfoncent dans la haie comme pour regarder en dehors et brillent parmi la verdure. Le chaume des maisons est lui-même devenu parterre et nourrit des familles de giroflées jaunes, des guirlandes de houblon, des tapis de lierre ; jusque sur les marges du chemin serpentent des liserons de neige, qui se mirent dans l'eau courante échappée aux mille veines de la colline. Si vous suivez le cours de la Creuse, au sortir du village, vous aurez, en face du moulin qui s'élève élégant et fier sur la rive opposée, avec sa façade neuve, ses nombreux étages et son toit ardoisé, la garenne au fond de laquelle, humble et mélancolique, se cache le château seigneurial.

Par une soirée d'automne, deux jeunes gens étaient assis sur la terrasse du château d'Anzème. La soirée était belle : les étoiles brillaient au ciel, la lune montrait son pâle visage à travers le rideau de peupliers qui borde la Creuse. Tout dormait au village ; le silence de la nuit n'était troublé que par le bruit de l'eau, qui se fâchait avec les cailloux de son lit, et par les aboiements des chiens qui hurlaient à longs intervalles. Ces deux jeunes gens étaient tristes et recueillis.

« C'est une étrange destinée, dit enfin le plus âgé en se levant et prenant le bras de son jeune ami, que celle qui nous réunit dans ces lieux que tant de fois, sous les arbres de notre collège, nous nous étions promis de visiter ensemble. Cette destinée, je voudrais la dire heureuse, mais trop de jours ont passé sur les rêves de notre jeune âge. La vie est mauvaise pour tous : pourquoi donc m'avoir demandé le récit de la mienne ? Vous autres, pour qui l'existence fut longtemps revêtue de riants et beaux aspects, vous donnez à vos premières douleurs je ne sais quelle importance qui vous rend à vos yeux le centre de toutes choses : vous prétendez alors être seuls à souffrir ce que tous ont souffert avant vous, et, à voir la vanité du malheur qui vous enivre, on dirait que votre âme, en se brisant, a dérangé l'harmonie du monde. Pour moi, j'ai compris de bonne heure la valeur réelle d'une âme solitaire et froissée dans l'immensité des êtres, et je sais pratiquer mieux que vous l'humilité de la douleur. Aussi, en face de cette nuit, dont le recueillement semble promettre à mon récit une solennité épique qui sied mal à sa vulgarité, peut-être hésiterais-je à vous confier le secret enfermé dans mon cœur, si vous ne deviez y puiser de grands enseignements de force et de résignation... Venez, ajouta-t-il en entraînant son ami vers le perron du château... Cette demeure est inhabitée, ceux qui la peuplaient de gracieuses images ne sont plus : le monde les posséda sans les connaître, et moi, qui les ai connus, je reste ici-bas à les pleurer. »

Tous deux allèrent s'asseoir sur l'une des marches du perron. Le jeune homme resta longtemps plongé dans l'amertume de ses souvenirs ; il parcourut longtemps de son triste regard la solitude des lieux qui l'entouraient ; puis il commença d'une voix émue le récit suivant.

I

J'avais vingt-cinq ans lorsque la mort de mon père me laissa possesseur d'une fortune médiocre et d'un trésor inappréciable. Ce trésor était ma sœur, qui comptait quinze ans à peine ; notre mère était morte en lui donnant le jour. Près d'expirer, mon père appela ses deux enfants à son chevet : il prit nos mains dans les siennes, et, après m'avoir confié solennellement le bonheur de sa fille, il nous fit jurer de nous aimer et de vivre unis. Ma sœur et moi nous nous jetâmes dans les bras l'un de l'autre ; notre père nous bénit et mourut. C'est de cet instant qu'a commencé ma vie : auparavant, je n'étais guère qu'un enfant ; en me créant un devoir, la mort de mon père me fit homme. Ce devoir, je l'acceptai avec amour, avec orgueil ; je délaissai les projets ambitieux qui m'avaient longtemps souri ; je ne voulus point soumettre aux chances de leur succès l'avenir d'une tête si chère, et je lui sacrifiai avec transport les rêves de ma jeunesse.

Peut-être ne savez-vous pas tout ce que le ciel a mis de tendresse et d'amour dans le cœur de deux pauvres enfants qui n'ont, après Dieu, d'autre appui ni d'autre famille qu'eux-mêmes ; peut-être ignorez-vous tout ce qu'il y a de bonheur dans cette union sainte et fraternelle. Je ne crois pas que deux amants puissent, loin du monde, dans un élysée de leur choix, vivre des jours plus enchantés que ceux que j'ai vécus avec ma jeune sœur. Nous étions deux amants, moins l'amour. Il y avait dans son affection pour moi toute la naïve expansion de son âge, et dans ma tendresse pour elle un sentiment de protection qui donnait à mon existence une grande solennité. Je compris dès lors que la poésie de la vie est dans l'accomplissement d'un devoir.

On nous voyait rarement à Saint-Léonard : Nancy préférait le séjour de notre petite propriété, que je faisais valoir et dont le revenu suffisait à nos besoins. Nous y vivions seuls et retirés avec la nourrice de ma sœur. L'hiver, qui est fort rigoureux en ces contrées, ne nous a jamais exilés à la ville. A moins que je n'y fusse appelé par les intérêts de notre modeste fortune, je ne m'y rendais guère que le dimanche pour accompagner Nancy à la messe ; encore préférions-nous aller l'entendre à l'église d'Anzème, lorsque le temps était beau et que les sentiers nous permettaient d'atteler la carriole.

Nous partions le matin aussitôt que le vent nous apportait le premier son des cloches, et le soir nous ramenait toujours à *La Baraque*. C'est ainsi que ma sœur appelait notre maisonnette : vous pourriez en voir d'ici là façade blanche et les volets verts, si la lune ne projetait sur elle les grandes ombres des chênes qui la dominent. La Creuse coule à ses pieds sous un berceau d'aulnes et de trembles ; les bois du coteau la protégent contre les bises de décembre et contre les ardeurs de l'été.

C'est là que nous avons vécu des jours d'une vie bien heureuse. Le monde n'excitait pas nos regrets : nous nous étions l'un à l'autre un monde toujours aimable. Notre existence coulait paisible comme les eaux de notre rivière, mais jamais aucun nuage n'en altérait la limpidité. Pauvres à la ville, nous étions riches aux champs et nous faisions du bien aux pauvres de notre village. Ils nous le rendaient en bénédictions, et Dieu les exauçait toutes, car chaque jour donnait à ma sœur une grâce nouvelle, une vertu de plus. C'était bien un ange du Seigneur ; les femmes du pays l'appelaient leur fille et lui baisaient les mains ; lorsqu'elle traversait le hameau, un murmure d'admiration naïve s'élevait sur ses pas. Sa présence consolait les douleurs et doublait la joie de tous : les mourants croyaient à la vie lorsqu'elle allait s'asseoir à leur chevet ; il n'était pas d'heureuse fête si je n'ouvrais le bal avec elle dans la grange ou sous les ormeaux. Notre bonheur nous rappelait ces deux enfants de l'Ile-de-France dont nous avions lu les chastes amours et la touchante destinée ; mais, plus heureux que nous, chacun d'eux avait une mère, et nous pleurions souvent la nôtre.

Je crois fermement qu'entre les choses qui exercent le plus d'influence sur notre vie tout entière, l'une est le premier livre que le hasard nous offre, l'autre la première femme que le ciel ou l'enfer nous envoie. Toujours est-il que la lecture de *Paul et Virginie* décida de nos goûts; la direction de nos idées fut soumise à l'impression que notre âme en reçut. Nous nous étions fait un ami de ce livre, nous nous plaisions à établir de tendres et mystérieux rapports entre ses héros et nous; l'histoire de leur enfance était celle de notre jeunesse; seulement, lorsque, assis sous la châtaigneraie avec ce livre bien-aimé, nous arrivions au moment où Virginie va quitter son jeune ami pour aller chercher la fortune en France, nous nous promettions de ne nous quitter jamais.

Nous ne connaissions pas l'ennui, ni ces vagues aspirations qui fatiguent l'âme, ni ces rêveries oisives qui l'énervent et la frappent de stérilité, ni ces faux besoins qu'elle ne trouve jamais à satisfaire : chaque jour amenait ses travaux et chaque saison ses plaisirs. Notre vie était pure et religieuse. Je dis religieuse, car elle était pleine de la pensée de Dieu : c'était vers lui que notre âme s'élevait sans cesse, c'était lui qu'elle bénissait et qu'elle glorifiait à chaque instant dans la contemplation de nos félicités. C'était aussi une vie pure. Dans le monde, il est bien rare ou bien difficile d'atteindre au terme de la journée sans avoir à déplorer quelque accroc fait à sa conscience : on se salit malgré soi au contact des hommes; mais dans la vie dont je vous parle nous étions seuls avec Dieu et nous-mêmes; dans cette vie, les idées s'agrandissent, le cœur se sanctifie; le jour passe, et le soir on s'endort dans la paix et dans l'innocence de son âme.

Je dois vous dire aussi que notre solitude n'était pas sans quelque élégance : jeune, j'avais cultivé les lettres et les arts; lorsque la mort de mon père m'appela à des occupations plus graves, je n'abandonnai pas entièrement les premières, et j'élevai ma sœur dans l'amour des saintes études. C'était un grand charme pour moi, durant les longues soirées d'hiver, de l'initier à mes admirations, de la trouver accessible à toutes les nobles et grandes idées. Nous aimions les vieux livres; nous aimions les romans honnêtes : les peintures du monde que nous offraient leurs pages nous rendaient notre solitude plus chère, les orageuses amours de leurs héros nous faisaient apprécier le calme de notre union. « Le bonheur est sous nos chênes, disions-nous, il est dans nos vallées, sur le flanc de nos coteaux, le long des rives de la Creuse. » Et nous nous plaisions à répéter les vers du poëte qui a dit la virginité de ses eaux en vers aussi limpides qu'elles. Nous aimions la poésie; son langage sied aux âmes heureuses, comme le parfum des fleurs et le bruit du vent dans les bois.

Je vous ai dit qu'on nous chérissait au village : c'est que nous ne faisions pas comme le riche qui vient aux champs respirer la verdure, et qui les déserte pour la ville aux premières bises de l'hiver. L'homme des champs les aime peu ceux-là, mais, dans la simplicité de son cœur, il sait gré à ceux qui partagent ses mauvais jours et ne se dérobent point aux glaces ni aux frimats. Au reste, rien n'est beau, rien n'est grand et mélancolique comme un hiver passé à la campagne : la nature a mille secrets de végétation dont elle se pare alors avec coquetterie; lorsque les monts, couverts de neige, étincellent au soleil, on les dirait plaqués d'argent; les bois ont un aspect magique, soit que le brouillard les enveloppe, soit que le givre pende en grappes brillantes à leurs branches; la fumée bleuâtre des toits s'élève à travers les chênes blancs ; tout est grave et silencieux : les corbeaux volent lourdement dans la plaine, le rouge-gorge vient, comme un hôte, frapper du bec et des ailes aux vitres ; la nuit, le vent gémit aux portes, les arbres craquent, les loups hurlent au loin, la neige crie dans le sentier sous les pas du paysan attardé. Mais, hélas ! mes beaux jours ont passé : la nature a perdu les charmes qui l'embellissaient, et, soit que l'hiver étende sur nos campagnes son manteau de neige, soit que nos arbres déplissent leurs feuilles au souffle du printemps, soit que l'automne nuance à l'infini les teintes de nos bois et de nos monts, ces lieux sont désormais mornes et désolés pour moi.

Il y avait dix-huit mois que nous vivions ainsi, lorsque Nancy devint triste. Je la voyais dans le même jour, souvent dans la même heure, absorbée par une sombre mélancolie et emportée par une gaieté bruyante, passant brusquement de la tristesse à la joie, tour à tour impérieuse et soumise, se dérobant à mes caresses et venant pleurer dans mon sein. Ce fut à cette époque que le hasard me lia avec le jeune Albert.

Peut-être, en venant de Saint-Léonard à Anzème, avez-vous remarqué, entre la ville et le village, une maison solitaire donnant sur le sentier et adossée à la montagne : c'est là que demeurait Albert, jeune homme sans famille et sans nom, élevé par les soins d'un homme austère et grave qui n'était pas son père. Cet homme se nommait Saint-Estève. M. Saint-Estève, médecin à Saint-Léonard, s'était retiré, jeune encore, dans la maison du sentier, avec un enfant nouveau-né qu'il éleva loin de la ville : cet enfant était Albert. Qui était-il et d'où venait-il ? On en parla longtemps dans le pays, puis on n'en parla plus. M. Saint-Estève fut impénétrable pour tous, et pour Albert lui-même : lorsqu'il mourut, laissant à son fils adoptif la maison du sentier et douze cents francs de rente, tout son avoir sous le ciel, le jeune homme ne put obtenir de lui le moindre éclaircissement sur sa naissance : le vieillard emporta son secret au tombeau. Albert se rappelait seulement que, par une nuit obscure, il avait été conduit, tout enfant, vers une femme jeune et belle qui l'avait couvert de baisers et de larmes ; c'étaient là tous ses souvenirs de famille. On pensait généralement, on pense encore à la ville, qu'il était fils naturel de la sœur de M. Saint-Estève, qui disparut de Saint-Léonard aussitôt après la naissance d'Albert, et que le pays ne revit plus jamais.

Albert avait dix-sept ans lorsque je le connus ; M. Saint-Estève vivait encore. Je connus Albert et je l'aimai. Ce n'est pas que le ciel eût mis de grandes sympathies entre sa nature et la mienne ; mais j'aimais en lui les grâces de la jeunesse, qui n'étaient plus en moi. Je ne crois pas qu'aucun jeune homme ait jamais réuni avec plus de bonheur toutes les séductions de son âge : esprit vif et cœur ardent que dévorait incessamment l'amour du bien et du beau, gaieté naïve et mélancolie douce, nature à la fois active et rêveuse, enthousiaste et craintive, joyeuse confiance dans l'avenir, chaleureuses expansions de l'âme, illusions enchantées, il y avait en lui tous les trésors de la jeunesse. A l'extérieur, c'était un enfant délicat et frêle, brusque et timide, remarquable par l'éclat de ses yeux, la blancheur de son teint, et la mobilité de sa physionomie, qui rendait admirablement toutes les sensations de son âme. Les femmes de Saint-Léonard le trouvaient laid et le détestaient assez généralement. Il est vrai que c'était un garçon peu galant près de ces dames, et que leur aspect seul le faisait fuir comme un chat sauvage. Au pays, il passait pour *original*. Cette dénomination est encore une flétrissure qu'infligent sans pitié les habitants de nos petites villes à tout être que Dieu, dans sa miséricorde, n'a pas créé à leur image.

Notre intimité fut rapide. Albert, qui n'avait encore trouvé que M. Saint-Estève à aimer, m'aima bientôt d'une passion véritable. Il y avait même dans l'affection de ce jeune homme quelque chose de trop féminin qui m'embarrassait parfois. Je l'eusse désirée plus calme et plus austère ; je craignais aussi qu'il ne s'abusât sur la nature de mon amitié pour lui, et que, la trouvant plus recueillie que la sienne, il ne la crût moins sûre et moins réelle. A dix-sept ans, à l'âge qu'avait Albert alors, l'amitié et l'amour ne sont que de tendres épanchements de l'âme : l'expérience des faits n'est comptée pour rien, et qui dit le plus ou le mieux semble toujours le plus aimant.

La veille du jour où je connus Albert, j'avais conduit Nancy à la ville, chez une amie de notre mère ; j'espérais qu'elle y trouverait des distractions aux vagues inquiétudes que lui jetaient la solitude, le printemps et la jeunesse. Elle passa le mois d'avril à Saint-Léonard ; ce fut durant son absence que je me liai avec mon jeune ami. Tous les matins, il venait en chassant à La Baraque ; le soir, pour aller voir Nancy, je prenais par Anzème, et ne laissais Albert qu'à la maison du sentier. Malgré le vif désir qu'il prétendait avoir de connaître ma sœur, j'essayai vainement de l'entraîner avec moi à la ville, je ne pus jamais l'attirer au delà des premiers peupliers de l'avenue qui conduit au faubourg.

« Vous êtes heureux, me dit-il un soir qu'il m'avait accompagné jusqu'à ces dernières limites, vous êtes heureux, Maxime : vous avez une sœur, vous l'aimez. Allez, ami, la serrer dans vos bras. Je ne suis pas jaloux de vos félicités, croyez que mon cœur les partage bien vivement ; mais l'aspect de votre bonheur me ferait cruellement sentir l'isolement où j'ai toujours vécu: généreux que vous êtes, vous le sentiriez aussi, et ma présence gênerait les transports de votre tendresse. »

A ces mots, il s'éloigna après m'avoir pressé la main, et depuis je n'osai plus lui parler de ma sœur.

M. Saint-Estève étant tombé malade, je restai plusieurs jours sans voir Albert. Un matin il profita du repos de son père adoptif pour accourir à La Baraque. C'était le premier jour de mai : notre village était embaumé d'aubépine ; les paysans avaient planté devant notre porte un arbre couronné de fleurs, et les oiseaux chantaient dans les branches. Précédé de ses deux chiens, le fusil sur l'épaule, Albert entra brusquement dans notre maisonnette, et se précipita dans le salon, espérant m'y trouver et me sauter au cou. Il ne m'y trouva pas, mais au fond du salon, en face de la porte, une jeune fille était assise, vêtue d'une robe blanche, et lisait : son front était penché, ses longs cheveux blonds tombaient en désordre sur son cou et sur ses yeux ; des fleurs moins fraîches qu'elle l'enveloppaient de leurs parfums ; un grand lévrier blanc reposait à ses pieds. A la vue d'Albert, Nancy se leva en rougissant, et lui, plus rouge qu'elle, plus rouge que les roses de Provins qui montraient leur visage écarlate dans la haie de notre verger, il s'arrêta devant elle, muet, immobile et comme frappé par la baguette des fées. Cependant les deux chiens d'Albert faisaient un vacarme horrible ; le levrier, qui s'était levé en même temps que sa jeune maîtresse, se tenait entre elle et le jeune homme, le poil hérissé, les jarrets tendus, les yeux étincelants, et montrant à ses deux adversaires ses dents blanches et acérées. J'arrivai heureusement pour mettre fin à cette scène étrange : je jouai le rôle de la Fatalité des anciens, qui ne manquait jamais d'intervenir au moment le plus inextricable de la péripétie.

Albert oublia qu'il n'était venu que pour une heure à peine, et la journée se passa dans une douce intimité. Nous prîmes nos repas sur le bord de la rivière ; nous dansâmes, avec nos paysans, la *bourrée* sous les ormeaux. Sur le tard, Nancy voulut montrer à Albert les curiosités du village ; nous visitâmes ensemble l'église gothique avec son auvent de tuiles moussues, la croix de bois jetée sur le bord du sentier, la fontaine dont l'eau guérissait les malades et préservait de la fièvre. Il y avait une chronique sur cette source merveilleuse, que protégeait une madone de pierre blanche, parée de plaques de verre, de rubans fanés et de fleurs desséchées : Nancy conta la chronique avec foi ; elle se signa devant la madone. Puis, lorsque le soleil se fut caché derrière les montagnes de la Creuse, nous prîmes le chemin d'Anzème. Le ciel était pur, les sentiers parfumés ; le rossignol chantait dans la haie, les insectes ailés bourdonnaient dans l'air de la nuit. Nos chiens jouaient autour de nous, et nous allions lentement, parlant de choses et d'autres : une conversation rieuse, amicale, mélancolique, brisée ; on s'aimait, on se connaissait depuis dix ans, on devait se revoir tous les jours. Nous arrivâmes ainsi jusqu'à Anzème, et Albert nous entraîna sur cette terrasse qui s'étend devant nous ; le château, comme aujourd'hui, était alors inhabité.

« Contemplez, nous dit Albert, ces tourelles noircies et délabrées qui laissent pendre des touffes de violiers et de pariétaires, cette façade lézardée qui porte encore au front l'écusson féodal, cette girouette fleurdelisée qui crie sur la chapelle dégénérée en colombier ; voyez ces volets brisés que bat le vent, ces fossés où poussent les ronces, les pierres disjointes de ce perron, entre lesquelles croissent de longues herbes. C'est de la poésie qui s'en va, comme toute poésie en France ; il faut se hâter d'en jouir avant que le temps et l'industrie en aient enlevé jusqu'aux derniers vestiges. J'aime ce vieux château, ajouta-t-il ; cette habitation délaissée de ses maîtres me plaît ; c'est là peut-être ce qui m'a toujours attiré vers elle. Je trouve dans son abandon et dans celui où j'ai grandi je ne sais quels rapports qui semblent établir entre nous de mystérieuses sympathies. Avant de vous connaître, ami, c'était le but accoutumé de mes promenades solitaires, souvent encore je viens y rêver le soir. Vous, mademoiselle, qui contez les chroniques avec tant de grâce, demanda-t-il à ma sœur en souriant, n'auriez-vous pas quelque touchant récit à nous faire sur cette mélancolique demeure ?

— L'histoire de ces lieux est récente, lui dis-je, et vous la connaissez sans doute. Aurélie de Sommerville disparut d'Anzème un an avant la mort de sa mère : les motifs de sa disparition restèrent toujours un mystère dans le pays, et les commentaires auxquels se livrèrent les habitants sur son départ ou sur sa fuite, furent si absurdes, si divers, qu'il est inutile d'en rapporter un seul. Mademoiselle de Sommerville pouvait avoir seize ans alors. La mère mourut chargée de la haine de tous...

— Mais assez malheureuse, s'empressa d'ajouter Nancy, pour qu'après sa mort il lui fût pardonné ici-bas et là-haut.

— Depuis, bien des années se sont écoulées, repris-je, et ce château n'a pas revu la fille de ses anciens maîtres.

— Dieu veille sur elle ! s'écria Nancy : on dit qu'elle était bonne pour les pauvres.

— Les pauvres l'ont retrouvée, » dit Albert en contemplant la jeune fille avec amour.

Nancy baissa les yeux.

Je pressai la main d'Albert, et nous nous séparâmes. La nuit était froide, le vent fraîchissait, et je sentais le bras de ma sœur qui tremblait sur le mien.

II

Ce qui devait arriver arriva : ces deux jeune gens se virent, et s'aimèrent. Moi, simple que j'étais, je n'avais rien prévu ! imprudent, je n'avais pas compris que ces deux âmes offertes l'une à l'autre s'abîmeraient dans le même amour, comme ces flammes inquiètes qui s'attirent et se confondent ! Je voyais Nancy tressaillir et pâlir à l'arrivée d'Albert, je la voyais triste et pensive lorsqu'il s'éloignait le soir ; Albert était près d'elle craintif et sans esprit, près de moi distrait et rêveur ; son amitié n'était plus caressante, celle de ma sœur était moins tendre aussi : je voyais tout, je ne comprenais rien. Je souffrais de la nature nouvelle de leur affection, et je ne l'expliquais pas, je ne devinais pas que leurs cœurs échangeaient les richesses et l'activité qui ne trouvaient auparavant qu'à se répandre sur moi seul ! Enfant ! ô enfant que j'étais !

M. Saint-Estève était mort, j'avais accepté avec joie la tutelle de son fils adoptif. Un soir, Albert m'entraîna dans le sentier et me dit :

« Je n'ai plus que vous au monde, je suis libre, et j'aime votre sœur. Je n'ai pas de nom à lui offrir, ma fortune est moindre que la vôtre, mais je l'aime, nous nous aimons : d'amis que nous sommes voulez-vous que nous devenions frères ? »

Cette déclaration imprévue m'atterra.

— Vous vous aimez, dis-je sévèrement, et moi je l'ignorais !... Albert, vous avez mal agi.

— Oh ! mon ami, s'écria le jeune homme, nous l'ignorions aussi, et le jour où nous nous sommes dit que nous nous aimions, nous ne nous l'étions pas encore dit à nous-mêmes. Notre cœur le sentait et n'en convenait pas ; ce ne fut qu'hier que nous l'apprîmes tous les deux. Je ne sais comment cela se fit : j'étais assis près de votre sœur : je rencontrai sa main, que j'osai presser à peine, et notre amour se révéla sans qu'il nous fût venu à l'esprit de nous y livrer ou de nous en préserver. Maxime, pardonnez-moi. »

Ces paroles me rassurèrent : il était temps encore de porter remède au mal que je n'avais pas su prévoir.

« Vous vous aimez ! lui demandai-je ; et qu'espérez-vous à cette heure ?

— Nous donner du bonheur, mettre en commun nos bons et nos mauvais jours.

— En prose, vous voulez vous marier, lui dis-je en souriant.

— Nous le voulons, » me répondit d'un air résolu cet homme de dix-sept ans.

L'arrivée de Nancy interrompit notre entretien. J'engageai Albert à retourner à Anzème, et promis d'aller le lendemain lui porter ma réponse.

Je le laissai partir, et j'éloignai ma sœur ; j'avais besoin de solitude. J'allai sur les rives de la Creuse réfléchir aux paroles d'Albert. Dussiez-vous m'accuser d'égoïsme, mes réflexions furent amères. Vieux jeune homme, depuis longtemps guéri de cet état nerveux et maladif que vous nommez l'amour, j'avais trouvé le bonheur dans une affection plus paisible et plus sûre, et je n'avais jamais songé que ce bonheur dût m'échapper un jour. La révélation d'Albert me présenta la vie sous un nouvel aspect; elle me poussa rudement vers la réalité, et le voile de mes illusions dernières se déchira. Je compris que je n'étais pour ma sœur qu'un appui transitoire, que la vie lui réservait des affections plus vives, des félicités plus douces que celles d'une union fraternelle ; je le compris, et je fus jaloux : j'accusai la vie et ma sœur. Chère ombre, pardonnez-moi ! je savais aussi les tourments du nouvel avenir qui s'ouvrait devant vous, et, pressentant l'orage qui devait vous briser, j'entrevoyais avec effroi le jour où votre destinée se détacherait de la mienne.

Lorsque j'eus étouffé l'impression douloureuse que j'avais reçue des paroles d'Albert, j'étudiai la conduite que j'avais à tenir dans les circonstances présentes, je passai la nuit à me tracer la ligne de mes devoirs.

Je résolus d'abord de respecter le secret de Nancy et de ne point aller au-devant de ses confidences. Il y a dans le cœur d'une jeune fille, lorsqu'il s'ouvre à l'amour, tant de délicatesses exquises, que la main seule d'une mère peut y toucher sans le flétrir. Au jour levant, je partis pour Anzème et j'allai trouver Albert. La matinée fut employée à discuter divers intérêts relatifs à la succession du défunt.

« Il est des intérêts plus chers, » dit enfin l'impétueux jeune homme en froissant avec impatience les titres et les parchemins.

Puis il se tut brusquement et me regarda avec anxiété.

« Je vous comprends, lui dis-je. Écoutez-moi. Vous aimez ma sœur, mais en êtes-vous sûr? avez-vous réfléchi sur la nature de vos sentiments pour elle, et, jeune que vous êtes, n'êtes-vous pas emporté seulement par la fougue de vos désirs? Ma sœur vous aime, mais son amour est-il autre chose que ce vague besoin d'aimer que nous répandons, au matin de l'existence, sur tout ce qui nous entoure? n'est-ce pas l'instinct d'un cœur qui s'éveille, plutôt que la tendresse d'une âme réfléchie? Enfants tous les deux, vous ne savez rien de la vie : à votre âge le cœur prend souvent pour l'amour l'inquiétude brûlante qui le cherche et l'appelle; il se livre follement; mais l'erreur est rapide, le désenchantement suit et la douleur est éternelle. Je crois cependant, oui, je le crois, Albert, que le bonheur de ma sœur est en vous, que votre bonheur est en elle; je crois vos âmes dignes de s'unir, et je n'hésiterai point à vous confier un jour le trésor que j'ai reçu de mon père mourant, si vous en êtes digne encore; mais ce trésor, il vous faudra le conquérir. Votre nature est belle et généreuse, vous êtes pur et ardent au bien, mais vous n'avez encore ni lutté ni souffert. Ces éléments de grandeur que Dieu a mis en vous résisteront-ils aux assauts du monde? les fleurs de votre printemps amèneront-elles leurs fruits? Aux prises avec la vie, sortirez-vous noble et sans tache de la lutte? Voyez, Albert, consultez vos forces : le combat vous est offert, ma sœur en sera le prix.

— Parlez! s'écria-t-il : je suis prêt à subir toutes les épreuves.

— Les épreuves seront longues et rudes, mais la victoire sera belle et glorieuse.

— Parlez-donc! s'écria de nouveau Albert; il n'y a que les médiocres courages qui marchandent le bonheur.

— O mon ami ! lui dis-je, j'ai vu bien de jeunes courages entrer ainsi dans la carrière le front levé et l'humeur altière, puis s'en retirer au bout de quelques pas, humbles et la tête baissée ! j'ai vu s'appauvrir de bien riches espérances, se flétrir bien de jeunes arbustes chargés comme vous de bourgeons et de fleurs ! Vous vous êtes abusé si vous avez cru la vertu facile : les sentiers en sont escarpés et glissants, le pied le plus ferme y trébuche.

— L'amour de votre sœur me soutiendra, dit Albert.

— Allez donc vous soumettre au creuset de la vie. Que feriez-vous dans ces campagnes? Vous n'avez point pensé que je livrerais à l'inexpérience de votre âge la chère destinée de Nancy. Partez, allez apprendre à Paris les hommes et les choses ; embrassez une carrière, assurez votre avenir : celui de ma sœur en dépend. Le hasard peut vous ravir la fortune qu'il vous a donnée : cherchez dans le travail et l'étude une existence moins précaire. Chaque automne vous ramènera près de nous ; puis, lorsque vous serez homme, si l'absence, le temps et la réflexion n'ont pas éteint votre amour ni celui de ma sœur, si vos cœurs, mûris par les années, s'entendent encore et se répondent, alors je les verrai sans effroi s'engager par des liens éternels. »

Et, comme Albert ne répondait pas :

« Votre courage faiblirait-il déjà, ou le prix de la lutte vous semble-t-il mériter moins d'efforts?

— Je partirai ! s'écria-t-il enfin d'une voix étouffée.

— L'automne s'achève, ajoutai-je aussitôt, nous touchons à novembre, les cours à Paris vont s'ouvrir : médecin ou légiste, sous huit jours il vous faudra partir.

— Je partirai sous huit jours, dit-il encore en essuyant les pleurs qui roulaient dans ses yeux.

— Viens donc dans mes bras, m'écriai-je en l'attirant vers moi. Que l'amour de Nancy te protège, qu'il soit ton ange gardien et qu'il te couvre de ses ailes! Si tu tiens tes promesses, je tiendrai mes serments. Sèche donc tes pleurs, ô mon frère!

— Durant ces longues années, dit Albert, votre cœur me restera-t-il ami? tandis que je lutterai contre le monde, ne lui obéirez-vous point, et, vous rappelant que je suis sans famille, ne chercherez-vous pas une alliance plus glorieuse?

— Taisez-vous, lui dis-je, et croyez en moi. Dans l'accomplissement de mes desseins le monde sera compté pour rien, et pour tout le bonheur de ma sœur et le vôtre. Si jamais je vous demandais compte de vos aïeux, répondez-moi par vos vertus. »

Il fut décidé qu'Albert partirait le premier novembre pour aller suivre un cours de droit à Paris. Je profitai du reste de son séjour à Anzème pour prendre connaissance de ses affaires que je devais régir, et pour lui donner quelques règles de conduite que m'avait enseignées l'expérience. Il fut convenu que Nancy ne serait instruite de nos projets que le jour même du départ. Ce jour arriva vite. La diligence devait prendre Albert à neuf heures du soir sur la route de Paris : à six heures, nous étions réunis tous trois dans le salon de La Baraque. Nous nous taisions; on n'entendait que le pétillement de l'ormeau qui flambait dans l'âtre, et le sifflement de la bise qui faisait claquer les tuiles du toit. Nancy ne savait rien encore; mais une vague appréhension pesait sur son âme, et son regard interrogeait avec inquiétude la tristesse de notre visage. Le timbre de la pendule, qui frappa sept coups, nous tira brusquement, Albert et moi, de la rêverie où nous étions plongés : nous nous levâmes tous deux en silence. Nancy se leva en même temps, pâle, tremblante, et nous dit : «Qu'avez-vous? »

Je me retirai dans l'embrasure d'une croisée, et j'entendis Albert qui lui disait : « Je pars, je vais à Paris travailler à mon avenir et au vôtre ; si vous me gardez votre foi, votre frère nous unira lorsque je vous aurai méritée. »

A ces mots, Albert se couvrit la figure de ses mains et fondit en larmes. Nancy, tout éplorée, s'échappa du salon et se réfugia dans sa chambre. Je chargeai sa nourrice de veiller sur elle et j'entraînai mon malheureux ami.

« Soyez fort, lui disais-je, acceptez la douleur avec reconnaissance. L'homme qui n'a pas souffert est un homme incomplet ; le bonheur l'énerve ; trempé dans la douleur, il en sort brillant comme l'acier. Vous êtes bien jeune pour souffrir, mais ce sont de nobles souffrances : fécondes en talents, fertiles en mérites, elles élèvent notre âme et la purifient ; ce sont des hôtes que Dieu n'envoie qu'aux fils de son amour, et qui laissent toujours le germe de quelque vertu dans l'asile qu'ils ont habité. »

Une fois hors du sentier, je le fis asseoir près de moi sur un des tas de pierres qui jalonnaient la marge du chemin, et là, enveloppés de nos manteaux, nous attendîmes la voiture. Albert était épuisé d'émotions et se soutenait à peine.

« Je laisse mon cœur en ces lieux, dit-il en promenant son regard sur les coteaux brumeux que tant de fois nous avions parcourus ensemble.

— Et le nôtre vous suivra partout, » dis-je en le pressant dans mes bras.

La voiture venait de s'arrêter devant nous ; le conducteur, appuyé sur la portière ouverte, attendait le jeune voyageur. Albert m'embrassa, et, se jetant dans la rotonde, il abaissa le store et me tendit la main. Je la pris dans la mienne, et, malgré la glaise qui s'attachait à mes pieds, j'allai ainsi près de la voiture, jusqu'au sommet de la colline. Là, les chevaux partirent au galop, et le vent m'apporta le dernier adieu d'Albert.

Je m'en retournai triste, mais bien avec moi-même : j'avais préparé l'avenir de ma sœur, je venais d'éloigner les dangers qui menaçaient sa jeunesse et son inexpérience. Rentré à La Baraque, Nancy refusa de me recevoir. Le lendemain je la trouvai grave et silencieuse, et durant plusieurs jours il ne fut pas question d'Albert entre nous.

III

Notre vie, longtemps ébranlée par ce choc imprévu, reprit enfin un calme apparent. J'amenai doucement ma sœur à me parler de son amour, je lui soumis les dispositions que j'avais prises pour assurer son repos dans le présent et son bonheur dans l'avenir : elle approuva tout et me remercia avec effusion. Son humeur redevint égale ; son cœur trouva, dans les lettres que m'écrivait Albert, une distraction aux regrets de l'absence. Nous parlions souvent de notre jeune ami : sans encourager la passion de Nancy, je l'écoutais avec indulgence ; je rassurais son âme inquiète ou j'en modérais l'essor, adoucissant tour à tour et renforçant les teintes de la vie, selon que son imagination attristée la revêtait de sombres couleurs, ou qu'égarée par l'espérance, elle la paraît d'un éclat trop brillant. Je cherchais ainsi à la préserver de ces exagérations de sentiment qui nous poussent sans cesse hors de la réalité. C'est dans cette pensée que je n'avais pas permis à ces deux jeunes gens de s'écrire durant la première année de leur séparation. A leur âge, l'amour, dans l'expression, est toujours au delà du vrai : à ses brûlantes promesses l'esprit s'exalte, la tête s'enflamme, et, lorsque arrive le jour de leur réalisation, l'imagination reste froide, et pleure ses rêves enchantés. Pour moi, j'aimais les lettres d'Albert : j'y suivais les développements de sa raison, je retrouvais à chaque ligne la candeur de son âme, la vivacité de son esprit, et cette présomption naïve qui va si bien à la jeunesse.

Notre hiver se passa de la sorte. Au printemps, la monotonie de cette contrée fut troublée par un événement qui arracha à l'étonnement du pays plus d'exclamations et d'épithètes qu'à madame de Sévigné le mariage d'une petite-fille de Henri IV avec un cadet de Gascogne. Il y eut explosion de surprise : la nouvelle occupa la veillée des laboureurs ; les salons de Saint-Léonard se ruèrent avidement sur cette curée offerte à leur méchanceté, et l'activité de leur sottise, exclusivement absorbée, laissa reposer durant plusieurs mois ce qu'il y avait dans la ville d'âmes droites et généreuses.

Cet événement fut le retour d'Aurélie de Sommerville au château d'Anzème. Elle l'avait quitté à seize ans, et dix-huit ans s'étaient écoulés sans qu'on eût entendu parler d'elle. Après dix-huit ans d'une existence errante et agitée, elle revint, lasse de toutes choses, pour se reposer et s'éteindre dans le domaine de ses ancêtres. On ne savait rien de sa destinée, on l'appelait *Madame de Sommerville.* Son cœur dut se serrer lorsque, après tant de mauvais jours, elle revit les lieux où elle avait promené son enfance folâtre et sa jeunesse rêveuse, et que, brisée par les orages qu'elle avait essuyés, elle retrouva élancés et robustes les peupliers qu'elle avait laissés frêles et délicats comme elle. Étrangère dans ce pays, où la mort et l'oubli lui avaient enlevé les affections de son jeune âge, madame de Sommerville évita soigneusement toute relation avec Saint-Léonard. Résolue à vivre seule, elle se voua tout entière au bien-être de son village. Elle pensait que les châteaux sont la providence des campagnes. A la ville on l'accusait d'orgueil, mais elle laissait dire : on la bénissait dans les champs.

Un mois à peine avait passé depuis son retour, quand je fus conduit vers elle par les intérêts d'Albert. L'intendant de madame de Sommerville, vieillard entêté, élevait depuis longtemps des contestations sur une longue étendue de bruyères dont je réclamais la propriété pour mon pupille. Pour éviter un procès onéreux, je me décidai à recourir à madame de Sommerville elle-même, persuadé que son esprit éclairé me donnerait aisément raison. Je ne m'y résignai, je l'avoue, qu'après de longues hésitations : je craignais que, se méprenant sur le motif de ma visite, elle ne l'attribuât à la curiosité indiscrète dont la poursuivait le pays. Je partis donc par une matinée de mai ; j'arrivai bientôt à Anzème. Je traversai la garenne, et je trouvai madame de Sommerville qui se promenait seule sur la terrasse du château. Je ne l'avais jamais vue que de loin, à travers les feuilles nouvelles : je m'étonnai de la trouver si belle et si jeune. Je m'avançai vers elle, et, après avoir décliné mon nom, j'exposai succinctement l'affaire qui m'amenait. Madame de Sommerville ne me laissa pas achever.

« Monsieur, me dit-elle avec bonté, je suis heureuse

de vous voir : votre nom ne m'est pas étranger, j'ai gardé souvenir de votre famille. Je me rappelle que, tout enfant, vous accompagniez votre père au château. Votre père avait la taille élevée, le front chauve, le regard sévère ; c'était un homme d'une haute probité ; vous, monsieur, vous étiez brun comme aujourd'hui, et vous aimiez à jouer avec moi sur l'herbe de la garenne. Vous l'avez oublié? C'est qu'il y a si longtemps! vous n'étiez qu'un enfant alors. A votre nom, mon cœur a tressailli, il m'a semblé voir glisser devant moi l'ombre de mes jeunes années... Eh bien! monsieur, ajouta-t-elle presque aussitôt, plus heureux que moi, avez-vous conservé quelques-uns des vôtres? le temps a-t-il épargné vos parents, vos amis? Sans doute, car vous voilà si jeune encore! Le temps, hélas! n'a marché que pour moi.

— Madame, lui dis-je, il marche pour nous tous, et personne ne lui échappe ; il ne me reste qu'une sœur.

— Vous avez une sœur, demanda-t-elle vivement... jeune?

— Oui, madame.

— Belle aussi?

— Oui, madame.

— Et vous vous aimez? vous vivez aux champs, seuls, unis, heureux?

— Oui, madame. »

Elle demeura quelques instants pensive.

« Je ne croyais pas, dit-elle en passant son bras sur le mien et m'entraînant vers le perron, que cette misérable contrée recélât un couple si gracieux, un bonheur si suave. Je veux connaître votre sœur : je l'aimerai, je serai sa mère..... Frank, dit-elle à l'un de ses serviteurs, vous mettrez un couvert pour monsieur... Vous déjeunez au château, ajouta-t-elle en s'adressant à moi... Quelle affaire avez-vous à me conter ? je vous donne raison d'avance. »

Je lui fis part de mes réclamations en faveur d'Albert.

« Albert ! s'écria-t-elle aussitôt sans entendre la question de droit que je lui expliquais de mon mieux... qu'est-ce que cela, Albert ? »

Je lui contai la vie de ce jeune homme, mais sans parler de son amour pour Nancy. Madame de Sommerville m'écouta avec intérêt, et m'adressa plusieurs questions relatives à mon pupille.

« Il faut que ce vieil intendant ait achevé de perdre le sens ! dit-elle avec humeur... Frank, priez M. Hubert de passer au salon. »

Nous étions à table, lorsque M. Hubert entra.

« Vous voilà, monsieur ! s'écria madame de Sommerville en laissant tomber sur lui son regard irrité. Avez-vous résolu ma ruine ? voulez-vous me dépouiller de tout mon avoir, gaspiller ma fortune, amener la misère à ma porte ? En vérité, vous avez une singulière façon de régir mes biens et de prendre mes intérêts ! Vous savez combien le défrichement de ces bruyères est coûteux, vous savez que les produits en sont nuls, et vous disputez au tuteur de M. Albert dix arpents de ces terrains ingrats ! Eussiez-vous le droit pour vous, vous auriez tort cent fois de chercher à le faire valoir, car c'est un droit onéreux, et dès aujourd'hui j'y renonce. Que M. Albert garde ses bruyères, et vous, tâchez à l'avenir de veiller avec plus de tact et de circonspection aux intérêts que je vous ai confiés. »

Le malheureux Hubert se tenait au milieu du salon, pâle, les bras pendants et la bouche béante ; je crois qu'il y serait encore, si madame de Sommerville ne lui eût tendu sa main avec une grâce parfaite. « Allons !

dit-elle en souriant, je vous pardonne. Placez-vous près de moi, et partagez notre déjeuner. Il est bien frugal; mais, mon pauvre ami, si je vous laissais faire, je ne sais vraiment pas jusqu'où vous réduiriez, avant quelques années, la simplicité de mes repas. »

Et, se tournant vers moi :

« Je vous sais gré, monsieur, de vouloir bien prendre à votre charge ces dix arpents de terre...

— Mais, madame, s'écria l'intendant, qui n'était pas encore revenu de sa stupéfaction, il y a quinze arpents...

— Je ne vous croyais coupable que de dix, répondit madame de Sommerville, je vous pardonne les cinq autres en faveur de votre franchise. »

Durant le reste de la journée j'observai madame de Sommerville. Sa beauté survivait aux ravages de la douleur : sa taille était droite et jeune, sa toilette, bien que sans recherche, élégante et presque coquette; la grâce de son sourire faisait oublier la sévérité de ses traits, l'éclat de ses yeux animait la pâleur de son visage; ses cheveux, relevés sur son beau front, tombaient autour de son cou en boucles brunes et épaisses. Affable sans prétention, elle captivait d'un geste, d'un regard; sa voix, douce et voilée, était à elle seule une fascination; l'aristocratie de ses manières, qui se ployait merveilleusement à toutes les exigences, eût apprivoisé les préventions les plus hostiles. Cœur sceptique d'ailleurs, âme ennuyée, se passionnant pour tout et se lassant de tout, avide de distractions et ne cherchant que l'oubli d'elle-même : telle me parut au premier aspect madame de Sommerville.

Nous parlâmes à plusieurs reprises de ma sœur et d'Albert : madame de Sommerville s'arrêtait avec complaisance sur les détails de l'amitié qui nous unissait tous les trois.

« Aimez-vous, me disait-elle, et longtemps et toujours : il n'y a que cela de bon sur la terre, le reste ne vaut pas un regret. Moi, comme vous, j'ai bien aimé aussi, et j'inspirai dans mes belles années plus d'une affection fervente ; mais l'ingratitude m'a tout enlevé, et la mort seule m'a laissé des amis... Puissiez-vous ne jamais comprendre le sens de ces tristes paroles ! mais, si vous suivez la route commune, vous verrez qu'il est doux à celui qui vieillit d'avoir perdu des êtres aimés au matin de l'existence : ceux-là du moins ne trompent pas ; leur image se conserve pure et gracieuse, nous pouvons les aimer toujours. Cruelle vie, monsieur ! nous pleurons les vivants, et les morts nous restent seuls. Heureuses donc les amitiés, heureux trois fois les amours qui n'ont pas attendu pour s'éteindre l'ingratitude ou l'inconstance, et que la mort a tranchés dans la fleur de leurs beaux jours ! Cela s'appelle mourir à propos. »

Nous étions arrivés à la porte de la garenne.

« Adieu, monsieur, dit-elle en me donnant sa main que je baisai. Revenez souvent près de la pauvre délaissée. Il vous faudra de la résignation, je le sens : ma vie est triste, mon cœur aussi ; mais il est encore assez riche pour couvrir vos frais de courage. »

Je m'éloignai, l'âme frappée de pressentiments sinistres. Pourquoi? J'avais trouvé madame de Sommerville grande, noble, généreuse avec art ; sa bienveillance m'avait captivé, son esprit m'avait séduit : eh bien ! je la quittai sous le coup d'une impression pénible ; il me semblait que la fatalité avait dû s'attacher à tout ce qu'avait aimé cette femme, et, parmi les sentiments qu'elle m'inspirait, le plus énergique, le plus irrésistible, celui qui les dominait tous, vous le dirai-je? c'était l'effroi.

Deux jours après, nous la vîmes arriver à La Baraque; elle était à cheval et Frank l'accompagnait. Affectueuse pour moi, elle se montra pour ma sœur adorablement bonne, et Nancy fut bientôt sous le charme d'une séduction réelle. La châtelaine voulut visiter tout notre petit domaine; elle se fit répéter par ma sœur tous les détails de notre intimité. Vers le soir, elle proposa un pèlerinage à la demeure de mon pupille : nous l'acceptâmes avec joie. Frank partit avec les chevaux, et nous nous dirigeâmes tous trois vers la maison du sentier. Elle n'était habitée que par la nourrice d'Albert. Lorsque nous arrivâmes, la bonne femme filait sa quenouille de chanvre sur le seuil de la porte, les deux chiens d'Albert étaient étendus à ses pieds. A notre approche, ils vinrent lécher les mains de Nancy, et la nourrice nous introduisit dans la maison de son jeune maître.

Madame de Sommerville examina tout avec sollicitude. L'aspect de la chambre d'Albert la frappa : le fusil, le carnier et la poire à poudre pendaient à la muraille au-dessus de son lit; tout se ressentait encore du désordre de son départ : près de la lampe qui avait éclairé ses veilles un volume de l'*Émile* ouvert; des instruments de jardinage dans un coin ; dans un autre des plantes desséchées et des cadres d'insectes ; des papiers épars sur la table ; une collection de minéraux sur des rayons poudreux. Madame de Sommerville contemplait tout cela avec mélancolie.

«—Ce pauvre enfant! disait-elle... Vous me l'amènerez, Maxime : je veux le connaître et l'aimer, ce jeune homme que vous aimez et qui vous aime. Dites-lui bien qu'en son absence je suis venue à son ermitage... Tenez, je lui laisse ma carte, ajouta-t-elle en détachant de sa ceinture un bouquet de violettes qu'elle déposa sur l'un des feuillets de l'*Émile*. Je veux qu'à son retour il me rapporte ces fleurs.

« Ainsi, disait-elle en allant d'un objet à l'autre, c'est ici qu'il a grandi. Que de fraîches pensées sont écloses entre ces vieux lambris ! que de beaux rêves aux ailes d'or ont flotté sous ces rideaux de serge verte !... Age d'illusions, d'amour, de poésie, âge heureux ! » disait-elle encore.

Et, lorsque nous reprîmes la route d'Anzème, elle voulut entendre de nouveau le récit de la vie d'Albert.

Depuis, il ne se passa guère de jours sans que le soir nous réunît tous trois au château ou à La Baraque. L'affection de Nancy pour madame de Sommerville prit bientôt le caractère d'une passion réelle, et je cédai moi-même à son entraînement. Nous finîmes par initier Aurélie à tous nos projets de bonheur : elle les encouragea avec transport, elle fit ses espérances des nôtres. Elle se disait vieille et fatiguée, et je la trouvais plus jeune, plus prompte à s'enflammer que nous ; sceptique en théorie, elle ne croyait à rien, et je la voyais prête à se livrer à tout. Il en était de son cœur comme de sa beauté : l'un et l'autre avaient échappé au temps.

Vous ne sauriez imaginer une amitié plus tendre, plus désintéressée, plus active que la sienne, ni tout ce que cette femme exhalait autour d'elle de charme et d'enchantements. Nul ne l'a connue sans l'aimer ; tous ceux qui l'ont aimée se sont aimés entre eux. Il est des existences qu'elle a sillonnées comme la foudre, et qui n'ont pas su si Dieu la leur avait envoyée dans un jour de colère ou de bénédiction ; mais celles où elle n'a fait que séjourner comme un hôte d'un jour, sont restées imprégnées de suaves souvenirs.

Elle réunissait toutes les supériorités, mais elle les oubliait avec tant de grâce qu'on eût dit qu'elle les ignorait ; peut-être les eut-elle ignorées en effet, sans l'envie qui s'empressa de les lui dénoncer. Elle fut pour Saint-Léonard une humiliation vivante ; les beaux esprits de la ville ne lui pardonnèrent jamais leur sottise. Les femmes surtout la détestaient cordialement. Pas une d'elles n'était digne de dénouer les rubans du chapeau d'Aurélie, mais toutes affectaient de ne point oser prononcer devant leurs filles le nom de la réprouvée ; il n'est pas de fable ridicule que leur imagination n'ait inventée pour salir la plus chaste des créatures. Tel est le sort des êtres supérieurs : la foule stupide se venge de leur génie en bavant sur leur moralité.

La haine de ces petites gens rejaillit sur nous, et acheva de nous isoler de Saint-Léonard. Ce fut le premier bienfait que nous dûmes à l'amitié d'Aurélie.

« Je vous entraîne dans ma proscription, nous disait-elle un soir qu'elle était assise, entre ma sœur et moi, sous la haie du sentier.

— Que dites-vous donc ? s'écria Nancy : les proscrits sont à la ville.

— Et le bonheur entre nous, ajoutai-je.

— Oui, dit Aurélie en nous prenant la main à tous deux, le bonheur, c'est d'être trois, de s'aimer sous un buisson, et de tourner le dos au clocher de Saint-Léonard. Mais ne trouvez-vous pas, mignonne, demanda-t-elle en souriant à Nancy, que nous sommes assis bien à l'aise, et qu'un proscrit de plus pourrait s'abriter aisément sous le même toit de feuillage ? »

Nancy sauta au cou d'Aurélie et cacha sa rougeur dans son sein.

Cependant les lettres d'Albert devenaient plus rares et prenaient un caractère alarmant : mornes et sombres, elles révélaient dans mon pupille un découragement profond ; il ne me parlait plus de Nancy qu'avec réserve, de la vie qu'avec amertume. J'essayai vainement de relever son courage : son enthousiasme était mort, la jeunesse semblait éteinte en lui. Vague dans la pensée, vague dans l'expression, son style se ressentait de la fatigue de son âme : c'étaient parfois des déclamations que je comprenais à peine, plus souvent des rêveries que je ne comprenais pas, et toujours une lassitude de toutes choses qui me navrait mortellement. Ainsi moins d'une année avait suffi pour abattre ce superbe courage ! Je cachai ma douleur à Nancy et à notre amie : avant de détruire l'édifice de bonheur que depuis dix mois nous élevions dans l'avenir, je voulus attendre le retour d'Albert, étudier son mal et m'efforcer de le guérir. Je ne pouvais me résigner à perdre déjà tout espoir, j'avais confiance encore en ce jeune homme.

Vers les premiers jours de l'automne, Albert revint ; mais, hélas ! ce n'était plus lui.

IV

La jeunesse de notre époque a été misérablement perdue par ses flatteurs et par ses poëtes. Ses flatteurs lui ont offert le sceptre du monde : à leurs enivrantes promesses, elle est partie, comme le peuple du désert, altérée, présomptueuse, avide ; puis, lorsque le jour de la déception est venu, et que le but qu'elle avait entrevu à travers les songes riants de l'espérance ne s'est plus montré que dans un avenir éloigné, âpre et rude à conquérir, ses poëtes lui ont enseigné le découragement et la plainte ; et la jeunesse, trouvant la plainte plus facile que le travail, s'est croisé les bras et s'est mise à accuser la vie qu'elle ignorait, à pleurer sur les maux qu'elle n'avait pas soufferts. Ces douleurs, fictives d'abord, prirent bientôt de la réalité : l'oisiveté engendra l'ennui, et la vanité fit le reste. De longues lamentations s'élevèrent de toutes parts, et tous essayèrent de se soustraire au positif de la vie pour se livrer à des rêveries inutiles. Ces dispositions, encouragées par le malaise social, le furent plus encore par des esprits maladifs qui s'en firent les éloquents interprètes. Le mal gagna vite ; les âmes faibles, bien que généreuses, y succombèrent ; frappées d'inaction, leur énergie ne s'exhala plus qu'en soupirs stériles ; chez les natures moins nobles, l'égoïsme, la paresse et l'oubli des devoirs se cachèrent sous l'expression de ces poétiques souffrances.

Albert revint profondément atteint de ce mal. Je l'interrogeai : je compris à ses réponses, qu'égaré par de folles ambitions et de malheureuses influences, il avait négligé ses études pour chercher dans une sphère plus élevée les émotions du triomphe, les enivrements de la gloire. L'indifférence avait accueilli ses premiers essais. En même temps, ce malaise social auquel toute âme bien faite ne saurait échapper s'était emparé de la sienne, et seul, pauvre, dans sa mansarde, au milieu des terribles séductions que de fréquents exemples de suicide venaient sans cesse lui offrir, il avait éprouvé un grand dégoût de la vie. Telle était l'histoire de ses mécomptes.

Toujours donc cette vieille histoire que rajeunissent les lamentations de chaque génération nouvelle! toujours la lassitude avant la marche, le découragement et la plainte avant le combat et la défaite, toujours le grand homme comprimé, le génie méconnu, toujours cet éternel René que nous refaisons tous à vingt ans!

La littérature moderne avait ajouté un travers de plus aux égarements de ce jeune homme. A la représentation d'un drame, il avait vu sur la scène un homme passionné comme Othello, sombre comme Lara, raisonneur comme Hamlet. Destinée maudite avant de naître, existence flétrie au berceau, cet homme avait lutté vainement contre la fatalité : ardente, opiniâtre, inflexible, elle s'était attachée à lui, et ni l'amour, ni la science, ni la fortune n'avaient pu la fléchir ni effacer la tache que cet homme avait apportée au front. Antony, comme Albert, était sans famille et sans nom. Albert se jeta avidement sur ces douleurs, dont il n'avait soupçonné jusqu'alors ni l'étendue ni la portée ; il s'en empara, il les fit siennes, à son tour il se reconnut maudit et délaissé, et il s'emporta amèrement contre l'isolement dans lequel sa naissance le reléguait.

L'ingrat! il oubliait ma sœur, qui ne vivait qu'en lui ; il m'oubliait, moi qui l'avais appelé mon frère! J'ai remarqué que, de ces jeunes indolents qui fatiguent le ciel de leur désespoir, gémissent sur la solitude de leur cœur et déplorent l'abandon où le sort les a jetés, il en est bien peu qui n'aient pas de parents qui ont tout sacrifié pour eux dans l'espoir qu'ils seraient un jour l'orgueil et l'appui de leur vieillesse, bien peu dont l'avenir n'ait absorbé celui de quelque jeune sœur qui restera pauvre et sans soutien s'ils ne la protégent eux-mêmes, bien peu enfin qui n'aient de saintes obligations à remplir.

Il faut être sans pitié pour cette partie de la jeunesse qui, parce qu'elle a entrevu le mieux, n'a pu se résigner au moins : engeance inutile et vaniteuse qui ne se croit jamais classée suivant ses mérites, et dont le rôle se réduit au prêche de ses misères ! Assez de voix éloquentes se sont élevées pour signaler nos maux ; nous avons assez pleuré : le temps est venu de se mettre à l'œuvre ; et chacun de nous peut, dans la sphère où le devoir le retient ou l'appelle, apporter son grain de sable à la pyramide qui s'élève.

Je me montrai sans indulgence pour Albert : je lui reprochai sévèrement d'avoir négligé ses études pour obéir à des fantaisies insensées ; je traitai son découragement de lâcheté, ses rêveries d'enfantillage, je lui rappelai les promesses qu'il m'avait faites au départ.

« Les avez-vous tenues ? lui dis-je. Je vous avais tracé d'une main sûre et ferme la ligne que vous aviez à suivre : l'avez-vous suivie ? Qu'avez-vous fait de ce courage qui ne doutait de rien ? qu'est devenu cet amour qui devait ne pas trouver d'obstacles ? Vous avez marché quelques pas à peine, et voilà que vous vous sentez défaillir. Attendez, pour accuser la destinée, qu'elle vous ait effleuré de son aile. Qu'aviez-vous espéré d'ailleurs en entrant dans la vie ? que les sentiers en étaient sablés, et que les fruits et les ombrages se courberaient sur votre front ? Les ombrages sont rares, les fruits nous échappent sans cesse : qu'avez-vous fait pour les saisir ? Vous vous dites malheureux, moi je vous dis coupable. Malheureux, dites-vous ; je demande pourquoi. Sans doute parce que vous n'avez point en dix mois réalisé la conquête du monde. Mais vous êtes bien jeune encore ! Ou plutôt votre siècle vous aurait-il déjà méconnu ? Mais vous avez dix-huit ans à peine et quatre inscriptions au plus. Le siècle, gardez-vous d'en douter, finira par réparer son erreur; seulement, laissez-lui le temps de vous connaître et de vous apprécier. Vous êtes là-bas tant de grands hommes que vous devez l'embarrasser parfois. Vous vous plaignez de la réprobation dont vous frappe votre naissance : c'est un préjugé dont le bon sens a fait justice, le héros que vous prenez pour modèle est un anachronisme dans notre société ; vous jouez tous les deux au proscrit. Quant à votre abandon, c'est plus grave ; mais vous êtes ingrat envers ceux qui ont voulu vous donner des affections et vous créer une famille. Vous voyez bien que vous n'êtes malheureux que parce que vous êtes coupable. »

Tels étaient à peu près les discours que j'opposais aux déclamations d'Albert. Pour Nancy, qui n'avait d'autre esprit qu'un sens droit et une âme simple, elle ne comprenait pas les tristesses de son ami.

« Qu'avez-vous, lui disait-elle, et pourquoi nous revenir ainsi ? Je voudrais connaître votre mal pour essayer de le guérir. Nous n'avons pas cessé de vous aimer, nous n'avons jamais séparé notre destinée de la vôtre : pourquoi donc si triste et si rêveur ? N'êtes-vous plus heureux de notre tendresse ? nos projets de félicité rustique ont-ils cessé de vous sourire ? enfin ne nous aimez-vous plus ? Dites : si vous avez trouvé des déceptions, vous aviez donc des espérances que vous cachiez à vos amis ? si vous avez des douleurs qu'ils ne puissent partager ni comprendre, vous aviez donc des joies qui leur étaient étrangères ? Vous vous plaignez des hommes et des choses ; le monde est moins pur que vous ne l'aviez rêvé : qu'importent les hommes et le monde, si nous autres nous n'avons point changé ? Voyez : nos bois sont-ils moins beaux, notre ciel moins serein, notre rivière moins limpide, nos cœurs vous chérissent-ils moins ? Moi aussi, je me suis vue comme vous, inquiète, tourmentée, rêveuse ; mais, depuis que Maxime a béni notre amour, j'ai recouvré la confiance, et vous, ingrat, vous l'avez perdue ; moi j'ai cru au bonheur, et vous, cruel, vous le cherchez encore. Que vous manque-t-il donc ? Maxime n'est-il pas votre frère ? n'êtes-vous pas le mien ? ne suis-je pas pour vous quelque chose de plus qu'une sœur ? »

Tant d'affection relevait en apparence le courage d'Albert, mais son amour ne retrouvait plus la grâce et la jeunesse qu'il exhalait autrefois. C'en était fait déjà de notre bonheur ; l'indifférence d'Albert et la douleur de Nancy, comprimées encore, l'une par le remords, l'autre par l'espérance, n'attendaient pour éclater qu'une occasion, qui ne tarda pas à se présenter.

Pendant son séjour à Paris, mes lettres l'avaient entretenu plusieurs fois de madame de Sommerville et du vif désir qu'elle éprouvait de le connaître ; je lui avais conté notre visite à la maison du sentier, l'attachement que nous inspirait cette femme, l'amitié qui nous unissait tous trois. Lorsqu'il revint, madame de Sommerville était souffrante, et n'avait point paru depuis longtemps à La Baraque. Quelques jours après l'arrivée d'Albert, je proposai à ce jeune homme de nous accompagner, ma sœur et moi, au château d'Anzème ; mais, comme je venais de le gronder assez rudement sur l'emploi de son temps à Paris et sur le résultat de sa première année d'études, l'enfant capricieux et boudeur, mécontent de lui-même, partant mécontent des autres, refusa sèchement.

« Qu'est-ce donc, demanda-t-il avec humeur, que cette madame de Sommerville ? Pourquoi avoir laissé cette étrangère s'introduire dans notre intimité ? N'étions-nous pas heureux tous trois ? pourquoi cette amitié nouvelle? Ne m'avez-vous pas dit un soir, sur la terrasse d'Anzème, que cette femme avait quitté sa mère? Je trouve votre affection bien prompte à s'enflammer, votre estime bien complaisante, vos souvenirs bien indulgents.

— Ne dites pas de mal de cette femme! s'écria Nancy indignée...... Pourquoi dites-vous du mal de cette femme, ajouta-t-elle avec douceur, lorsque vous savez que je l'aime?

— Vous outragez, lui dis-je froidement, ce qu'il y a de grand et de bon sur la terre.

— A la bonne heure! répondit Albert, que la conscience de sa faute rendait plus opiniâtre encore. Seulement, je trouve étrange que vous cherchiez à m'imposer vos sympathies et vos enthousiasmes.

— Vous êtes injuste et méchant, dit Nancy, et si vous connaissiez madame de Sommerville.....

— Je ne veux pas la connaître, interrompit Albert....

— Venez, ajouta ma sœur d'une voix suppliante, venez, Albert, c'est moi qui vous en prie. Si vous saviez combien de fois madame de Sommerville a parlé de vous avec sollicitude, si vous pouviez comprendre l'intérêt que vous lui inspirez, vous ne voudriez pas être ingrat envers elle.

— Et c'est précisément, s'écria-t-il, cette affectation de tendresse qui m'éloigne de cette femme : je ne vois dans sa sollicitude qu'une curiosité maladroite qui m'offense et à laquelle je saurai me dérober, dans son intérêt qu'un impérieux ennui qui cherche des distractions et que je ne saurais distraire.

— Comme vous voilà prompt à imaginer le mal! dit

tristement ma sœur. Il y a un an à peine, vous ne vouliez croire qu'au bien... Vous ne viendrez donc pas? ajouta-t-elle en pleurant. Que pensera madame de Sommerville de vos refus et de votre obstination, elle qui a tout fait pour vous attirer à Anzème, qui vous aime parce que nous vous aimons, et qui a visité votre maison durant votre absence?

— Oubliez-vous que, madame de Sommerville absente, j'ai plus de fois visité son domaine que le bouquet laissé dans *l'Émile* ne contient de violettes et *l'Émile* des pages? Vous voyez bien que la présence de la châtelaine dans la maison de son vassal n'était qu'une politesse que le château devait à la chaumière. »

A ces mots, Albert siffla ses chiens et prit par Saint-Léonard pour retourner à sa demeure; Nancy et moi nous partîmes à pied pour Anzème.

« Pardonnez-moi, dit Maxime s'adressant à son ami, de vous entretenir de ces misérables détails de la vie commune; mais c'est là seulement que nous pouvons juger les hommes. Sur le théâtre du monde ce ne sont que des acteurs qui jouent un rôle avec plus ou moins d'habileté, parés avec plus ou moins d'élégance; pour étudier et saisir les fils secrets qui les font mouvoir, il faut descendre dans la vie bourgeoise. Que de convictions qui bouleversent à cette heure le monde politique, et qui n'ont eu pour principe qu'un mouvement d'humeur! que d'opinions ferventes qui n'ont eu pour mobile que l'orgueilleuse conscience de leurs erreurs!

Nous marchâmes, ma sœur et moi, silencieux durant toute la route, préoccupés l'un et l'autre de tristes pensées que nous n'osions nous communiquer. Près d'Anzème, nous rencontrâmes Frank, le domestique du château, qui se rendait à Saint-Léonard sur le cheval de madame de Sommerville. Il arrêta, en nous voyant, le trot vigoureux de sa bête.

« Je vais, dit-il, chercher les lettres de madame à la ville; madame est mieux, elle vous attend. »

L'animal, qui piaffait et se cabrait avec impatience, força Frank à partir au galop. C'était un cheval de race espagnole, caressant et docile lorsqu'il sentait sur ses flancs le poids de sa noble maîtresse : mais il n'avait pas été monté depuis l'indisposition d'Aurélie, et, plein d'ardeur et de feu, il bondissait sous Frank comme une cavale sauvage.

Lorsque nous arrivâmes au château, madame de Sommerville était assise sur l'une des marches du perron et lisait.

« C'est vous, mes amis! s'écria-t-elle en se levant dès qu'elle nous aperçut. Je ne lisais que des yeux, et je pensais à vous. Chère belle, dit-elle à Nancy en l'embrassant au front, comme vous voilà pâle et que vos yeux sont rouges! Mignonne, souffrez-vous? avez-vous pleuré? Qu'a donc cet enfant, Maxime? Mes amis, je suis joyeuse de vous voir : je n'ai plus rien en moi de bon et de jeune que vous. Dieu vous bénira de vous être attachés à ma triste existence. Lorsque je suis près de vous, que Maxime réchauffe mes mains dans les siennes, et que toi, chère enfant, tu m'enlaces de tes bras, vous me rappelez ces fleurs que le vent sème sur les ruines et que le soleil fait éclore... Mais qu'avez-vous fait d'Albert? On m'a dit au village qu'il était de retour, et je l'attendais aujourd'hui. Pourquoi n'est-il pas avec vous?

La question de madame de Sommerville nous embarrassa tous deux : Nancy rougit, baissa les yeux et ne répondit pas; je balbutiai quelques paroles, et restai court au milieu de ma première phrase. Madame de

Sommerville, étonnée, nous regardait avec inquiétude et j'allais me résigner à lui avouer la vérité, quand tout à coup le galop précipité d'un cheval se fit entendre dans la garenne.

« Qu'est-ce que cela? dit madame de Sommerville... Frank reviendrait-il déjà de Saint-Léonard ?

— C'est impossible, répondit Nancy : il n'y a pas vingt minutes que nous l'avons rencontré dans le sentier, se rendant à la ville.

— Je reconnais pourtant le galop de Cortès, » ajouta madame de Sommerville.

Elle avait à peine achevé ces mots que Cortès traversait la terrasse comme un coup de vent, et s'arrêtait brusquement devant la grille du château. Le cavalier mit pied à terre : il était pâle, défait, couvert d'écume ; il s'appuya tout tremblant contre les flancs fumants du coursier.

« Ce n'est pas Frank ! dit madame de Sommerville avec étonnement.

— C'est Albert ! » s'écria Nancy avec joie.

Et nous allâmes tous trois à sa rencontre.

V.

Nul de nous n'échappe à sa destinée. Nous luttons vainement pour la tromper : son regard est rivé sur nous ; il nous fascine et nous attire ; lorsque nous croyons la fuir, la fatalité nous pousse vers elle.

Je vous ai déjà dit que la maison d'Albert donnait sur le sentier qui mène d'Anzème à Saint-Léonard. Albert était sur le seuil de sa porte, lorsque Frank vint à passer : celui-ci s'arrêta pour parler au jeune homme qu'il n'avait pas vu depuis son retour. Frank était sur Cortès, Albert se tenait appuyé sur un fusil à deux coups qu'il avait apporté de Paris. Albert avait la passion des beaux chevaux, Frank celle des beaux fusils.

« Tu montes là un noble animal ! dit Albert.

— C'est Cortès, répondit Frank en frappant de la main la large encolure de la bête.

Au nom seul de Cortès, le cheval dressa les oreilles en hennissant, et frappa la terre de ses deux balzanes de devant.

« Fier et superbe comme un Castillan ! dit Albert. La plus vive de mes fantaisies a toujours été de presser les flancs d'un coursier généreux, de les sentir s'allonger sous moi en bonds élastiques, et de courir ainsi contre le vent.

— Vous avez là une belle arme ! répondit Frank, que les poétiques fantaisies d'Albert touchaient médiocrement et qui couvait des yeux le fusil, dont le double canon rubanné reluisait au soleil.

— Arme inutile, Frank ! je ne sais en vérité ce que deviennent les lièvres du pays : ce matin j'ai battu la lande pendant trois heures sans pouvoir en dépister un seul.

— C'est qu'ils ne vous connaissent plus et qu'ils ont peur, » répondit Frank d'un air goguenard en prenant le fusil des mains d'Albert.

Après avoir fait jouer la batterie, essayé la crosse à son épaule et le point de mire à son œil :

« Monsieur Albert, dit-il en lui rendant son arme, je ne voudrais pas aller à travers champs jusqu'à Saint-Léonard avec ce fusil et vos deux chiens, sans venir pendre, à mon retour, deux lièvres à votre porte.

— A ton aise ! s'écria le jeune homme, prends mon

fusil et mes deux chiens, et va à la ville en chassant ; je reconduirai Cortès à Anzème, et tu le retrouveras, au retour, attaché à la barrière de la garenne. Cela te va-t-il ? »

Il n'avait pas achevé les derniers mots de sa proposition que Frank était à terre et endossait le costume de chasseur du jeune homme. Albert s'empara de la bride du cheval, posa le pied gauche dans l'étrier, et, s'élançant en selle, il partit au galop, tandis que Frank et les deux chiens s'enfonçaient dans la bruyère.

Cortès, ne reconnaissant plus le poids accoutumé et se sentant conduit par une main inhabile, allait comme la tempête. La taille frêle et mince d'Albert était ployée par la rapidité de la course ; mais il se tenait ferme, inébranlable, plein d'audace et de feu, aspirant l'air avec joie, pressant le coursier de la voix et du geste ; il lui semblait que l'espace était à lui comme à la foudre. Cependant, lorsqu'il aperçut le clocher rustique d'Anzème et les tourelles du château qui se dessinaient sur un fond jauni de feuillage, il voulut, près du but, ralentir le galop de Cortès ; il l'essaya vainement : au lieu de scier du bridon, il tira la bride à lui de toutes les forces musculaires qu'il puisait moins dans la prévision du danger, que dans celle qu'il était emporté malgré lui vers madame de Sommerville ; de sorte que le fougueux animal, trouvant un appui douloureux sur le mors qui lui serrait la bouche, et se sentant pressé par les jambes du cavalier qui se cramponnait maladroitement à ses flancs, prenait à chaque élan une vigueur nouvelle. Il franchit en quelques secondes la distance qui le séparait d'Anzème, traversa le village en deux bonds, se précipita dans la garenne, dont la barrière était ouverte, et ne s'arrêta que sur la terrasse, devant la grille du château.

Albert, se trouvant comme par enchantement en face de madame de Sommerville, comprit sa position en homme d'esprit et s'en tira comme un sot : en homme d'esprit il s'en attribua tout l'honneur, au grand préjudice de Cortès ; mais lorsque madame de Sommerville, assez étonnée d'ailleurs de l'entrée cavalière de notre jeune ami, le remercia de son empressement à se rendre au désir qu'elle avait de le voir, il répondit effrontément qu'il n'avait cédé qu'à son désir à lui, et, comme un sot, il partit de là pour se perdre en longs et fades compliments qui nous émerveillèrent tous. Ses paroles contrastaient si singulièrement avec son ton rude, il y avait dans toutes ses manières, à la fois brusques et craintives, un mélange si bizarre de hardiesse et de timidité, que madame de Sommerville elle-même ne put s'empêcher de sourire.

« Puisque tel était votre désir, demanda naïvement Nancy, pourquoi donc avez-vous obstinément refusé de nous accompagner? C'est que je vous en priais, sans doute. »

Et comme, à ces paroles imprudentes, Albert se troublait et ne répondait pas :

« Je vois bien, ajouta-t-elle d'un air boudeur, que personne ici ne vous inspire d'éloignement que vos deux amis : ce n'était pas madame de Sommerville, c'était nous que monsieur fuyait ; entre mon frère et moi, il eût trouvé la route trop longue ; mon bras, appuyé sur le sien, lui eût fait la marche trop lourde. Eh bien ! tant mieux, Albert ! j'aime mieux que vous soyez coupable envers nous : nous, du moins, nous sommes toujours prêts à vous pardonner. Mais pourquoi nous fuir, et que vous avons-nous fait ? »

Albert fut ému et s'approcha de Nancy pour la consoler ; mais elle le repoussa et se retira, boudeuse à son tour, près de madame de Sommerville.

« Voyons, mes enfants, de quoi s'agit-il ? demanda madame de Sommerville, qui ne comprenait rien à tout ceci ; qui de vous me donnera le mot de cette énigme?

— Madame, dit Albert d'un air touchant et vrai en s'avançant vers elle, dussé-je perdre votre intérêt et m'aliéner à jamais votre cœur, je vais tout vous avouer. »

Et, avec la noblesse d'un homme qui s'accuse, il raconta la scène de La Baraque et l'espèce de fatalité qui l'avait amené malgré lui à Anzème.

« Ainsi, monsieur, dit madame de Sommerville avec mélancolie, c'est moi que vous fuyiez ! Quoi de plus naturel? Il ne pouvait guère en être autrement : quelle sympathie saurait exister entre votre jeune cœur et le mien? Je ne vous en veux pas, monsieur.

— Oui, madame, dit Albert en baissant les yeux, c'est vous que je fuyais. Je suis un misérable! Vous m'avez aimé sans me connaître, et moi je ne vous aimais pas! Je sens bien à cette heure que nous avions tort tous les deux.

— N'espérez pas, dit madame de Sommerville en souriant, que l'aveu de vos fautes entraîne celui des miennes : à mon âge, monsieur, plus qu'au vôtre, on tient à ses erreurs et on y renonce difficilement. »

A ces mots, elle prit Albert par la main et l'attira vers ma sœur. Albert déposa un froid baiser sur le front de Nancy, et porta timidement à ses lèvres tremblantes la main qu'il tenait dans la sienne.

« Oh ! Maxime, s'écria-t-il avec enthousiasme pendant que madame de Sommerville essuyait les larmes de ma sœur, oh! que cette femme est belle! que son regard est doux et triste, son visage noble et souffrant! Et quelle est gracieuse, Maxime! Vous ne m'aviez pas dit tout cela. Elle est jeune aussi, jeune et belle, belle surtout de la beauté qu'elle a perdue. Voyez que de résignation sur cette grande et pâle figure! On dirait l'ange de la douleur. Et cette femme vous aime, Maxime, et vous osez l'aimer! Vous êtes bien heureux! Lorsque j'ai senti ses doigts à mes lèvres, il m'a semblé que j'allais mourir. »

Ces paroles me faisaient mal : il ne voyait que madame de Sommerville, et moi je pensais à Nancy. Mortellement blessée de la froideur d'Albert, elle pleurait dans le sein d'Aurélie, et celle-ci, l'entourant de ses bras et couvrant de baisers la blonde tête de la pauvre affligée, m'apparaissait, à moi aussi, comme l'ange de la douleur enveloppant ma sœur de ses ailes.

Nancy fut triste le reste du jour, mais son ami ne le remarqua pas. Madame de Sommerville, qui désirait convaincre Albert de ses torts et se faire pardonner la position forcée qu'il avait auprès d'elle, déploya tout ce qu'elle avait de charmes et de séductions. Albert y succomba, et le soleil s'éteignit moins vite derrière nos coteaux que l'image de Nancy dans son cœur.

C'est qu'elle était déjà bien pâle et bien mourante, cette image en un jour effacée; c'est qu'à ce cœur, défloré par les excès d'une littérature qui nous fait vieux et blasés à vingt ans, les paisibles émotions d'un amour virginal ne suffisaient déjà plus ; c'est que, pour cette imagination fouettée depuis dix mois par les sensations fiévreuses que lui jetaient les romans et la scène, l'humble fille de nos montagnes n'était plus qu'une héroïne bien vulgaire. Belle encore, mystérieuse, romanesque, enthousiaste, madame de Sommerville s'offrait à lui comme une réalisation bien plus enchantée des idées vagues et brûlantes qui s'agitaient dans sa jeune tête, la présence seule de cette femme dut lui révéler le secret et le but de ses aspirations nouvelles.

Et puis, il faut bien vous le dire, ce jour me montra dans toute son étendue la distance qui séparait Nancy de madame de Sommerville, et combien la grâce native, sans culture, s'efface humblement devant l'élégante assurance que donne et qu'enseigne le monde. J'avais fait de Nancy toute ma joie et tout mon orgueil ici-bas : l'être le plus aimé était pour moi le plus aimable, je n'avais pas imaginé jusqu'alors qu'aucune femme pût dérober au ciel plus de beautés et de perfections que n'en avait ma sœur. Nancy, de son côté, heureuse et fière de l'amour d'Albert, croyait naïvement aux charmes qu'il admirait en elle, jamais elle n'avait pensé qu'une femme aimée de ce jeune homme pût ne pas être belle et aimable entre toutes. Notre crédule confiance s'évanouit en ce jour : négligée par son ami, que madame de Sommerville captivait tout entier, Nancy comprit avec moi qu'elle n'était qu'une enfant simple et timide, sans esprit et sans art; et, tandis qu'Aurélie se perdait avec Albert dans un monde d'idées où ma sœur ne pouvait les suivre, nous allions tous deux en silence, mornes et dévorant nos pleurs.

Rentrés au château, madame de Sommerville se mit au piano. Elle chantait avec âme, Albert l'écouta avec ravissement. Tendre, plaintive, passionnée, elle lui rendit tour à tour les anges de ses rêves et les fées de ses illusions : Anna, Juliette, Desdemona, Elvire. Hélas! qu'elle était belle et touchante! qu'il y avait de mélodieuses tristesses dans sa voix, d'inspiration et de poésie sur son front et dans son regard, et jusque dans ses cheveux qui semblaient frissonner d'harmonie autour de son pâle visage! Hélas! qui ne l'eût pas aimée? qui n'eût oublié ma sœur auprès d'elle? Albert eût oublié le monde. Debout à ses côtés, il s'enivrait d'amour, et Nancy, encouragée par les pleurs que les chants d'Aurélie suspendaient à nos yeux, versait à son aise les larmes de sa douleur.

Aurélie venait d'achever la romance du *Saule*. Ses mains reposaient encore sur les touches d'ivoire, ses yeux étaient au ciel, et par les vitraux ouverts les derniers rayons du soleil glissaient avec la brise sur son front rêveur. Elle me rappelait la Corinne du peintre au promontoire de Misène. Aurélie se leva lentement, s'approcha de Nancy, et passant ses doigts dans les cheveux de la blonde fille :

« Les poëtes n'ont rien imaginé de plus jeune et de plus beau que vous, jeune et belle enfant, » lui dit-elle.

Et, s'adressant à Albert :

« Monsieur, j'ai dû me trouver en même temps que vous à Paris : c'était au dernier hiver; je revenais d'un long voyage, et je me préparais à un exil éternel. Nous avons plus d'une fois sans doute, sous la même voûte, à l'éclat des mêmes lumières, frémi des mêmes émotions et pleuré des mêmes larmes. Peut-être aussi, dans les galeries du Louvre, nous sommes-nous arrêtés ensemble devant les mêmes chefs-d'œuvre; peut-être, dans la même soirée, sur un des ponts jetés sur la Seine, avons-nous contemplé tous deux la vieille cité qu'enveloppait déjà la brume du soir. J'aimais Paris, et parfois encore, sous le ciel large et embaumé des prairies, je me surprends à regretter son ciel capricieux et changeant. Parlez-moi donc de Paris, monsieur. La vie y est si pressée, si rapide, la popularité si mobile, la gloire si périssable; chaque jour, chaque heure y voit naître et mourir

5

tant d'événements et de choses, que six mois d'absence en ont fait pour moi un monde étranger, une contrée nouvelle. Voyons, jeune voyageur revenu des plages lointaines pour visiter les huttes de vos frères, parlez un peu de la grande ville aux sauvages des rives de la Creuse. »

Albert parla de tout avec tact et finesse. Rempli d'amour pour les doctrines nouvelles, plein de foi dans leur avenir, en moins d'une heure il défit et refit le monde politique et social. Artiste, en ce sens qu'il était doué d'un instinct énergique et rapide du vrai et du beau dans les arts, il se montra tour à tour peintre, musicien et poëte ; enthousiaste exclusif, jeune homme aux convictions ardentes, il exposa chacune de ses idées comme un culte, chaque objet de ses admirations fut présenté comme une idole. Madame de Sommerville, qui observait avec intérêt cette faculté qu'a la jeunesse de se passionner pour toutes choses, se plut à contrarier les sympathies d'Albert : Albert les défendit avec chaleur. La discussion fut vive : Aurélie s'y montra spirituelle, calme et railleuse, Albert éloquent et fougueux.

« Ah ! vous êtes heureux, s'écria madame de Sommerville en jetant sa brusque parole au travers des déclamations d'Albert, qui s'imterrompit aussitôt ; vous êtes heureux, monsieur ! Si vous saviez combien ma froide raison regrette vos brûlantes erreurs ! Puissiez-vous les garder toujours ! le cœur qui ne sait plus s'abuser est maudit. »

Il est facile d'imaginer la contenance de Nancy durant toutes ces discussions morales et littéraires. Restée comme moi en dehors du mouvement intellectuel de l'époque, elle avait le maintien embarrassé d'un voyageur au milieu d'un cercle dont la langue lui est étrangère.

Elle observait, avec une inquiétude mêlée d'étonnement, la désinvolture élégante et facile d'Albert dans ce champ d'idées nouvelles où notre gaucherie n'osait s'aventurer. Nous avions bien, dans nos soirées d'hiver, étudié les lettres et les arts ; mais, au fond de cette contrée où nous arrivait à peine un faible écho des retentissements du siècle, nous n'avions pas suivi la marche du progrès ; nous en étions restés au culte des vieilles idoles, on nous initiait pour la première fois à l'adoration de dieux nouveaux dont notre foi surannée ne soupçonnait même pas l'existence.

Dieu seul a pu savoir ce que j'ai souffert en ce jour ; souffrances misérables qui ont humilié mon cœur plus encore qu'elles ne l'ont déchiré ! Je me reprochais l'esprit d'Albert : je m'accusais de l'avoir envoyé à Paris pour y puiser le talent et la science ; j'étais jaloux des grâces d'Aurélie ; j'étais blessé dans l'amour de Nancy, je souffrais à son cœur ; j'aurais voulu réduire Albert à son ignorance primitive, ou dépouiller madame de Sommerville de toutes ses perfections pour en parer ma sœur.

Au reste, il fallait toute mon inexpérience pour n'avoir pas plus tôt prévu que l'amour d'Albert, placé entre ces deux femmes, se retirerait de Nancy pour se porter sur madame de Sommerville. L'amour, à l'âge qu'Albert avait alors, est impatient de vivre, avide de connaître : il aime à s'égarer dans les régions de l'inconnu ; il veut à chaque pas une découverte nouvelle. Aussi est-il rare de voir deux jeunes âmes échanger leur virginité : c'est qu'elles n'ont rien à s'apprendre. Un cœur neuf cherche toujours celui qu'a vieilli l'expérience, pressé qu'il est de côtoyer les rives de la vie qu'il ignore et que l'autre a déjà parcourues. De son côté, le cœur qui a descendu le fleuve et qui en a sondé les écueils, appelle les jeunes amours, dans l'espoir de remonter le courant qui l'entraîne.

Qu'y avait-il de mystérieux et d'imprévu dans l'avenir que l'amour de ma sœur ouvrait à Albert? quelle autre perle que cet amour lui-même recélait le cœur de Nancy? Quels trésors, au contraire, ne devaient pas dormir dans celui d'Aurélie!

L'amour de ma sœur s'offrait comme une pente facile dont un regard mesurait l'étendue et dont le mariage était le couronnement prosaïque ; celui d'Aurélie au contraire, comme un paysage semé de contrastes, et dont l'œil ne pouvait caculer tous les accidents ni percer toutes les profondeurs.

Cependant la conversation d'Albert et d'Aurélie allait effleurant tous les sujets, abordant toutes les idées, discutant toutes les questions. Madame de Sommerville, en causant, laissait ses doigts courir au hasard sur le clavier ; lui, assis auprès d'elle, feuilletait des albums négligemment épars sur une table en marqueterie.

« Ne cherchez pas dans ces feuillets, lui dit-elle, des noms illustres, des esquisses ravies par l'importunité à des crayons habiles, à des pinceaux célèbres : ces pages ne renferment que des souvenirs vulgaires qui n'ont de charme que pour moi.

— Ces souvenirs sont les plus doux, madame, répondit Albert. Je tremblais, en ouvrant ces recueils, que vous n'eussiez sacrifié à la mode du jour. Avez-vous jamais parcouru un album sans un sentiment de compassion pour les artistes qui ont signé sur ses pages la persécution exercée contre eux ?

— Non, sans doute ; mais ceux-ci ne me rappellent que des êtres et des sites aimés. Il n'est pas un de leurs feuillets, couvert d'ébauches imparfaites ou signé de noms inconnus, qui n'ait plus de prix à mes yeux que les dessins les plus achevés et les noms les plus glorieux.

— Vous avez voyagé, madame? dit Albert en regardant avec intérêt plusieurs vues dérobées à des contrées étrangères.

— Oui, répondit madame de Sommerville d'un air triste : s'il est vrai que la patrie soit aux lieux où nous avons souffert, la mienne est bien grande, monsieur !

— Vous avez visité l'Italie et l'Espagne! poursuivit Albert avec enthousiasme en feuilletant les croquis qu'Aurélie avait rapportés de ses courses ; vous avez vu l'Alhambra, vous êtes allée rêver dans la patrie des Maures!... Saint-Marc! vous avez vu Venise! Ses gondoliers chantent-ils encore les chants de l'Arioste et du Tasse?... Naples! voici Naples! Vous avez vu Naples, madame? vous avez vécu sous son beau ciel, la mer vous a bercée dans ce golfe, vous avez gravi la lave du Vésuve? Vous êtes bien heureuse!... Cette rose flétrie et desséchée, est-ce une rose de Pœstum ?

— Non, monsieur. Dans ce livret, comme dans ma vie, les souvenirs sont jetés sans ordre et sans méthode : cette rose a pour moi des parfums de rives plus lointaines.

— Cette fleur est peut-être tout un poëme ? Chose étrange qu'il y ait souvent pour nous dans l'aspect des moindres objets toute une vie de joies et de douleurs !

— Cette rose a traversé les mers. Après un voyage de long cours, contrarié par le vent, le brick *la Fanny* mouilla devant le cap de Bonne-Espérance. J'étais parmi les passagers. La chaloupe fut mise à flot, et chacun de nous, fatigué de la nourriture du bord, voulut qu'on lui rapportât du Cap le mets que préférait son goût. Deux jeunes femmes demandèrent, l'une un camélia, l'autre une rose. Il y avait si longtemps que nous n'avions vu de fleurs !

— Vous avez foulé les rives de l'Arno ?

— Je les ai mouillées de mes pleurs.

— Et Rome, madame ! n'avez-vous pas vu Rome ?

— Elle est sous vos doigts.... Prenez garde de la réduire en poudre.

— Cette feuille de lierre ?....

— Je l'ai cueillie sur les ruines du Colysée.

— Oh ! voyager, madame, c'est le rêve de ma jeunesse ! Que de fois n'ai-je pas demandé aux oiseaux émigrants de m'enlever sur leurs ailes, aux nuages qui glissaient dans l'air de m'emporter avec eux ! Puissé-je un jour aller dans ces belles contrées chercher la trace de vos pas !

— On se lasse bien vite de cette vie errante et sans affections durables ; on éprouve bientôt une vive fantaisie de dresser sa tente sur un rivage aimé qu'on ne doit plus quitter.

— En quels lieux enchantés eussiez-vous désiré faire votre Élysée ?

— Notre Élysée est le coin de terre où nos yeux ont versé leurs premières larmes, où nos lèvres ont souri pour la première fois. Il n'est pas de cieux si purs, de bords si fleuris, de champs si parfumés qui nous fassent oublier les lieux où nous avons grandi. La patrie, monsieur, n'est pas un vain mot : elle est où nous aimons, où nous avons aimé. Il m'est arrivé mille fois de traverser de petites villes en me demandant comment des créatures faites à l'image de Dieu pouvaient se résigner à vivre dans de semblables repaires : j'oubliais qu'il n'est pas de laide patrie.

— Est-il vrai du moins que la vie de voyages soit salutaire à la douleur, que nous puissions trouver sous d'autres cieux le calme et le silence que nous avons perdus sur la terre natale ?

— Le calme et le silence n'ont qu'une patrie, c'est notre âme. Lorsqu'ils la délaissent, nous nous fatiguons en vain à les poursuivre ; nous avons beau rompre notre chaîne et fuir les lieux où elle était rivée, nous ne nous fuyons pas nous-mêmes, nous traînons partout à notre cœur meurtri un bout de cette chaîne que nous avons brisée. »

Ils parlèrent longtemps ainsi, et Albert écoutait Aurélie avec une admiration naïve. Il se demandait quelle était cette femme qui, si jeune et si belle encore, semblait avoir tout vu, tout connu, tout souffert. De son côté, madame de Sommerville se laissait aller au charme de livrer ses impressions et ses souvenirs à une âme intelligente, qui lui apparaissait comme une jeune sœur de la sienne. Nancy et moi nous écoutions en silence, mêlant à longs intervalles quelques questions banales à la conversation de nos amis.

Je ne sais rien de plus mobile, de plus imprévu, de plus vagabond, pour ainsi dire, que la conversation de deux êtres qui se voient pour la première fois et dont les sympathies se sont révélées au premier abord. Ils ne s'observent pas, ils s'aiment, ils veulent s'aimer plus encore. Voyez aussi comme ils s'empressent de découvrir l'un dans l'autre des sympathies nouvelles, comme ils ont hâte de mettre à nu toutes les richesses de leur âme !

Je ne sais par quelle transition Albert et Aurélie vinrent à s'entretenir de la politique du jour. Héritière d'un nom illustre dans sa province, madame de Sommerville avait passé sa vie à chiffonner ses parchemins et à fouler aux pieds les préjugés de sa caste. La révolution de Juillet la surprit dans les rangs des vainqueurs ; mais, comme la noble femme pensait que le malheur est un drapeau sacré, la femme noble entra le lendemain de la victoire dans les rangs de la défaite. En face d'Albert, madame de Sommerville représentait donc le passé. Il y eut d'abord un lien commun entre eux : ce fut le présent à détruire ; le combat ne s'engagea que lorsqu'il fallut en relever les ruines. Ennemi des priviléges par conviction et par naissance, Albert, égaré par la discussion, traita le passé sans pitié et la noblesse sans réserve (vous savez que la haine de la noblesse est encore le début politique de tout jeune homme élevé dans des doctrines libérales et philosophiques) : Albert railla ses travers avec amertume, et plus d'une fois, s'arrêtant sur les portraits de famille qui tapissaient le salon de leurs cadres gothiques, les uns bardés de fer, les autres chamarrés d'hermine, tous plaqués de croix, bariolés de cordons, ses yeux foudroyèrent d'un regard sarcastique cette série de gloires peintes et d'immortalités sur toile.

Madame de Sommerville releva le gant que lui jetait Albert ; mais, entraînée par la poésie de sa cause, oubliant à son tour la position de son adversaire, elle toucha maladroitement à des susceptibilités irritables qui ne dormaient jamais qu'à demi dans le cœur de mon pupille.

« En vérité, monsieur, s'écria-t-elle, vous ne le connaissez guère, ce monde que vous raillez sur la foi des traditions banales. Je puis en parler à mon aise, moi qui n'en suis que depuis qu'il n'est plus. Eh bien ! monsieur, c'était un monde plein de charme, de loyauté chevaleresque et de douce urbanité; bienveillant avec tous parce qu'il ne craignait de déroger avec personne, c'était le plus aimable et le plus élégant des mondes. Poétique à cette heure comme toutes les religions qui se meurent, il s'élève au milieu de notre société, mélancolique et solitaire comme le château de Ravenswood dans les plaines de Lammermoor. Vous riez de ses travers : ceux de l'aristocratie nouvelle me les ont fait aimer : les nôtres du moins étaient pleins de grâce et de naïvetés charmantes ; il y avait de la piété dans notre orgueil, quelque chose de grand dans notre vanité..... Nos portraits de famille, par exemple, c'est un ridicule dont on a beaucoup ri, et dont vous m'accusez peut-être : eh bien, oui, j'aime les vieux portraits, ceux-là surtout qui ne rappellent que des vertus obscures. Je voudrais que chaque famille eût sa galerie de vieilles gloires, ses gloires de coin du feu. Il est doux d'enlever à l'oubli ce qu'on aime ; il est doux aussi de penser que nous ne descendrons pas tout entiers dans la tombe, qu'entre nos pères qui ne sont plus nous tiendrons un jour notre place près du foyer de nos enfants. Et puis, si ces portraits rappellent des vertus, ne trouvez-vous pas que ce sont des consciences qui nous regardent ? Les anciens renfermaient dans une urne les cendres qui leur étaient chères, et nous faisons revivre sur la toile les traits de ceux que nous avons aimés : c'est la religion des morts. »

Ces paroles imprudentes rappelèrent cruellement à Albert qu'il ne pouvait pas même suspendre à son chevet le portrait de sa mère. Il ne répondit pas, son front se couvrit de rougeur, ses yeux se remplirent de larmes. Nancy, qui avait l'intelligence du cœur vive et facile, s'approcha de son ami et voulut lui prendre la main : il la repoussa froidement. Madame de Sommerville comprit à son tour qu'elle venait de faire ce qu'on appelle communément *compter son or devant un pauvre* : elle n'ajouta pas une parole ; mais, lorsque nous sortimes du salon, elle s'empara dans l'ombre du bras d'Albert, et le pressa avec effusion.

« Vous ne craignez pas de déroger? lui dit le jeune homme avec amertume.

— Oh! monsieur !... » s'écria-t-elle en joignant ses mains.

Nous arrivions près d'eux : ils se turent. En passant sur la terrasse, nous rencontrâmes Frank qui ramenait les chevaux de l'abreuvoir. Madame de Sommerville s'avança vers Cortès, et caressa son poitrail noir et luisant comme la plume du corbeau.

« Ne lui en voulez-vous pas, à ce pauvre animal ? » demanda-t-elle en se tournant vers Albert. Albert sourit, et, avant de s'éloigner, il baisa l'étoile blanche qui brillait au front de Cortès. Madame de Sommerville nous accompagna jusqu'à Anzème. Arrivés au village, nous primes, ma sœur et moi, le chemin de La Baraque, Albert celui du sentier, et madame de Sommerville retourna seule au château.

Nous marchâmes longtemps, ma sœur et moi, sans échanger une parole, mais nos douleurs se comprenaient et se parlaient tout bas. Il y eut un instant où nos âmes se rencontrèrent, et, par un mouvement spontané, nous nous pressâmes dans les bras l'un de l'autre. Nancy était pendue à mon cou, j'embrassais son front et ses cheveux.

« Ah! tu m'aimes, toi, tu m'aimes! s'écria-t-elle en sanglotant. Sans grâce, sans esprit, sans beauté, toi, tu m'aimeras toujours !... Maxime, mon frère, pourquoi n'as-tu pas gardé mon cœur à toi seul ? Ton amour était si doux, et l'autre fait tant de mal !... Ah ! laisse-moi pleurer : je souffre. Dis-moi que tu m'aimes. J'entends toujours une voix qui me crie : Je ne vous aime pas ! »

Puis elle ajoutait :

« Il faut lui pardonner. Qui suis-je, hélas ! pour qu'il m'aime ? rien qu'une fille des champs. Je n'ai que mon amour, et lui, qu'il a d'esprit, de génie, d'éloquence !... Ah ! cruel, pourquoi l'avez-vous envoyé à Paris ? que ne l'avez-vous laissé dans nos campagnes ? Quel besoin avait-il d'instruction et de science ? Il m'aimait et j'étais heureuse ; et lui aussi était heureux, mon Albert ! Rendez-moi sa joie, rendez-moi mon bonheur. C'est vous qui avez fait tout le mal, c'est vous qui nous avez perdus ! »

Et revenant à moi :

« Grâce ! pardonne à ta pauvre sœur ! prends pitié de sa peine ! Je suis malheureuse, la douleur me rend folle. Cette journée a été si longue ! J'ai cru que la nuit ne viendrait pas. Elle venait si vite autrefois, lorsqu'Albert était entre nous ! Comme chaque jour qui nous réunissait était court et rapide ! Et pourtant, tu t'en souviens, mon frère, nous restions des heures entières sans rien nous dire, et ces heures étaient les plus douces ; ou, s'il me parlait, c'était de nos travaux, de nos plaisirs, de notre amour heureux. Lorsque les oiseaux émigraient et que leurs bataillons filaient au-dessus de nos têtes, il me disait : Je voudrais aller avec eux dans les contrées lointaines : je vous en rapporterais des fruits et des fleurs. Ou bien, lorsqu'il était rêveur, il me disait : Je voudrais savoir où vont les nuages qui glissent dans le ciel, où va la laine que les troupeaux laissent aux haies épineuses et qu'emporte le vent, savoir aussi ce que dit le vent aux feuilles des arbres, la Creuse aux cailloux de son lit... Et moi j'aimais tout ce qu'il me disait.

Ainsi ma sœur cherchait dans le monde de ses souvenirs Albert, qu'elle ne pouvait suivre dans le monde nouveau où je l'avais jeté. Lorsque nous rentrâmes, elle avait une fièvre brûlante, et je passai la nuit auprès d'elle. Cette nuit fut mauvaise aussi pour Albert.

VI.

Rentré dans sa chambre, il appuya sa tête sur le balcon de sa croisée. La nuit était sereine. La lune qui s'était levée rouge et mate à l'horizon, grimpait lentement sur les peupliers de la prairie ; les feuilles, humides de rosée, se détachaient sans bruit, rien ne troublait le recueillement des campagnes. Albert veillait seul au milieu du repos universel. Il alla respirer l'air froid du ciel sur les bords de la Creuse ; il mouilla ses pieds dans l'herbe des prés, son front aux branches du verger ; las de chercher le calme et de ne pas le trouver, il eut peur des agitations de son âme. Depuis, il me l'a contée bien souvent, cette nuit si paisible dans les champs, si orageuse dans son cœur.

« Mon Dieu, se disait-il en traînant sous ses pas les feuilles mortes du vallon, qu'est-ce donc que ces sensations tumultueuses que vous avez éveillées en moi? Est-ce donc là l'amour, ce feu qui dévore, cette inquiétude qui consume, ce mal qui n'a pas de nom? est-ce donc là le ciel que vous nous avez donné sur la terre? Non, cette femme est votre mauvais ange : je sens encore ses doigts qui brûlent mes lèvres, sa main qui serre mon bras comme une main de fer. C'est Nancy que j'aime, c'est elle que je veux aimer. Vous savez bien qu'elle a reçu ma foi, et qu'un jour nous irons tous deux nous agenouiller à vos autels. Vous le savez, mon Dieu : pourquoi donc, dans les plaintes du vent, dans le bruit des feuilles, dans le murmure de l'eau avez-vous mis le nom d'une autre femme, une autre image dans vos cieux, une autre pensée dans mon âme !.. Je lutterai ; si vous m'aidez je serai fort : je garderai l'amour que j'ai promis... Mais aidez-moi : je suis faible à cette heure ; envoyez-moi votre ange de paix, dites au vent de se taire, à la nuée qui passe de revêtir une autre forme, et avec vos étoiles tracez un autre nom à la voûte du ciel. »

Ainsi ce malheureux jeune homme se débattait entre le remords et l'amour. Comme il arrive toujours dans les âmes honnêtes, le remords l'emporta d'abord : Albert s'imposa comme un devoir le bonheur de Nancy, il jura solennellement de ne plus revoir madame de Sommerville. Il ignorait, hélas ! que le bonheur ne se donne pas, qu'il s'échange, et que le plus impérieux des devoirs, celui qui les domine tous, c'est l'amour.

Cependant madame de Sommerville, qui croyait avoir passé le temps d'aimer, se berçait sans défiance de l'espoir de revoir Albert. Ce jeune homme excitait vivement sa curiosité ; la curiosité chez les femmes, c'est déjà de l'amour, ou plutôt n'est-ce pas tout l'amour ? Et puis, madame de Sommerville était piquée au vif par l'espèce d'éloignement qu'Albert avait ressenti pour elle. L'amour, chez certaines femmes, ne naît souvent que de la difficulté de l'entreprise : l'amour de ces femmes est comme la mort : il ne frappe que ceux qui le fuient, il n'évite que ceux qui le cherchent. L'intérêt qu'avait voué madame de Sommerville à Albert sur la foi de notre affection pour lui prit donc, dès le premier jour de leur entrevue, un caractère plus romanesque et plus tendre. D'ailleurs Albert s'était présenté à Anzème avec des séductions qu'Aurélie ne soupçonnait pas : elle comptait sur un étudiant robuste, un héros du quartier latin, exhalant à vingt pas une forte odeur de science et de tabac, ne rêvant que procès, servitude et murs mitoyens ; elle avait trouvé un jeune homme élégant et beau, franc jusqu'à la rudesse, timide jusqu'à la gaucherie, enthousiaste comme elle, admirant ce qu'elle admirait, aimant ce qu'elle aimait, comme elle passionné pour les arts, les sentant avec goût : jeune homme sans talent d'ailleurs, ayant effleuré en dix mois plusieurs spécialités et n'en possédant aucune, paré de toutes les qualités de son âge et n'ayant pas une vertu, enfant de deux jours qu'Aurélie eût laissé passer inaperçu dans un cercle, et qui lui apparut dans ces campagnes comme l'un des rêves les plus poétiques de sa jeunesse. A la campagne, lorsqu'il pleut ou que l'ennui pèse sur nous, nous souhaitons la bienvenue à tout ce que le hasard nous envoie; tout est bon, tout est beau ; il n'est pas de livre insipide ni de visiteur incommode. Enfin, que vous dirai-je ? Madame de Sommerville avait fait saigner les blessures d'Albert par ses paroles hasardées : se sentant coupable envers lui, elle se crut obligée à l'aimer. Le cœur est si habile à concilier ses passions et ses devoirs !

Plusieurs jours s'écoulèrent sans qu'Albert reparût au château. Madame de Sommerville, qui allait souvent à Saint-Léonard pour prendre ses lettres au débotté du courrier, ne manqua jamais, durant tous ces jours, de venir de la ville à La Baraque, peut-être dans l'espoir d'y rencontrer Albert. Elle nous aimait bien toujours, mais notre intimité ne lui offrait plus rien d'inattendu, il fallait à ce cœur frappé d'atonie des excitants, qu'il ne trouvait pas dans notre vie simple et bourgeoise. Quel que fût son espoir, elle ne rencontra pas Albert ; il ne venait plus que le matin à La Baraque, pour avoir des nouvelles de Nancy, et il nous quittait presque aussitôt, toujours sous quelque prétexte d'études et de travaux. Madame de Sommerville l'attendait vainement le reste du jour, et le soir, pour se rendre à Anzème, elle repassait par la ville.

Il résulta de tout ceci qu'Albert devint pour Aurélie une préoccupation continuelle, et que la passion de ce jeune homme grandit en raison des efforts qu'il s'imposait pour la vaincre. Bientôt il ne lutta plus qu'à demi : sans renoncer d'abord au projet d'éviter madame de Sommerville, il ne chercha plus à la repousser de son cœur, il le laissa envahir tout entier par elle.

Lorsqu'il l'avait vue, le matin, passer à cheval dans le sentier pour se rendre à la ville, il ne savait comment tromper la mortelle longueur du jour ; les heures se traînaient, le soir n'arrivait pas. Enfin, lorsque l'ombre de ses peupliers s'allongeait sur l'herbe du pré, il allait se blottir derrière la haie et prêter l'oreille aux bruits de la route ; et, lorsqu'à travers les voix confuses des troupeaux qui revenaient des pacages, les aboiements des chiens et les chants des bouviers, il entendait au loin le galop d'un cheval, alors il se disait que le jour avait été bien rapide, que la nuit était venue bien vite ; et, à mesure que le galop approchait, son cœur battait avec plus de violence : il le sentait bondir dans sa poitrine comme s'il eût voulu rompre son enveloppe, et il était là, derrière son buisson, craintif et tremblant sous le pas nerveux de ce cheval, comme un oiseau sous l'influence magnétique du chien qui le tient en arrêt. Cortès passait enfin, il s'éloignait. Alors Albert élevait la tête au-dessus de la haie, et il la voyait, elle, qui fuyait, belle et rapide, dans l'air bleu du soir. Il rentrait plein de son image, et dans ses rêves de la nuit il voyait encore le corsage blanc d'Aurélie, glissant à travers le feuillage comme un beau lis emporté par le vent.

D'autres images passaient dans ses rêves : c'était Nancy pâle et mourante, qui venait s'asseoir à son chevet ; elle était vêtue d'un linceul, et elle lui disait : Vous vous êtes bien empressé de me donner ma robe de fiancée !.... Elle avait sur la tête une couronne d'immortelles et de cyprès, et elle lui disait : C'est ma couronne de mariée que vous m'avez tressée vous-même.... Ses joues étaient caves, son teint plombé, ses yeux brûlés de larmes, et elle lui disait : Voilà la parure de noces que vous m'avez apportée de Paris.... Albert voulait l'enlacer de ses bras, mais il ne trouvait que mon ombre menaçante qui lui demandait ce qu'il avait fait de ma sœur. Une voix impitoyable harcelait son sommeil, et, lorsqu'il se réveillait, son oreiller était mouillé de pleurs.

C'était alors que le remords ranimait son amour pour Nancy et le ramenait à La Baraque. Parfois alors cet amour expirant jetait de vives étincelles : Albert partait de sa demeure tout plein d'ardeur et de jeunesse ; son esprit était absorbé par une seule pensée, gracieuse, douce, ravissante, mais vague, incertaine, mystérieuse : il voyait Nancy, il entendait sa voix ; il s'enivrait de l'air du matin ; il franchissait comme un enfant les haies et les fossés pour arriver plus vite ; il lui semblait qu'une âme toute nouvelle habitait en lui, qu'il allait retrouver près de ma sœur ses fraîches émotions d'autrefois.... Mais lorsqu'il arrivait, il sentait un monceau de glace qui tombait sur sa flamme, les paroles d'amour qu'il avait toutes prêtes se figeaient sur ses lèvres ; il se retirait confus, humilié et triste jusqu'à la mort.

Pour Nancy, elle était calme et résignée. Lors même qu'Albert était absent, elle ne laissait pas échapper une plainte, la pâle maigreur de son visage révélait seule les douleurs qui la ravageaient. Elle ne s'avouait pas encore la passion d'Albert pour madame de Sommerville, mais un instinct secret la lui murmurait tout bas. Elle se rappelait avec effroi les séductions de beauté, de cœur et d'esprit qu'avait déployées Aurélie devant ce jeune homme, et, bien qu'Albert eût déclaré le lendemain à La Baraque que cette femme lui déplaisait et qu'il était résolu à ne plus la revoir jamais, Nancy avait compris vaguement que son ami cherchait à la tromper ou à se tromper lui-même. Pour moi, je voyais tout et je ne pouvais rien. Madame de Sormerville ignorait seule le drame lamentable qui se passait dans nos cœurs, elle interrogeait avec sollicitude le dépérissement de Nancy, ma tristesse et l'absence d'Albert.

« Que se passe-t-il entre vous ? me demanda-t-elle un soir que ma sœur était absente. Qu'est devenu ce bonheur dont vous m'aviez tant parlé, cette sainte affection qui vous liait tous trois, cette gracieuse union qui vous souriait dans l'avenir ? Nancy dépérit de jour en jour ; l'éclat de la jeunesse a pâli sur ses joues, son front se plisse, l'azur de ses yeux se ternit ; Albert s'éloigne de vous, et vous, Maxime, vous êtes sombre comme le donjon du château d'Anzême. Soyez donc heureux, mes amis ! que je puisse mettre votre bonheur à la place de celui qui me manque ! Voyons, qu'y a-t-il entre vous ? J'ai pris ma part de vos joies, j'ai droit à partager vos douleurs. D'ailleurs, je suis votre mère, mes enfants ; vous le savez bien, vous, Maxime. »

Ces paroles me touchèrent : je lui confiai comment Albert était revenu de Paris, abattu, découragé, flétri. Madame de Sommerville s'intéressa singulièrement à ces douleurs, que je lui présentais cependant sans fleur de poésie aucune : j'avais compté sur sa sévérité, je ne trouvai en elle qu'une douce pitié pour Albert, une indulgence plus que maternelle pour ses égarements.

« Vous comprenez aisément le reste, ajoutai-je : Albert est triste et nous évite ; sa tristesse navre ma sœur, sa froideur la tue ; et moi, témoin de tous ces maux, je suis sombre, parce que je me sens inhabile à les guérir. »

Aurélie ne m'écoutait plus : elle repassait dans son esprit tout ce qu'elle savait d'Albert, tout ce que je lui avais dit, tout ce qu'elle avait deviné.

« Oui, dit-elle enfin en se parlant à elle-même, c'est une de ces âmes venues trop tôt ou trop tard sur notre terre maudite. Pourquoi Dieu, en les exilant, leur a-t-il laissé un souvenir du ciel ? pourquoi a-t-il mis en elles cette soif brûlante du bien, si le désert où il les a jetées n'a pas de source pour les abreuver ? pourquoi des besoins avides, s'il a soufflé la stérilité dans leurs champs ? pourquoi ces rêves de l'infini dans un monde égoïste et borné ?... Vous demandez, Maxime, pourquoi ces âmes se plongent avidement dans la douleur : c'est que la douleur seule n'a pas de bornes ici-bas, c'est qu'elle seule est infinie, c'est que dans cet abime sans fond nous faisons chaque jour des découvertes nouvelles. Le bonheur s'apprend si vite !... on s'en lasse de même : les sentiers en sont si frayés, si battus, si limités ! Ceux de la douleur s'allongent incessamment sous nos pas, et nul voyageur n'en a trouvé la fin. Vous ne savez donc pas tout ce qu'il y a de séductions dans la souffrance, qu'il est doux de la caresser, de la sentir grandir sous nos caresses, de la couver comme un trésor? Elle seule ne nous manque jamais ; c'est notre amie fidèle, notre compagne de tous les instants : elle a toujours à nous confier quelque secret nouveau, quelque nouveau mystère. On sait le bonheur à vingt ans; on apprend toujours à souffrir.

— Madame, lui dis-je, Albert vous comprendrait mieux que je ne saurais le faire : moi, je ne suis qu'un pauvre jeune homme ; je cultive mes coteaux de blé noir, mes champs de seigle et de colza ; je prie Dieu par mes actions, je soutiens ma sœur par mon travail. Lorsque ma sœur est heureuse je suis heureux, et je ne me lasserais pas d'une éternité de ce bonheur; pour la souffrance, madame, je ne puis connaître ses joies : je n'ai de douleurs que celles de Nancy.

— Maxime, me dit madame de Sommerville, vous valez mieux que moi.

— C'est que je sais moins que vous, madame.

— Heureux donc ceux qui ne savent pas ! »

VII.

Il arriva qu'un soir Albert attendit vainement derrière la haie du sentier : madame de Sommerville ne revint pas. Le ciel était chargé de nuages, de vifs éclairs sillonnaient l'horizon, Albert entendait autour de lui la pluie qui tombait en larges gouttes sur les feuilles. Il alla s'asseoir dans sa chambre devant un grand feu de bruyères. Sa lampe brûlait sur la table, ses deux chiens dormaient, à moitié couchés dans les cendres. Albert était seul : sa nourrice était allée la veille à Saint-Léonard pour soigner une de ses filles qui se mourait de la poitrine.

L'inquiétude et l'ennui le rongeaient : il prit un livre et l'ouvrit. C'était l'*Émile*, qui renfermait encore les fleurs desséchées d'Aurélie. Albert les porta à ses lèvres; puis, au souvenir de Nancy, il les froissa avec colère. Il voulut écrire, et il brisa sa plume ; il se jeta sur son lit et pleura. Ses deux chiens vinrent lui lécher les mains, mais il les repoussa avec humeur, et les pauvres bêtes s'en retournèrent, tête baissée, s'étendre dans les cendres de l'âtre.

L'orage venait d'éclater : le tonnerre roulait dans la nue, la pluie fouettait les vitres d'Albert, le vent, déchaîné dans les campagnes, semblait devoir à chaque instant emporter la maison du sentier avec les bruyères déracinées de la montagne; les tuiles du toit volaient en éclats; l'ouragan fracassait les grands arbres ; les torrents, grossis par l'eau du ciel, bondissaient sur le flanc des coteaux.

Albert écoutait avec joie ces cris de la tempête, qui semblaient répondre aux agitations de son âme. Il allait s'endormir, bercé par les sifflements de la bise, lorsqu'il se dressa tout à coup sur son lit, et ses deux chiens se levèrent en grondant.

« C'est le vent, dit Albert retombant sur sa couche... » Mais presque aussitôt plusieurs coups retentirent à sa porte, les chiens se mirent à aboyer avec force. Albert s'élança de son lit et courut ouvrir.

« Je viens vous demander l'hospitalité, dit une voix qui le fit tressaillir des pieds à la tête.

— Qui que vous soyez, répondit le jeune homme en s'appuyant contre le chambranle de la porte, vous êtes le bienvenu chez moi. »

Et lorsqu'il eut rallumé sa lampe, que le vent avait éteinte en s'engouffrant dans l'appartement, il reconnut madame de Sommerville qui se tenait auprès de lui.

« Vous ici, vous, madame !

— Oui, dit-elle en se laissant tomber dans le fauteuil d'Albert : l'orage m'a surprise comme je sortais de Saint-Léonard. J'ai cru pouvoir gagner Anzème, mais Cortès se cabrait à chaque pas et refusait d'avancer. Tenez, le pauvre animal piaffe à votre porte : ne sauriez-vous l'abriter sous quelque hangar ? »

Albert sortit pour lui obéir. Lorsqu'il rentra, madame de Sommerville avait quitté sa jupe d'amazone, et présentait au feu ses mains glacées. Il ranima les cendres presque éteintes, jeta dans le foyer deux fagots de bois sec qui donnèrent bientôt une flamme joyeuse, puis il fit prendre à madame de Sommerville quelques gouttes d'une liqueur qu'il devait aux soins de sa vieille nourrice.

« C'est une hospitalité bien pauvre ! dit-il en la regardant avec amour.

— Il n'est pas de pauvre hospitalité, répondit Aurélie. »

Et, comme Albert la couvait du regard :

« Asseyez-vous près de moi, ajouta-t-elle. La pluie tombe encore par torrents ; Frank est allé avertir mes gens afin qu'ils n'aient point d'inquiétude : laissons le vent siffler et causons.

« Pourquoi ne vous ai-je pas revu ? continua Aurélie en le faisant asseoir près d'elle. Ne m'avez-vous pas pardonné et m'en voulez-vous encore ? Soyez donc indulgent, monsieur ! Pourquoi délaisser vos amis ? pourquoi si triste et si sauvage ? Triste, vous qui commencez la vie, vous qui n'en savez rien encore ! Vous, jeune homme, triste déjà ! Comment seront les vieillards ? »

Albert s'enhardit et causa. Il conta son existence

abandonnée, ses rêves de bonheur, ses désenchantements rapides; il le fit avec charme. Il parla de la solitude de son cœur, des élans de son âme vers l'être mystérieux qui devait lui révéler la vie; il le fit avec feu. Puis il dit sa vie de Paris, ses luttes, ses misères, les froides réalités sous lesquelles il s'était débattu vainement; Aurélie fut émue. Ce n'étaient cependant que les éternelles lamentations dont nous fatiguons tous le ciel à vingt ans; mais il y a tant d'attraits pour les femmes dans ces douleurs vulgaires que pas une d'elles peut-être n'a résisté à la fantaisie de consoler un grand homme méconnu, de venger un Bonaparte bourgeois des injustices de la destinée.

Je ne sais rien de pernicieux et de fatal au repos des ménages comme ces petits jeunes gens qui trafiquent de leurs douleurs, et s'en vont partout chantant le second livre de leur Énéide à quelque Didon nouvelle, ou contant leurs campagnes comme Othello aux pieds de Desdémone. C'est un système de séduction qui manque rarement son but : il y a tant de niaise pitié, tant de crédule générosité dans le cœur de la femme! le malheur offre tant d'appâts à ces âmes faciles! il est si doux pour elles de guérir et de consoler, de fermer une plaie avec une larme, de sécher des pleurs avec un sourire! elles sont si fières de se poser en rivales de la fatalité, de jouer pour nous le rôle de la Providence!

Madame de Sommerville s'abandonnait follement au dangereux plaisir d'écouter Albert. Elle le voyait si jeune et si pressé de vivre, et elle se sentait si vieille et si fatiguée de la vie, son âme et sa beauté lui semblaient si flétries et si impuissantes, l'une à ressentir l'amour, l'autre à l'inspirer, qu'elle ne songeait pas à s'effrayer du charme qui la suspendait aux lèvres de ce jeune homme.

Elle pleurait à ses tristesses, souriait à ses ambitions naïves, s'enivrait de ses moindres paroles, le ramenait avec art au récit des mêmes faits, ou l'arrêtait avec sollicitude sur les détails qu'il n'allait qu'effleurer.

Albert, de son côté, s'enivrait du nouvel intérêt qu'il éveillait dans le cœur de cette femme. J'avais effarouché ses rêveries par ma rudesse; Nancy avait humilié sa douleur en ne la comprenant pas : il trouvait enfin une nature pleine de sympathies pour la sienne, qui accueillait ses plaintes, et choyait ses erreurs comme les travers d'un enfant gâté. Dès cet instant, son amour pour Aurélie ne connut plus de terreurs ni d'hésitations, et Nancy acheva de mourir dans la pensée de son ami, sans y laisser un remords ni peut-être un regret.

« Ainsi, dit madame de Sommerville, vous avez grandi sans affections ? une mère ne s'est jamais assise près de votre berceau ? Cela est bien triste, pauvre enfant !

— Vous me rappelez, répondit Albert, le seul souvenir de bonheur que le ciel ait mis, comme un rayon de soleil, dans mon enfance. Un soir (c'était comme à présent vers la fin de l'automne) je jouais dans le verger avec la fille de ma nourrice; j'étais bien jeune alors. Mon père adoptif était à la ville, ma nourrice tournait son rouet sur le pas de la porte. Un étranger m'aborda avec curiosité, s'informa de mon nom, de mon âge, et m'entraîna, sous je ne sais quel prétexte, dans le sentier. Lorsque nous fûmes à quelque distance, je trouvai une carriole, au fond de laquelle on me fit monter malgré mes cris. La voiture roula durant trois heures par une nuit obscure. Lorsqu'elle s'arrêta, je me sentis soulevé par deux bras vigoureux, et, après avoir traversé de longs corridors noirs, je me trouvai tout à coup dans un salon, où je fus ébloui par l'éclat des lumières. J'allais m'esquiver par la porte entr'ouverte, mais elle se ferma sur moi, et une femme que je n'avais pas aperçue en entrant m'enlaça de ses bras, me couvrit de baisers en m'apppelant son cher Albert. Elle était belle comme vous, madame, sa voix douce comme la vôtre. Bien des jours ont passé depuis, mais je ne l'ai point oubliée, cette voix aimée qui n'a parlé qu'une heure à mon oreille, et qui est restée comme une mélodie dans mon cœur.

— Cette femme était votre mère? demanda madame de Sommerville.

— Elle m'appelait son enfant. Lorsqu'on vint m'enlever à ses caresses, elle me pressa convulsivement sur son cœur. Mon seul bonheur! disait-elle en pleurant, te reverrai-je encore en cette vie? et, si Dieu ne pardonne pas, nous retrouverons-nous dans l'autre?..... Je sentais ses larmes couler sur mes joues, et les miennes coulaient aussi. On m'arracha de ses bras, et la même carriole me ramena, la même nuit, aux lieux où elle m'avais pris. Mon père adoptif, qui n'était pas étranger, je l'ai toujours pensé, aux événements de cette soirée romanesque n'a jamais éclairci l'obscurité qui les enveloppait, et je n'ai plus revu cette femme que dans mes rêves.

— Et n'avez-vous jamais tenté de retrouver les sentiers qui vous avaient conduit vers elle?

— Mille fois, mais toujours en vain ; je ne reconnaitrais pas même la demeure où je fus mystérieusement introduit. Mais, si le hasard me ramenait dans ce salon où j'ai passé une heure à peine, je le reconnaîtrais infailliblement à la décoration, dont les moindres détails sont aussi présents à ma mémoire que si deux jours seulement s'étaient écoulés depuis cette nuit solennelle.

— Et ne l'avez-vous jamais maudite, cette femme qui vous a délaissé?

— Jamais !

— Si Dieu vous la rendait, ne la repousseriez vous pas?

— Je lui demanderais à genoux de me pardonner les pleurs qu'elle aurait versés pour moi. Mais Dieu ne me la rendra pas, madame : c'est moi qu'il appellera vers elle.

— Morte?

— On me l'a dit ; et cependant l'espoir de la retrouver en ce monde ne s'est jamais éteint dans mon cœur. Oh! madame, qu'il doit être doux d'avoir une bonne mère!

— Oui, il est si cruel d'en avoir une mauvaise! » répondit Aurélie d'un air sombre.

Ils restèrent longtemps abîmés dans la mélancolie de ces souvenirs.

« Mais, monsieur, dit enfin madame de Sommerville, il y a bien après tout quelque ingratitude dans votre fait, et Maxime a raison peut-être ; votre enfance a été cruellement abandonnée, mais votre jeunesse a trouvé des amis, vous les oubliez, ce me semble. Vous entrez dans la vie appuyé sur deux cœurs fidèles, et vous vous laissez défaillir! vous avez l'amour d'un ange et l'amitié d'un homme, et votre âme n'est pas satisfaite! Je crains, mon enfant, que vous ne soyez ingrat.

— L'amitié de Maxime est bien rude, répondit Albert, et l'amour de Nancy... »

Albert rougit et n'acheva pas ; il demeura tout craintif sous le regard d'Aurélie.

« Eh bien ! oui, s'écria-t-il enfin en se levant, oui, je suis ingrat, oui, je suis bien coupable, et Maxime a raison. Vous aussi, condamnez-moi, madame : je ne suis pas digne de votre affection. Repoussez-moi donc, vous tous qui m'avez aimé! N'étais-je pas maudit en naissant?... Oui, je souffre, oui, je suis malheureux!... Pourquoi? je l'ignore moi-même; je ne sais pas le mal qui me consume : je suis malheureux de n'être pas heureux. Est-ce ma faute si j'ai pris pour l'amour le besoin d'aimer qui tourmentait ma jeunesse? J'aimais Nancy, je le croyais du moins : pourquoi Maxime m'a-t-il exilé de ces campagnes ? J'étais bon et si pur alors! C'est Maxime qui m'a perdu. »

Albert avait appuyé son front sur la pierre de la cheminée; madame de Sommerville s'était approchée de lui pour le consoler.

« Vous qui m'accusez, ajouta-t-il amèrement, vous ne savez pas combien est terrible l'agonie d'un amour qui s'éteint! vous ne savez pas qu'il nous brise de ses convulsions dernières, et que nous ne l'arrachons pas de notre sein sans qu'il emporte avec lui quelque lambeau de notre cœur saignant... Vous êtes sans pitié, madame, et moi je suis bien malheureux !

— Oh! du moins, s'écria madame de Sommerville émue en s'emparant de la main du jeune homme, vous aurez désormais une âme inquiète qui veillera sur vous sans cesse, une âme amie de vos douleurs, une destinée fraternelle qui réfléchira vos beaux et vos mauvais jours. Albert, ne me repoussez pas, ne soyez pas sans pitié pour vous-même! »

A ces mots Albert, éperdu, se retourna vers madame de Sommerville, prêt à tomber à ses pieds et à lui dire son amour ; mais la contenance d'Aurélie était si noble et si sereine, il y avait tant de confiance et de chasteté dans la tendresse qu'exprimait son visage, tout son aspect était si calme et si maternel, qu'Albert s'arrêta tremblant devant elle ; car telle était cette femme : si pure et si chaste qu'elle manquait de pudeur ; mais l'abandon de ses manières n'autorisait jamais aucune liberté, et la réserve la mieux étudiée l'eût entourée de moins de respect que ne le faisait le laisser-aller de sa personne.

« Vous reverrez vos amis, dit-elle d'une vois caressante. Soyez bon pour ceux qui vous aiment : ménager le cœur de Nancy, rendez justice à celui de Maxime ; et, lorsque vous aurez des douleurs que l'un accueillera sans les comprendre, que l'autre comprendra sans les accueillir, alors venez à moi : ce cœur vous sera toujours ouvert. D'autres plus heureux vous apprendront le bonheur : moi je vous dirai la vie, je vous aiderai à souffrir. »

Cependant le vent ne soufflait plus, la pluie avait cessé, la lune livide se montrait à travers les nuages, qu'elle bordait d'un pâle liséré d'argent.

« Il faut nous séparer, dit madame de Sommerville en regardant le ciel.

— L'orage s'est apaisé bien vite ! s'écria le jeune homme.

— Oui, dit Aurélie d'un air distrait en revêtant son amazone ; je n'oublierai jamais votre bonne hospitalité.

— C'est l'hospitalité dont parle la fable, répondit Albert. Deux pauvres bûcherons ouvrirent un soir leur porte à un voyageur surpris par la tempête : ils avaient jusque-là vécu pauvres et misérables, et la fable raconte qu'ils furent heureux le reste de leurs jours.

— Ne soyez donc plus triste, murmura madame de Sommerville d'une voix presque suppliante en sortant de la chambre d'Albert. Vous ne serez plus triste, » ajouta-t-elle avec un ton d'autorité maternelle, en appuyant son petit pied sur la main du jeune homme ; et, en s'élançant sur Cortès, elle baisa Albert au front. Albert voulut la presser dans ses bras, mais elle avait disparu comme une ombre, il n'entendit pas même les pas du cheval, qui s'enfonçaient sans bruit dans le sable humide du sentier.

« Pauvre enfant ! se disait madame de Sommerville en galopant vers Anzème, pauvre enfant éprouvé si jeune ! je serai ton amie, je te soutiendrai dans ce rude pèlerinage que tu commences à peine et qui va s'achever pour moi ; je signalerai à ton inexpérience les abimes où tu te perdrais, les rares ombrages sous lesquels tu pourras reposer ta tête ; j'écarterai de tes pieds les ronces du chemin; et peut être arriveras-tu au terme de la course moins fatigué et moins saignant que moi ! »

Pendant que madame de Sommerville couvrait ainsi de la poésie du dévouement et du désintéressement de l'amitié un sentiment plus vif et plus profond, Albert veillait, et son âme insatiable interrogeait l'avenir avec anxiété. Il se rappelait avec effroi la paisible tendresse de madame de Sommerville : ce bienfait, qu'il eût envié la veille, ne faisait plus qu'irriter son impatience, et, las déjà de ces premières félicités, il s'élançait avidement vers des joies plus enivrantes.

VIII.

Le lendemain, et depuis, chaque jour nous réunit tous quatre à La Baraque. Albert prenait, le matin, madame de Sommerville à Anzème, et tous deux venaient passer la journée près de Nancy, qui, consumée par une fièvre lente, ne pouvait plus aller au delà du verger. Albert se montrait bon et affectueux pour elle, mais notre intimité se ressentait de la contrainte qui pesait sur nous tous.

Madame de Sommerville avait conservé seule la sérénité d'âme que nous avions perdue. Son cœur s'était usé sans retirer aucune leçon de la vie, son esprit avait gardé toute l'imprévoyance du jeune âge : simple et naïve comme un enfant ou comme un vieillard, elle ne soupçonnait pas plus l'amour d'Albert qu'elle ne songeait à se préserver de celui qu'elle éprouvait pour ce jeune homme. L'avenir, le lendemain, elle n'avait jamais su ce que c'était. Créature mobile et passionnée, elle déployait follement sa voile au souffle capricieux de ses impressions passagères, sans qu'il lui vint jamais à l'idée d'y obéir ou de s'en défendre. Dévorée de la soif de l'inconnu, la curiosité résumait sa vie tout entière. Aussi que d'affections avaient dû naître et mourir dans ce cœur sans y laisser plus de traces que les nuages sur l'azur du ciel! que d'amitiés toutes faites sacrifiées à des amitiés à faire! Créature bizarre d'ailleurs, elle avait trouvé le moyen de se retirer du monde sinon avec un grand fond d'expérience, du moins avec une grande dose d'amertume, grâce à la merveilleuse facilité qu'elle avait de se croire trahie par les amis qu'elle abandonnait. C'était toutefois une belle et riche nature, chez qui le mal ne résultait que de l'exaltation du bien ; organisation complète si le cœur n'eût été fatalement appauvri par la tête ; mais l'imagination de cette femme l'avait de bonne heure emportée si loin au delà du vrai, que les trésors de la réalité durent bientôt ne plus lui suffire, et que l'ennui dut développer, souvent jusqu'à l'extravagance, l'instinct des grandes choses que Dieu avait mis en elle; organisation funeste dans une époque où les grands vices et les grandes vertus sont également impossibles.

Nancy, plus clairvoyante, s'apercevait bien de l'amour d'Albert pour madame de Sommerville ; mais elle ne se plaignait pas, elle ; jamais elle n'adressait de reproches à son ami, et, lorsque celui-ci l'interrogeait timidement sur ses souffrances, elle ne répondait que par un mélancolique sourire.

La présence d'Albert aggravait son état, mais Nancy n'y eût pas renoncé sans mourir : l'infortunée espérait encore. Vainement chaque jour ajoutait à son mal, chaque soir elle se disait : Demain il m'aimera peut-être... Elle était si prompte à s'abuser ! un sourire, un regard, un mot affectueux d'Albert assoupissaient tant de douleurs et réveillaient tant d'espérances ! Ah ! bien heureux les esprits rigides qui ont fait un crime aux amants délaissés de n'avoir pas compris et prévenu l'abandon qui les menaçait ! Ils ne savent pas combien est opiniâtre, énergique et tenace l'amour dédaigné, cet amour odieux qui nous fait sans force, sans dignité, et ne nous laisse que la honte et le mépris de nous-mêmes ! Entêté et vivace, il s'attache comme le noyé à toutes les herbes du rivage; comme le condamné, il refuse de croire à l'arrêt qui le tue, il ne veut pas mourir. Sa vie, c'est la tempête : un coup de vent l'abat, un rayon de soleil le relève ; un flot le porte au ciel, l'autre le précipite et l'abîme.

C'était cette vie de hauts et de bas qui brisait ma sœur et l'inclinait vers le tombeau ; mais la mort ne l'effrayait pas. Chaque matin, assise devant la glace qui l'avait autrefois reflétée si fraîche et si belle, elle étudiait avec complaisance les ravages de la douleur sur sa pâle et maigre figure, elle éprouvait une secrète joie à ne plus retrouver que l'ombre d'elle-même, à voir son teint livide, ses yeux ternes, ses lèvres flétries ; car tel est le dernier espoir des amants malheureux : ressaisir par la pitié le cœur qui leur échappe, ou mourir pour se venger de l'infidèle.

Albert ne se dissimulait pas la cause du dépérissement de Nancy. Il en souffrait sans doute, mais sa passion nouvelle ne lui laissait guère le loisir de s'occuper de toutes ces misères. Envers tout ce qui n'est pas l'être aimé, c'est quelque chose de si égoïste et de si brutal que l'amour.

Pour moi, je sentais qu'avec la présence de ce jeune homme il n'était pas de guérison possible pour ma sœur, et j'attendais avec impatience l'ouverture des cours à Paris. Lors de son premier départ je n'avais intéressé que sa tendresse pour Nancy ; cette fois je ne m'adressai qu'à son amour pour lui-même : en lui rendant compte de la gestion de ses biens durant son absence, je lui montrai que les dettes de M. Saint-Estève avaient absorbé une partie de sa fortune, et que le chiffre de ses revenus était bien au-dessous de nos présomptions. La nécessité le pressait, le travail était pour lui une condition d'avenir.

Il n'y avait donc dans notre petite colonie qu'une seule existence qui ne fût pas réellement troublée : c'était celle qui les troublait toutes. Comme la pierre qui tombe dans un lac et en dépolit le cristal, madame de Sommerville avait pour jamais peut-être altéré la limpidité de notre bonheur ; et cependant elle était le seul lien qui existât encore entre nous : c'était elle qui nous rassemblait chaque jour sous le même toit, elle qui ramenait Albert vers Nancy, elle qui faisait luire quelques éclairs de vie sur nos réunions silencieuses ; sans elle la position n'eût pas été tenable entre ma sœur, Albert et moi. Il s'était bien établi entre nous une convention tacite de ne jamais renier hautement les projets qui nous avaient souri, mais cette convention jetait sur nos relations une contrainte qui les aurait rendues odieuses, si madame de Sommerville ne nous l'eût fait oublier parfois. Sa présence soutenait notre intimité chancelante, et, grâce au charme de son esprit, à l'égalité de son caractère souple et conciliant, nous pouvions passer de longues heures ensemble sans toucher à des questions délicates qui nous auraient blessés tous trois.

Ce dernier lien se brisa.

Nous étions arrivés à la fin d'octobre. Nancy ne se levait plus : la fièvre avait pris un caractère plus grave ; nous ne quittions plus le lit de la malade. Chaque matin voyait Albert et Aurélie arriver à La Baraque, chaque soir les voyait se retirer ensemble. Chose triste à dire et qu'ils ne s'avouaient pas à eux-mêmes, la maladie de Nancy servait merveilleusement les intérêts de leur amour, et dans la sollicitude qui les conduisait près de ma sœur, se glissait imperceptiblement la joie de se voir à toute heure, de se retrouver tous les jours ! chose triste, cet amour grandissait auprès de sa victime, et la victime en suivait elle-même les progrès et le développement.

Il est vrai que devant moi les sympathies d'Albert et d'Aurélie n'osaient se révéler qu'à demi ; mais lorsqu'ils s'éloignaient le soir, lorsque, seuls au milieu des campagnes, ils allaient sous le ciel étoilé, entre les haies effeuillées du sentier, et que, libres de ma froide raison, ils ne craignaient plus de la voir tomber lourdement dans la poésie de leurs discours, oh ! alors, que de sublimes aberrations, que de plaintes ascétiques, que de mystiques souffrances ne devaient-ils pas échanger dans le silence de nos nuits d'automne ! que de vagues regrets, que de confuses espérances murmurés à l'ange de la rêverie ! comme ces deux âmes devaient s'étreindre et se confondre dans les mêmes joies et dans les mêmes douleurs, s'égarer d'un même vol dans les champs parfumés de leurs songes ! Plus d'une fois les premiers feux du jour les trouvèrent errant encore sur nos coteaux au milieu des brumes de la Creuse.

Eh bien ! nous touchions à la fin de l'automne, et durant ces courses nocturnes, qui eussent scandalisé toutes les pudeurs du département, l'amour d'Albert n'avait point osé se révéler à madame de Sommerville, celui d'Aurélie ne s'était point encore révélé à lui-même. Ce n'était pas seulement sa timide gaucherie de jeune homme qui arrêtait l'aveu de la passion sur les lèvres d'Albert, c'était aussi un sentiment de réserve et de délicatesse qui lui venait du misérable état de Nancy. Et puis il y avait dans la tendresse de madame de Sommerville quelque chose de si viril, que sa tendresse, à lui, en était effrayée.

Honteux enfin de son rôle d'enfant (il me l'a confié depuis), las de lutter et de souffrir, impatient d'amour, redoutant surtout de passer pour un sot, il fit un jour à son amour-propre, près de ma sœur presque mourante, le serment de tout déclarer le soir même à madame de Sommerville en retournant à Anzème. Mais ce soir-là Albert retourna seul ; et cependant le lendemain madame de Sommerville n'avait plus rien à apprendre.

La journée avait été mauvaise pour Nancy : sa tête

était embrasée, sa voix brève, son regard brillant ; l'air entrait avec peine dans ses poumons brûlés ; son pouls battait avec une rapidité effrayante. Madame de Sommerville voulut passer la nuit auprès d'elle, Albert partit seul.

La soirée était humide et froide ; l'hiver, qui dans nos contrées précède toujours novembre, blanchissait déjà les campagnes.

Nous étions assis, madame de Sommerville et moi, devant le foyer, où brûlait un ormeau tout entier. Nous étions seuls près de Nancy : sa nourrice, qui la veillait depuis plusieurs nuits, reposait. Mes forces étaient épuisées par l'anxiété et la fatigue.

Madame de Sommerville était silencieuse. J'entendais le bruit monotone de la flamme, le cri du grillon dans les fentes de l'âtre, l'eau qui riait au feu dans la bouilloire, la bise qui pleurait aux portes. Mes pensées se troublèrent ; un sommeil de plomb pesait sur mes yeux : ma tête s'appuya machinalement sur la pierre de la cheminée, mes bras tombèrent le long de mes flancs, des images confuses glissèrent devant moi : c'étaient mes belles années qui passaient en habits de fête, mes jours sombres en vêtements de deuil... Je me retrouvais tout jeune avec ma sœur plus jeune encore, jouant comme deux chevreaux sur la pelouse du verger.... tous mes doux souvenirs s'arrêtaient pour me jeter des fleurs... Puis défilait le cortége plus long des souvenirs amers : mon père mort, ma sœur mourante, amour brisé, amitiés éteintes !... Je voyais aussi les ombres de mes amis moissonnés à seize ans... Armand, Alfred, mes amis, oh ! mes frères, est-ce vous ? leur disais-je. Habitants du ciel, que venez-vous faire ici-bas ? Nous venons essuyer tes larmes, disaient-ils, parce qu'autrefois tu as pleuré avec nos mères... Et ils me prenaient par la main pour m'enlever avec eux.

Au milieu de ces hallucinations, je crus entendre la voix de Nancy; les fantômes évoqués par mon cerveau malade s'évanouirent. Mais ma tête, que j'avais péniblement soulevée, se pencha sur le dos du fauteuil où j'étais assis, mes yeux fatigués clignèrent douloureusement à l'éclat de la flamme, et je retombai dans cet état qui est à la fois la veille et le sommeil : mes facultés veillaient dans mon corps endormi.

Au cri plaintif poussé par ma sœur, madame de Sommerville était allée s'asseoir à son chevet.

« Où est Maxime? demanda Nancy d'une voix faible, sans entr'ouvrir ses lourdes paupières ni soulever sa tête appesantie.

— Il repose.

— Et Albert?

— Il est parti.

— Et Aurélie? demanda-t-elle encore après un long silence.

— Elle est près de vous, mon enfant. »

Nancy se dressa brusquement, regarda madame de Sommerville avec des yeux hagards, murmura des paroles que je n'entendis pas. Il y eut encore un silence, durant lequel elle fut en proie à une agitation violente. Lorsqu'elle eut retrouvé un peu de calme, elle attira Aurélie vers elle, et, lui jetant au cou ses bras blancs et amaigris :

« Avant que je meure, pardonnez-moi, dit-elle le visage baigné de larmes.

— Vous pardonner! et quoi donc, pauvre ange? Dieu lui-même, pour vous accueillir, n'aurait pas besoin d'indulgence.

— Ne dites pas cela! dites que vous me pardonnez!

— Chère fille, tu sais bien que mon cœur est pour toi tout amour et tout miséricorde.

— Ne dites pas que vous m'aimez!... Je me fais horreur à moi-même!

— Nancy, ma fille, ma chère bien-aimée!...

— Grâce, Aurélie, grâce pour moi!... J'ai tant souffert par vous!... c'est par vous que je meurs... Pardonnez donc si je vous ai maudite!

— Maudite, enfant?

— Maudite, et je vous hais! » ajouta la malheureuse en cachant sa tête sous la couverture, qui étouffa ses cris et ses sanglots.

Aurélie la découvrit, et, la ramenant vers elle :

« Tu m'as maudite, moi qui t'ai bénie! tu me hais, moi qui t'aime! tu meurs par moi, par moi qui donnerais ma vie pour rendre à la tienne tous les trésors de la jeunesse!... C'est la fièvre qui t'égare; et cependant tes paroles font mal.

— J'ai toute ma raison, dit Nancy d'un air sombre. Ne le sentez-vous pas à mes pleurs? ajouta-t-elle en portant à ses yeux la main tremblante d'Aurélie.

— Mon Dieu! qu'ai-je donc fait? demanda Aurélie avec inquiétude.

— Vous avez mis dans mon sein un serpent qui me ronge le cœur!

— La fièvre vous rend folle.

— Non : c'est la jalousie qui me tue! »

Ce fut pour Aurélie la foudre qui frappe et qui éclaire.

« Jalouse! s'écria-t-elle en joignant les mains... vous, jalouse!...

— De vous.

— De moi, vieille et flétrie!

— Je suis donc bien jeune et bien belle? demanda froidement Nancy en approchant son visage de la lampe qui brûlait auprès d'elle, et en écartant avec ses doigts décharnés les cheveux qui voilaient son front... Voyez, voilà votre rivale ; c'est vous qui l'avez faite ainsi. »

Madame de Sommerville poussa un cri déchirant, et, sentant ses jambes se dérober sous elle, son cœur mourir dans sa poitrine, elle tomba, le front sur le lit, les genoux dans la poussière, et elle resta longtemps accablée sous le regard étincelant de Nancy, qui, dans un instant d'exaltation fébrile, laissait couler de son sein tout ce que deux mois de résignation y avaient amassé d'amertume.

« J'ai pris le deuil de mon bonheur le jour où Albert vous a vue pour la première fois, dit-elle d'une voix grave et triste : dès ce jour Albert vous aima.

— Albert ne m'a jamais aimée.

— Il vous aima, poursuivit lentement Nancy ; cet amour que j'avais vu naître, je le vis grandir sous mes yeux, et j'en étudiai les progrès sur ceux du mal qui me mène au tombeau.

— Albert ne m'a jamais aimée, répéta Aurélie avec désespoir.

— J'ai bien souffert! continua ma sœur avec une impitoyable insistance. N'être plus aimée de lui, ce n'était que la mort, mais ne plus vous aimer, mais sentir remuer en moi la jalousie, ce mal honteux qui ternit toutes nos pensées, ce fut la perte de mon âme. Oh! si vous saviez combien je me suis haïe de vous haïr, que de fois j'ai senti tomber en pluie de feu sur mon cœur les malédictions que j'appelais sur votre tête!

— Votre haine n'était qu'une cruelle erreur... Ma fille, revenez à moi, qui vous suis amie et mère.

8

— Vous avez été sans pitié : chaque jour vous a vue, assise à mon chevet, énivrant Albert de vos charmes. Oublieux de mes maux, l'ingrat ne vivait que pour vous, pour vous qui me faisiez mourir!... Ah! vous ne m'avez pas épargné vos triomphes, madame!

— Ma fille, revenez à moi! répétait Aurélie suppliante.

— Chaque matin nous trouvait toutes deux, vous plus belle et moi plus mourante ; on eût dit que vous dérobiez ma jeunesse pour en parer vos grâces et votre esprit, ma jeunesse, mon seul trésor à moi!... Puisse l'amour d'Albert conserver la vôtre éternelle!

— Pauvre égarée! disait madame de Sommerville en prenant dans ses mains les mains brûlantes de Nancy, Albert ne m'a jamais aimée.

— Il vous aime, vous dis-je! s'écria ma sœur avec un mouvement d'impatience... et vous l'aimez peut-être.

— Malheureuse! qui vous l'a dit? s'écria Aurélie en se levant épouvantée.

— Vous l'aimez donc! » murmura Nancy d'une voix étouffée en tombant sur sa couche.

A la sombre lueur qu'avait fait jaillir ces paroles rapides, chacune des deux infortunées venait d'entrevoir le complément de sa destinée.

Ce n'est pas cependant que madame de Sommerville eût ressenti jusqu'alors un amour bien vif et bien profond pour cet autre enfant que nous nommons Albert : non, elle ne l'aimait sans doute que d'une tendresse d'amie, exaltée parfois, et pareille à l'amour parce qu'il y avait de l'amour dans toutes les affections de cette femme.

D'où vient donc qu'une parole jetée au hasard par Nancy ait arraché à Aurélie un cri de passion et d'épouvante? d'où vient qu'un sentiment, jusqu'ici essentiellement maternel, se soit transformé dès lors en un amour impérieux et réel ?

C'est que l'imagination, vivement frappée, enfante réellement les maux qu'elle redoute. Si madame de Sommerville n'eût pas prévu d'obstacles à sa passion nouvelle, si cet amour se fût présenté sous un aspect riant, avec des pentes faciles et des sentiers frayés, madame de Sommerville n'aurait point aimé Albert; mais en l'aimant elle enlevait l'amant à l'amante, elle ployait comme un roseau Nancy qu'elle avait appelée sa fille, elle semait dans nos existences le trouble et la désolation : elle eut peur de l'aimer, elle l'aima.

Nous sommes si fiers d'ailleurs d'attirer sur nous les malédictions d'en haut, notre vanité s'arrange si bien de nos douleurs, nous avons tous des prétentions si singulières au privilége du malheur, que madame de Sommerville éprouva peut-être un imperceptible sentiment de joie en voyant que la fatalité ne s'était pas encore lassée de la poursuivre.

Cependant la fièvre de Nancy redoublait, le délire s'était emparé d'elle ; je l'entendais chanter, la tête cachée sous l'oreiller, un chant lent et lugubre. Debout à son chevet, Aurélie se tenait comme l'envoyée de la mort. Ses deux bras étaient croisés sur sa poitrine, et sa grande ombre, qui se projetait sur le mur blanc, tremblait à la clarté vacillante de la flamme. Ces chants d'une mourante et l'ombre tremblotante de ce corps immobile me glacèrent de terreur ; je crus un instant que le délire de ma sœur était passé dans mon cerveau. Je voulais courir à elle, et je ne pouvais pas : une main de fer me clouait à ma place, il me semblait que cette ombre qui dansait sur le mur se riait de mes vains efforts.

J'entendais ou je croyais entendre (car je ne suis pas

sûr que dans cette nuit mon imagination n'ait pas mêlé ses rêves à la réalité) des psalmodies qui se répondaient au milieu des plaintes du vent.

« Maudit soit le jour où une étrangère a franchi le seuil de notre porte ! disait une voix.

— Maudite soit l'heure où je suis née ! » disait une autre voix.

Puis la première reprenait :

« Seigneur, je n'ai que seize ans : je ne voudrais pas mourir. »

Et l'autre voix répondait :

« Seigneur, je suis bien vieille ; appelez-moi à vous. »

Bientôt je n'entendis plus rien, je vis madame de Sommerville quitter le lit de la malade et s'avancer lentement vers moi. Dans la crainte que ma présence ne lui imposât désormais quelque embarras et quelque confusion, je feignis un profond sommeil. Elle pencha sa tête vers la mienne, car je sentis glisser sur mon front son haleine embrasée. Elle s'éloigna, et, soulevant à demi mes paupières, je pus suivre ses moindres mouvements.

Elle alla s'asseoir près de ma sœur et demeura longtemps à la contempler. Ensuite elle s'agenouilla et pria à voix basse. Lorsqu'elle se releva, elle avait pleuré, elle était plus calme. Elle s'appuya contre le lit, et, après une heure de méditation silencieuse, elle dit :

« Lorsque la vase est à la source, tout le cours du fleuve est troublé : ainsi lorsqu'une coupable erreur a souillé la pureté de nos jeunes années, la vie ne reprend plus jamais son calme et sa limpidité. Depuis que Dieu s'est retiré de moi, j'ai vainement cherché le bien : je n'ai fait et rencontré que le mal. Il ne s'est trouvé que de l'absinthe dans les coupes où j'ai versé du miel ; là où j'ai semé le bon grain, je n'ai vu croître que les ronces... Mon Dieu! je n'avais donc pas épuisé votre colère! il restait donc au fond du vase quelques gouttes de fiel que je n'avais pas bues! Vous qui avez vu mes fautes, vous avez vu aussi mes douleurs. Voyez-moi : je suis lasse, mes pieds sont déchirés : que ne me laissiez-vous reposer et dormir?...Vous n'avez pas voulu de moi : ma destinée n'était point accomplie. Il a fallu que j'apportasse le trouble et le désordre sous le toit de ce pauvre ménage... Mon Dieu! que vous ont fait ces enfants? Ils vivaient si heureux, si purs et si unis! pourquoi avez-vous permis que l'ange du mal se glissât parmi eux? »

Longtemps encore elle demeura abîmée dans ses pensées. Plus d'une fois ses lèvres laissèrent échapper le nom d'Albert. Il y eut un instant où elle se leva avec colère; par un brusque mouvement de tête, elle rejeta ses cheveux en arrière, et pressant son cœur de sa main convulsive :

« Tu me trompais, murmura-t-elle : je te croyais mort, tu n'étais qu'endormi. »

IX.

Au point du jour, madame de Sommerville manifesta le désir de retourner à Anzème. Nancy dormait d'un sommeil plus tranquille; je la confiai aux soins de sa nourrice, et me disposai à accompagner Aurélie. J'avais attelé la carriole : elle refusa d'y monter.

« Nous irons à pied, me dit-elle : la marche et le grand air me feront du bien. Hâtons-nous. »

Nous partîmes. Une seule fois, durant le trajet, elle m'adressa la parole.

« Quand part Albert? me demanda-t-elle d'une voix brève en s'arrêtant au milieu du sentier.

— Madame, lui dis-je, il faut qu'Albert soit à Paris le 15 novembre.

— C'est bien. »

Arrivés au château :

« Maxime, dit-elle, vous déjeunez avec moi. Dans une heure vous serez libre... Frank, tenez prêts deux chevaux à la grille : je pars dans une heure, vous m'accompagnez... Ne trouvez-vous pas, Maxime, qu'il fait une chaleur étouffante?... Frank, vous ferez servir le thé sur la terrasse. »

Il faisait pour sûr un froid extrêmement piquant, mais il y avait dans la parole d'Aurélie quelque chose de si impérieux et de si irascible, que je n'osai pas ajouter un mot. Cependant je me hasardai à la questionner sur son départ précipité.

« Vous allez sans doute à Glénis, et vous reviendrez ce soir?

— Je vais au delà.

— Votre absence sera longue?

— Peut-être. J'ai toujours eu une vive fantaisie de parcourir les rives de la Creuse : ce pays est plein d'intérêt. Connaissez-vous Crozant? avez-vous visité la vieille abbaye de Fongombeau, les amours du poëte? Il est vraiment honteux de vivre dans un pays dont on ignore les richesses.

— Mais, madame, lui dis-je, c'est un périlleux voyage : l'hiver est partout; les sentiers sont impraticables; la Creuse aura débordé ses rives. Attendez le printemps.

— Non, dit-elle : Dieu, qui sait où je vais, aplanira les sentiers et retiendra la Creuse dans son lit. »

Le thé fut servi sur la terrasse. Après le repas, qui

dura cinq minutes, elle s'échappa, et revint au bout d'une demi-heure, vêtue d'une amazone d'hiver. Elle tenait à la main, en guise de cravache, un sarment lisse et souple qu'elle avait, durant ses voyages, dérobé au vallon de Sorrente. Je ne l'avais jamais vue coiffée que d'un berret de velours écossais ou d'un chapeau de paille de Florence doublé de taffetas bleu, sans voile; car elle offrait sans crainte à notre soleil indulgent son visage qu'avait brûlé le soleil d'Italie et d'Espagne : cette fois, madame de Sommerville avait sur la tête un feutre gris à poil ras, tel que nous les portions alors. Lorsqu'elle revint ainsi faite, et que, s'arrêtant sur le perron, elle contempla d'un air sauvage les coteaux désolés et les monts dont la cime blanchissait à l'horizon, elle était si grande et si fière, je trouvai en elle tant de noblesse et de majesté, quelque chose à la fois de si viril et de si impérial, que je faillis la saluer avec les naïves paroles du Maure à la Vénitienne : « Salut! ô ma belle guerrière! » Cortès, qui l'aperçut à travers la grille, fit entendre un hennissement plein d'orgueil et de joie; mais Aurélie ne répondit que par un regard d'ineffable tristesse au tendre regard du noble animal.

Frank fut chargé d'aller avec les deux chevaux attendre madame de Sommerville à la porte de la garenne. Après avoir rassuré quelques-uns de ses vieux serviteurs, qui s'alarmaient comme si leur maîtresse eût été sur le point de s'embarquer pour une traversée de long cours, après avoir souri au vieil Hubert, qui était venu la haranguer au pied du perron sur l'inopportunité du voyage qu'elle allait entreprendre, Aurélie s'appuya sur mon bras, et nous allâmes rejoindre Frank.

« Vous porterez mes adieux à votre ami, me dit-elle,

mes regrets à votre sœur, que j'abandonne bien malade. Mais il fallait partir, et je pars... Que ma destinée s'achève ! »

Lorsque nous fûmes arrivés à la porte de la garenne, madame de Sommerville me dit :

« Si vous apprenez un jour que je vous ai fait du mal, que penserez-vous de moi ?

— Que plus que moi vous aurez dû en souffrir, et l'expier par vos larmes.

— Bien, Maxime... Donnez-moi votre main. »

Elle pressa ma main avec onction, puis elle ajouta :

« Pensez-vous, à cette heure, que je sois une bonne âme ?

— Une âme bien noble, madame !

— Dites bien tourmentée... Embrassez-moi, Maxime. »

Je la pressai sur ma poitrine. Elle s'arracha de mes bras et s'élança sur Cortès. Un instant après Frank était en selle.

« A bientôt, n'est-ce pas ? criai-je à Aurélie.

— Vous ne m'attendrez pas avant le 15 novembre, » s'écria-t-elle en partant au galop.

X.

De retour à La Baraque, je trouvai Albert près de ma sœur. Nancy n'avait gardé qu'un vague souvenir de la nuit qui venait de s'écouler ; encore ce souvenir lui semblait-il plutôt un écho de ses rêves qu'une impression laissée par la réalité. Lorsqu'elle apprit, en même temps qu'Albert, le départ imprévu de madame de Sommerville, une teinte rosée, presque imperceptible, colora la pâleur de ses joues, et son regard se fixa avec anxiété sur le visage du jeune homme. Sous ce regard inquiet et jaloux, Albert demeura indifférent et calme, son impassible figure ne révéla rien de son âme. Il plaisanta longtemps, sans efforts et sans affectation, sur les fantaisies d'Aurélie, ne montra qu'une médiocre sollicitude pour les dangers de ce voyage improvisé au milieu des frimas, s'informa sans empressement de l'époque probable du retour ; lorsqu'il reçut de ma bouche les adieux que madame de Sommerville m'avait prié de lui transmettre, lorsqu'il apprit que son retour à Paris précéderait celui d'Aurélie, à Anzème et qu'il ne devait plus la revoir, l'expression de ses regrets fut si froide et si polie, il y eut dans tout son aspect et dans toutes ses paroles tant de réserve et de convenance, qu'en face d'une résignation si facile, Nancy se sentit inondée d'une grande joie, et que je doutai moi-même du nouvel amour d'Albert, sachant combien ce jeune homme, impatient, fougueux et colère, était inhabile à maîtriser les mouvements de son âme.

Bien qu'il ne retrouvât plus Aurélie à La Baraque, il n'en fut pas moins assidu à s'y rendre lui-même durant le peu de jours qui devaient précéder son départ. Il se montra pour ma sœur plein d'attentions affectueuses et de gracieuses prévenances. C'était moins que l'amour, c'était aussi quelque chose de plus tendre que l'amitié. Nancy, que ne tourmentait plus la présence de madame de Sommerville, reprenait à la vie, et tous deux nous espérions encore, car l'espoir est comme les plantes qui croissent et s'épanouissent dans le roc battu par la tourmente : il fleurit dans les cœurs les plus dévastés.

Ces derniers jours furent employés à discuter les intérêts de l'avenir d'Albert : je lui rappelai sans amertume les résultats de son premier séjour à Paris, et le suppliai de ne point user sa jeunesse en exaltations solitaires.

« Vous avez vu, lui disais-je, butiner dans les champs les abeilles de nos ruches : lorsque l'orage s'élève et que le vent courbe les épis jusqu'à terre, chacune des travailleuses place un petit gravier sous son aile, et rentre, ainsi lestée, dans la ruche commune. Eh ! bien, la jeunesse est, comme ces abeilles, légère, mobile, allant à tous les vents ; le moindre souffle l'emporte et l'égare si elle n'a mis sous son aile un gravier pour assurer son vol. Ce gravier, ce lest qui lui manque, c'est dans un travail austère que la jeunesse doit le chercher. Sans les études graves et sérieuses, elle va, incessamment ballottée par ses caprices et ses incertitudes, jusqu'à ce qu'elle tombe flasque et sans vie, de vigoureuse qu'elle était. Repoussez donc, ô mon ami ! les travaux frivoles, les faciles études, aliments des esprits débiles : abordez vaillamment la science du monde réel ; nourrissez-vous, comme Achille, de la moelle des lions et des ours. Jeune que vous êtes, vous le pouvez encore ; mais hâtez-vous : bientôt il ne sera plus temps. Vous êtes dans l'âge où la vie se ploie à toutes les formes, est docile à toutes les empreintes : plus tard cette cire, autrefois si molle et si tendre, vous la sentirez inflexible et rebelle, vous ne la pétrirez plus à votre gré ; et lorsqu'un jour enfin, fatigué des formes incertaines qu'elle aura jusqu'alors affectées, vous voudrez la façonner en un buste noble et sévère, la cire résistera à tous vos efforts, et dans un moule sans grandeur vous aurez coulé votre vie en un métal informe que l'acier le mieux trempé ni le plus fin diamant ne sauraient entamer. Oh ! alors, que nos regrets sont amers, nos remords poignants, notre humiliation profonde ! comme nous nous débattons avec angoisse sous la carapace d'airain qui nous presse de toutes parts ! comme nous nous retournons douloureusement vers le passé ! comme nous nous écrions avec le poëte : Oh ! si le ciel nous rendait les jours qui ne sont plus ! Vains regrets, vœux inutiles ! le ciel est sourd, et nous trainons misérablement jusqu'au bout la destinée que nous nous sommes faite. »

Albert m'écoutait docilement et me remerciait avec reconnaissance. Nancy mêlait de tendres prières à mes conseils, son ami semblait les accueillir presque avec amour : on eût dit que la confiance et la joie étaient rentrées sous notre toit. Toutefois il n'y eut entre nous ni retour vers le passé ni espérances échangées dans l'avenir, pas un mot ne fut prononcé qui rappelât l'union que nous avions rêvée : le bonheur seul d'Albert fut mis en jeu, aucun de nous n'osa toucher aux liens qui de nos trois destinées ne faisaient autrefois qu'une seule. En apparence ces liens n'avaient pas cessé d'exister, mais au fond de notre cœur nous les sentions bien relâchés et près de se briser dans la main maladroite qui eût tenté de les resserrer.

Madame de Sommerville elle-même n'osa jamais essayer de le faire, en cela elle fit preuve d'un tact exquis et d'un grand savoir-vivre. Lorsqu'une liaison touche au dénoûment inévitable de tous les amours, il est bien rare que les amis qui ont assisté à ses développements ne cherchent pas à prolonger son existence : entraînés par de louables intentions, ils se posent en réconciliateurs entre les parties intéressées, et trouvent toujours le moyen d'envenimer les plaies qu'ils ont voulu guérir.

Dans ces circonstances difficiles, les amis n'ont qu'un rôle à jouer : contempler silencieusement l'agonie douloureuse d'un bonheur qui s'éteint, suivre son convoi, et pleurer sur ses cendres.

Imprudents ceux qui s'entêtent à renouer un amour brisé! Il en est de l'amour comme de ces tissus délicats qui, rompus une fois, ne sauraient, grâce au nœud le plus imperceptible, tromper la main qui les touche. Laissez entre vos doigts glisser ces tissus moelleux : vous sentirez malgré l'art le défaut de la trame : ainsi, dans les amours renoués, le cœur, lorsqu'il se met à dévider le fil soyeux de ses souvenirs, sent bientôt l'aspérité du nœud qui le froisse et le blesse.

Nous parlions souvent de madame de Sommerville absente : Albert parlait d'elle avec calme, Nancy avec inquiétude. Tous deux cherchaient le motif de sa bizarre excursion, l'un sans intérêt apparent, l'autre avec une anxiété réelle. Moi, qui savais les tourments de cette âme agitée, je priais Dieu tout bas de faire aux pauvres voyageurs la bise moins cuisante, la neige moins glacée.

Le départ d'Albert était fixé au 10 novembre; il devait être à Paris le 15 pour prendre son inscription. Une année seulement s'était écoulée depuis qu'il nous avait quittés pour la première fois : en moins de douze mois nos félicités avaient donc accompli leur cours! Hélas! qu'ils étaient loin déjà les jours où ma sœur et moi nous vivions seuls, séparés du monde! Jours sereins, beaux jours de retraite, de paix et de silence, qu'étiez-vous devenus?

Le bonheur se retira de notre chaumière le jour où un étranger vint s'asseoir à notre table; dès lors toutes les misères de la civilisation pénétrèrent sous notre toit :

là où n'avaient jamais battu que des cœurs simples et bons, l'amour quintessencié, la jalousie, la défiance vinrent s'établir, et des passions tumultueuses s'élevèrent entre ces lambris encore tout imprégnés du chaste parfum de nos fraternelles tendresses.

Oh! le bonheur, mon ami, celui qui jaillit en flots limpides et frais de l'union de deux âmes, si vous le trouvez jamais, cachez-le bien au fond des bois, dans quelque profonde solitude; préservez-le des regards de la foule, laissez-le couler sans bruit et se perdre ignoré sous la mousse ; n'invitez aucune âme étrangère à venir s'abreuver à ses eaux. Ces eaux sont amantes de l'ombre et du mystère, le cristal de leur source s'altère sous les lèvres les plus amies et les plus pures.

Albert allait partir enfin. Quelques jours encore, et sa présence ne soufflerait plus dans le cœur de Nancy la flamme qui le dévorait; cette flamme, sans aliment, pourrait s'éteindre d'elle-même. Ce jour que redoutait Nancy, que j'appelais de tous mes vœux, qu'Albert entrevoyait avec indifférence, arriva.

La veille de son départ mon pupille n'était pas venu à la Baraque. Son absence nous étonna peu : les soins et les ennuis qu'entraîne nécessairement tout voyage l'excusèrent auprès de Nancy.

Le lendemain, la matinée était avancée, Albert n'avait point paru. Nous commencions, ma sœur et moi, à concevoir de vagues inquiétudes, et je me disposais à partir pour la maison du sentier, lorsque nous entendîmes crier sous nos fenêtres le sable de l'allée; Nancy ne reconnut point le pas de son ami, et se leva tremblante sur son lit. Troublé moi-même par je ne sais quel pressentiment, je m'élançai et me trouvai face à face avec un paysan d'Anzème.

« Où est Albert? » demandai-je effrayé.

Le rustre tira gravement une lettre de sa poche, me la remit et s'éloigna.

Je reconnus à la suscription l'écriture d'Albert. Je brisai le cachet, je déchirai l'enveloppe, et, près de lire, je me recueillis un instant. Je sentais une sueur froide qui découlait de mon front et plaquait mes cheveux à mes tempes. Je la lus enfin, cette lettre ; je puis vous la dire, car je ne l'ai pas oubliée.

Elle était ainsi conçue :

XI.

« Maxime, je ne partirai pas. Cette résoluton n'est pas récente ; elle n'a été conçue ni par la passion ni par le caprice. Longtemps combattue, elle est depuis longtemps arrêtée, et les retards que j'ai mis à vous la faire connaître témoigneront assez de la longue lutte que j'ai dû soutenir avant d'arriver à vous dire, à vous dont je connais les idées absolues, à vous, ami, dont j'ai éprouvé la sensibilité, dont l'affection est mon bien le plus cher, à vous, Maxime, le frère de Nancy : Je ne partirai pas.

« Maintenant je ne balance plus, je ne me rétracterai point. Vous sentez que j'ai de la force, puisque j'en ai trouvé contre mon cœur quand il parlait pour vous. Aussi n'est-ce pas pour prévenir vos objections que je veux vous exposer les motifs qui m'ont décidé. Ce n'est pas non plus dans l'espoir de conquérir votre approbation au parti que j'ai pris : je désire uniquement vous convaincre de la bonne foi que j'ai mise à me convaincre moi-même, et vous voir bientôt persuadé que je n'ai pas soumis ma destinée à des fantaisies d'enfant et de poëte. Placez-vous à mon point de vue, et mes répugnances pour la vie que vous voulez me faire vous paraîtront rationnelles ; descendez en moi, vous les trouverez invincibles.

« Vous m'avez envoyé à Paris, quoique je pressentisse les dégoûts qui m'y attendaient ; comme un père dont la tendresse fait la force, vous n'avez écouté ni mes regrets ni les vôtres ; vous m'avez dit : Partez..... Je suis parti.

« Vous savez quelle fut ma douleur quand je dus vous quitter ; la vôtre, mon ami, mal comprimée par toute votre énergie, éclatait malgré vous et me pénétrait. Rappelez-vous combien tous trois nous avons souffert ; pensez au sacrifice que pour vous, pour Elle, je me suis imposé, et vous comprendrez que j'aurais le courage d'en accomplir un second si je me sentais la force d'en atteindre le but.

« Mes lettres vous ont exprimé le découragement et la tristesse où me plongea d'abord mon isolement à Paris. Vous-même, abandonné dans ce désert incommode et bruyant, vous avez senti comme moi ce serrement de cœur, ce poids étouffant qu'on n'allége que par la dissipation ou par le travail. J'ai méprisé le premier de ces deux remèdes, j'ai promptement reconnu l'insuffisance du second : dès lors je me suis fait à cet état de souffrance, je l'ai accepté comme normal, et, embrassant l'étude pour son but et pour elle-même, je me suis plongé avec résolution dans les recherches arides du droit. Mais en vain m'efforçais-je de m'en exalter l'importance, en vain me répétais-je cet adage vulgaire : *Orphelins protégés, opprimés défendus*, mon indifférence naturelle devint bientôt un dédain raisonné, et cette fois encore l'expérience sanctionna en moi un préjugé.

« Je me sentais d'ailleurs médiocrement attiré par cette profession de l'avocat qui, une année auparavant, me paraissait encore si noble et si glorieuse. La révolution de Juillet venait de porter un rude coup à son indépendance : je voyais tomber chaque jour au pouvoir des hommes dont la voix libre et fière avait jadis fait battre mon jeune cœur ; je les entendais renier sans honte les principes qu'ils avaient autrefois proclamés sans crainte ; la profession qui les avait élevés si haut pour les jeter si bas ne me sembla bientôt plus qu'un vaste champ ouvert aux ambitions déshonnêtes, une tribune offerte aux subtilités de la pensée et à l'abus de la parole. Souvent, depuis mon retour, nous avons discuté ensemble la valeur morale et sociale de toutes les carrières ouvertes au légiste : tout ce que j'en ai dit alors a dû vous préparer à la déclaration que je fais aujourd'hui de n'en pouvoir embrasser aucune. Je veux espérer, Maxime, que mes allégations vous auront convaincu, sinon de l'infaillibilité de mon jugement, du moins de la droiture de mes principes.

« Résolu à abandonner l'étude des lois, je compris que j'avais eu tort de m'être décidé sans avoir choisi, et, pour ne pas prolonger en essais infructueux le temps de mon épreuve, je voulus consacrer le reste de l'année à l'examen minutieux de toutes les parties de notre édifice social : pendant huit mois mes jours et mes nuits furent dépensés à ces tristes recherches. A chaque investigation nouvelle, j'espérais voir surgir une spécialité, une aptitude, une tendance : pas une ardeur ne s'alluma, pas une voix ne s'éleva en moi ; ou plutôt, mon ami, toutes les ardeurs me dévorèrent, et j'entendis à mes oreilles bourdonner un millier de voix. Toutes les gloires m'appelaient, me souriaient, me jetaient des fleurs : peintre au Musée, poëte au théâtre, tribun à la chambre, guerrier au Carrousel lorsque les étendards passaient au bruit des cymbales militaires, j'étais tout... Hélas ! je n'étais rien,

« Ne me dites pas, mon ami, que huit mois sont insuffisants pour de si graves observations. Vous savez qu'à Anzème je n'étais pas resté tout à fait étranger au mouvement intellectuel de l'époque : religions nouvelles, réformes politiques et sociales m'avaient vivement préoccupé ; je connaissais les systèmes, les livres, les programmes ; il ne me restait plus qu'à juger les pontifes, les poëtes et les législateurs, à compléter l'examen des choses par celui des hommes : cet examen ne fut fertile qu'en désenchantements de tout genre.

« Je luttai cependant. Tantôt le but des travaux que je m'imposais m'aveuglait sur mon impuissance ; tantôt, quand elle m'apparaissait, je me faisais un devoir de combattre avant de me déclarer faible. Ainsi, dans la solitude et dans la pauvreté, au milieu des agitations du cœur, des tentations de suicide, des aspirations ardentes vers les joies inconnues de la vie, j'ai tout tenté, tout essayé, et toujours je me suis senti glisser rapidement le long de la pente que je m'efforçais de gravir.

« Je n'accuse ni le siècle, ni la destinée, ni personne : je n'accuse que moi. Cependant si Dieu m'eût fait naître en ces temps de calme et de recueillement où chaque destinée peut s'asseoir à la place qui lui fut réservée, où chaque existence a sa part de biens et de maux sur la terre, peut-être alors, avec une conscience pure et des intentions ferventes, eussé-je pu produire les œuvres dont j'ai le sentiment, et m'élever par la patience, le travail et la volonté à un rang digne de mes vertueuses ambitions ; mais que faire en ces âges d'incertitude où tout se confond, quand nous naissons pressés et agités comme un essaim éclos de la veille dans une ruche trop étroite pour le contenir? que faire lorsqu'on se sent porté, poussé, ballotté par une foule avide et désordonnée, lorsque le sort nous prend par les cheveux, sans choix et sans réflexion, pour nous élever au pinacle ou nous précipiter dans l'abîme? Quel homme assez robuste pour se frayer un chemin dans cette cohue? quelles épaules assez fortes pour fendre la presse? quelle tête assez élevée pour surpasser toutes ces têtes?

« Je n'avais pris à Paris aucune résolution : je voulais juger de loin tout ce que j'avais envisagé de près. J'accusais de mes antipathies et de mes répugnances l'état de mélancolie amère où m'avait jeté cette vie tumultueuse, et j'espérais du retour à mes douces habitudes, du bonheur de me retrouver près de vous, de l'influence attendrissante des lieux aimés, ma réconciliation avec les hommes, avec les choses et avec moi-même. Je revis donc nos bois et nos montagnes, je vins redemander aux champs où j'avais grandi la joyeuse confiance de mes belles années.

« Le premier effet de tout ce bonheur retrouvé fut de me faire haïr la vie nouvelle qui me l'avait ravi ; ensuite la réflexion me fit entrevoir une vérité que le rigorisme de mes idées m'avait empêché de saisir : c'est que dans chacune de ces voies encombrées de nullités fastueuses et de talents prostitués un homme doué d'une organisation puissante peut marcher dans sa force et dans son indépendance, acquérir de la gloire et conserver sa propre estime; mais je reconnus en même temps que, sans les qualités qui constituent l'homme supérieur, le succès à des conditions honorables est impossible dans nos temps. Dès lors je résolus d'examiner sans orgueil, sans humilité, si cet homme fort était en moi : après avoir sondé tous les replis de mon cœur, mis à l'épreuve toutes mes facultés, fait jouer tout les ressorts de mon être, ma chétive et boiteuse nature m'apparut dans toute sa faiblesse. Maxime, savez-vous qui je suis? quelque chose d'incomplet, sans vouloir et sans énergie, sans vices ni vertus, sans force pour le bien, un caractère inégal, un cœur avide de souffrances, une misérable créature prompte au découragement et rebelle au bonheur. C'est là, Maxime, ce que vous avez aimé, ce qu'il vous faut aimer encore. Mais en aurez-vous le courage, et n'abandonnerez vous pas celui qui s'abandonne lui-même?

« Ne m'encouragez pas. Je ne suis plus en défiance de moi-même : mon impuissance m'est démontrée. Est-il une preuve à laquelle j'aie refusé de soumettre mon intelligence? N'ai-je pas tenté de me faire par la poésie une place à moi dans le monde quand j'ai vu m'échapper tous les moyens réels de mériter votre sœur? Comme tout le reste, je l'ai vainement essayé : la délicatesse des impressions que je recevais de Nancy, la religion de mon enfance, dont le parfum est resté dans mon cœur, l'amour mystérieux que j'ai voué à ma mère inconnue, toutes ces perceptions d'une âme douloureuse et tendre m'échappaient aussitôt que je voulais les saisir, j'appelais en vain pour les fixer l'inspiration, le talent, le génie du poëte.

« Malheur à qui reçut trop pour l'obscurité, pas assez pour la gloire! L'homme incomplet traverse solitairement la vie : il ne peut rien pour lui ni pour les autres, son âme absorbe les rayons du ciel sans les réfléter.

« Maxime, je ne partirai pas, je n'irai pas grossir à Paris la foule des médiocrités qui se disputent pied à pied le terrain où elles fourmillent, je vivrai et mourrai à Anzème. Je n'ai plus de désirs, je n'ai pas de besoins : j'aurai toujours assez pour vivre dans cette pauvre contrée. Qu'irais-je faire dans ce monde, d'où il faudrait me retirer plus tard la haine dans le cœur et l'invective sur les lèvres ? Croyez-moi, mieux vaut le quitter de la sorte, sans regrets mais sans aversion, l'ayant trop vu pour l'aimer et pas assez pour le haïr, que d'aller y traîner encore quelques années de lutte et de misère pour en revenir un jour l'esprit morose et l'âme ulcérée.

« Plaignez-moi donc, ô mon ami ! Vous savez si je vous aime, vous savez si j'apprécie le trésor que vous me réserviez : vous comprendrez que pour y renoncer il faut que je m'en croie indigne : vous sentirez tout ce que je souffre : si vous me jugez coupable, vous songerez au bonheur qui m'était destiné et vous me jugerez puni.

« Pour moi, je ne me plaindrai plus : je subirai, sinon vaillamment, du moins avec résignation, la destinée que je me prépare : je gravirai solitairement mon calvaire, m'arrêtant parfois pour contempler à mes pieds la vallée où j'aurais pu vivre avec la jeune compagne de mon amour ; je verrai s'élever à travers les arbres la fumée du toit domestique ; Nancy aura trouvé dans un amour plus digne les félicités que je n'ai pas su mériter : ses enfants joueront auprès d'elle ; une autre image plus noble et plus chère aura depuis longtemps effacé la mienne dans vos cœurs, et vous, Maxime, vous donnerez à un autre que moi le doux nom de frère, que j'abjure à cette heure ; je verrai tout cela, et, consolé par le tableau de vos saintes joies, je poursuivrai sans murmurer mon rude pèlerinage. Dès aujourd'hui je n'ai plus le droit de me plaindre, et je ne me réserve dans l'avenir que celui de vous aimer toujours. »

XII.

Telle était l'épître que m'adressait Albert. J'en ai peut-être altéré le texte, mais ma mémoire vous en a transmis fidèlement le sens. Dans une autre circonstance ces puérilités vaniteuses, résultat d'une éducation qui abrége l'adolescence au point de la supprimer, m'eussent fait sourire de pitié ; elles m'accablèrent dans la circonstance présente : je prévis aussitôt qu'il serait d'autant plus difficile de combattre et de vaincre l'obstination d'Albert à rester à Anzème que le seul motif de cette résolution imprévue ne se trouverait jamais sur le terrain de la discussion. Ce motif délicat, le seul que la lettre de mon pupille n'ait pas cherché à faire valoir, vous l'avez deviné sans doute : vous avez facilement aperçu à travers ces verbeuses subtilités le fil qui les mettait en jeu ; vous avez déjà prononcé le mot que n'enfermait aucune de ces phrases, et qui cependant les expliquait toutes : vous avez comme moi saisi sous chaque ligne le nom qui s'y tenait caché ; et si vous vous rappelez la froideur apparente avec laquelle Albert reçut auparavant la nouvelle du départ de madame de Sommerville, si vous vous êtes étonné avec moi de l'aisance insoucieuse que déploya alors notre impétueux ami, avec moi vous comprenez à cette heure que la résignation d'Albert n'eut rien de bien héroïque, résolu qu'il était déjà à ne plus quitter ces campagnes. Il savait que madame de Sommerville ne lui échappait que pour quelques jours, et que, de retour à Anzème, elle n'aurait à regretter aucun de ses amis.

J'ai su plus tard ce qui s'était passé durant ces derniers jours dans le cœur d'Albert. Depuis longtemps il caressait l'idée de ne plus retourner à Paris. Cette idée, qui ne lui était apparue d'abord que vague et indécise au milieu des dégouts réels qu'il avait rencontrés au début de la vie, prit une forme plus solide et plus nette le jour où il aima madame de Sommerville, et se fixa dans son esprit le matin même où je lui annonçai le départ d'Aurélie. Ce voyage, entrepris subitement sous le ciel neigeux de la Creuse, l'intrigua : il en chercha les motifs avec une secrète ardeur, et, parmi les mille pensées qui vinrent l'assaillir, celle qu'Aurélie avait enfin compris l'amour dont il brûlait pour elle, et que son départ n'était peut-être qu'une fuite, flotta dans son cerveau, timide, mystérieuse, presque imperceptible, fumée légère de l'espérance, aussi insaisissable que la vapeur qui s'élève le matin sur les eaux.

La lettre d'Albert achevée, je rentrai près de Nancy, et j'inventai pour la rassurer je ne sais quel prétexte au séjour prolongé de mon pupille à Anzême : une discussion d'intérêt l'obligeait à retarder son départ de quelques jours, sa présence était nécessaire à la légalité d'un acte... je ne sais ce que j'imaginai. Nancy rassurée, je partis pour la maison du sentier : j'avais à remplir auprès d'Albert mes devoirs d'ami, de tuteur et de frère.

J'appris en arrivant qu'Albert était absent, et qu'une semaine au moins s'écoulerait avant son retour : il était allé la veille au château du jeune comte de ***, qu'il avait connu dans la contrée, et tous les deux devaient se rendre à une chasse au sanglier dans la forêt de Champ-Sanglard.

M. Auguste de ***, patricien ruiné, assez mal vu dans le pays depuis que sa fortune n'y faisait plus pardonner sa naissance, était un garçon d'esprit qui n'eût jamais songé à se rappeler ses titres si la tourbe insolente des nouveaux parvenus se fût résignée à les oublier. Comme madame de Sommerville, la révolution de Juillet l'avait pris parmi les vainqueurs pour le jeter dans les rangs des vaincus ; comme elle il avait sacrifié sa foi nouvelle à la poésie du dévouement et à la religion du malheur ; le jour où il avait vu ses espérances s'accomplir et la carrière s'ouvrir devant lui large et belle, il s'était retiré de la lice pour aller subir son nom dans le castel croulant de ses ancêtres.

C'était un jeune homme sceptique et railleur, qui n'avait de sympathique avec la nature d'Albert qu'un fond de mélancolie amère. Aussi ne s'était-il établi entre lui et mon pupille qu'une de ces liaisons où on échange plus d'idées que de sentiments, où l'élégance des relations supplée aux épanchements du cœur, liaisons plus durables souvent que les amitiés elles-mêmes, parce qu'elles échappent à la vulgarité des rapports, fléau et mort de toutes les intimités. Auguste de *** et Albert se recherchèrent pour se plaindre, et ce fut quelque chose de bizarre que la plainte de ces deux jeunes gens accusant de concert la destinée, l'un parce qu'il n'avait pas de nom, l'autre parce qu'il en avait un grand.

Je revins presque joyeux de n'avoir pas trouvé Albert : notre position à tous était si délicate que je ne savais guère moi-même la contenance que j'avais à prendre et le rôle qui m'était réservé. Qu'eussé-je dit à Albert ? que sa résolution était folle et que la lettre qu'il m'avait écrite n'avait pas le sens commun ? Il savait cela tout aussi bien que moi sans doute. Que faire et que résoudre ? qu'allait-il se passer au retour d'Aurélie ? Possesseurs tous les quatre d'un secret que chacun de nous était censé posséder à lui seul, quelles combinaisons, quels faits allaient jaillir du conflit de nos destinées ? Madame de Sommerville oserait-elle reparaître à La Baraque ? accueillerait-elle Albert ? Quelle serait la ligne de devoirs que j'aurais à suivre près de Nancy, de mon pupille et de madame de Sommerville elle-même ? J'essayai longtemps de démêler les fils embrouillés de notre avenir ; puis, découragé de l'essayer vainement, j'abandonnai à Dieu le soin de nous tirer de cette situation difficile.

Il m'est souvent arrivé, mon ami, durant le cours de ce récit, de vous raconter des faits que je n'avais pas vus, des sentiments que je n'avais pas sentis : ne croyez pas cependant que, comme le poëte, j'aie voulu me rendre maître du monde visible et invisible ; à Dieu ne plaise ! je n'ai pas le génie qui devine et qui crée. Les développements de cette histoire auxquels je n'ai pas assisté m'ont été confiés après leur péripétie, de même que plus tard nous nous sommes initiés les uns les autres aux sentiments et aux pensées secrètes que chacun de nous avait gardés mystérieusement dans son cœur. Ne vous étonnez donc pas si je vais vous conter encore des scènes dans lesquelles je n'ai pas même joué le rôle de comparse : oubliez un instant que j'ai été mêlé au drame lamentable que vous écoutez ; considérez-moi comme une abstraction, imaginez que, seul sur ce perron, vous feuilletez les pages imparfaites d'un livre mal écrit ; ce récit y gagnera peut-être, sinon plus d'intérêt, du moins plus de réalité.

Ici Maxime s'interrompit. Les souvenirs douloureux et les émotions poignantes que cette histoire réveillait en lui le fatiguaient plus encore que la longueur de son récit : son air était souffrant, de soudaines pâleurs passaient sur son visage, et son front se couvrait parfois d'une sueur brûlante, que le vent glaçait presque aussitôt.

« Mon ami, dit le jeune homme, qui l'avait écouté avec recueillement, le vent se lève et la brume du soir enveloppe déjà les peupliers de la Creuse : je crains pour vous la fraîcheur de la nuit et l'humidité de ces rives.

— Vous avez raison, dit Maxime en se levant : entrons dans le salon du château... notre présence n'y troublera personne. »

A ces mots, il poussa la porte, qui céda au premier effort, et il introduisit son ami dans la salle des portraits de famille. Les volets étaient ouverts ; les rayons de la lune, qui glissaient çà et là dans l'appartement, détachaient en fleurs étincelantes les rosaces dorées des cadres gothiques, décrivaient sur la tapisserie mille caprices de lumière, reposaient mollement sur un Endymion endormi, ou enveloppaient d'une robe d'argent Diane sortant du bain et changeant Actéon en cerf. Des amours qui se jouaient dans la rosace du plafond soutenaient la tringle d'un lustre dont les branches de cristal s'épanouissaient dans l'air en gerbes éblouissantes. Les albums qu'avait feuilletés Albert couvraient la table du piano ; le rameau de vigne dont Aurélie se servait autrefois en guise de cravache était agrafé à la tapisserie ; un petit poignard au manche d'ébène, qui avait protégé sans doute madame de Sommerville dans ses voyages, pendait à l'encadrement de la glace. Le piano était encore ouvert, et, lorsque les deux amis s'arrêtèrent au milieu de la chambre, on eût dit, à voir leur terreur religieuse, que l'ivoire venait de faire entendre quelques notes plaintives, ou que leur présence avait fait envoler les blanches ombres de Nancy et de madame de Sommerville.

Maxime ouvrit une porte qui se trouvait cachée par la tapisserie dans le fond du salon : cette porte donnait dans la chambre à coucher de madame de Sommerville. Tous deux pénétrèrent religieusement dans ce sanctuaire qui respirait encore le luxe du siècle de Louis XV, mais que madame de Sommerville avait sanctifié par ses larmes.

La corniche du plafond s'arrondissait aux angles, et, formant comme une corbeille de fleurs et de palmettes, s'étalait en arabesques, en festons et en entrelacs ; la rosace était décorée d'ornements historiés pareils à ceux de la corniche.

Les parois des murs, revêtues dans la partie inférieure d'un lambris d'appui en bois peint en ton de grisaille, étaient tendues de lampas chargés de pagodes, de kiosques, d'arbres, d'oiseaux, d'Indiens rouges sur un fond blanc.

La lune, qui donnait en plein sur les grands carreaux de vitre des fenêtres *à la française*, faisait étinceler les moulures dorées des portes et des lambris, et permettait de saisir toutes les parties de l'ameublement.

La cheminée était grande et de marbre blanc veiné, la traverse du chambranle à renflement et en arc d'amour ; les jambages, tourmentés en console, se terminaient dans le bas par une griffe de chimère ; la plaque de fonte, au contre-cœur de l'âtre, était aux armes de France ; au-dessus de la cheminée s'élevait une glace peu haute dans un cadre doré formé d'entrelacs, de roseaux et de palmes sculptés ; au-dessus de la glace un trumeau de peinture : c'était un coucher de soleil rouge et criard.

Tous les dessus de porte étaient peints, et représentaient des fêtes galantes à la manière de Watteau, de

Lancret et de François Boucher : là des bergères-camargo en robe de satin et de moire, poudrées à blancs, avec paniers et tonnelets, talons rouges, corps de baleine lacé sur la poitrine, petit chapeau sur le coin du chignon et houlette en main ; ici des bergers en casaque de velours gorge de pigeon et à pèlerine, chapeau en lampion, perruque, cadogans et culottes, houlettes et flûtes de Pan ; plus loin une bergère assise au milieu de ses moutons, et près d'elle un pastoureau lui offrant un nid de tourterelles. Il y avait aussi des animaux, des chasses, de la nature morte de Oudry, des enfants de trois à quatre ans en habit à la française, épée et perruque, jouant avec un petit lapin blanc, des singes costumés, à la manière de Claude Gillot.

En face de la cheminée était un meuble de Charles Boule surchargé de cuivreries et d'incrustations ; sur la tablette de marbre, de brèche d'Alep, s'inclinait un grand miroir dont le cadre, entièrement doré, se terminait par un fouillis de branchages, de nids de tourterelles et de canaris sculptés.

Les fauteuils, bergères et sofas étaient de bois grisaillé et doré, garni en tapisseries à l'aiguille, le lit de bois grisaillé et doré comme les fauteuils ; les quatre montants d'angles s'élançaient en carquois pleins de flèches et en flambeaux d'hyménée ; une couronne de bois sculpté, suspendue au plafond, formant dais, laissait tomber tout autour de grandes courtines de velours cramoisi.

Sur une pendule de cuivre qui décorait la cheminée, l'Amour piqué par une abeille se plaignait à Vénus sa mère. La pendule était assise sur un socle de marbre blanc, entre des groupes d'enfants nus et d'amours en biscuit de porcelaine.

Au milieu de la pièce une torchère de bois doré supportait une girandole de cuivre chargée de bougies ; des bougies chargeaient pareillement des bras de cuivre doré, qui s'avançaient au-dessus de la cheminée comme pour se mirer dans la glace.

Les tapis étaient de Beauvais, à personnages ; quelques portraits de Largilière pendaient çà et là aux tentures.

« Tout ce luxe, dit Maxime à son ami, ne convenait guère aux goûts simples de madame de Sommerville ; cette pièce d'ailleurs lui parlait trop vivement de sa mère, et ce souvenir était cruel à son cœur. Aussi, bien des mois s'écoulèrent sans qu'elle osât y pénétrer ; elle ne s'y retira que lorsque le froid l'eut forcée de quitter la chambrette qu'elle avait choisie, à son retour, dans l'aile la plus sombre et la plus désolée du château. Venez, ajouta Maxime, rentrons dans la salle voisine : l'aspect de celle-ci me fait mal. »

Ils allèrent s'asseoir tous deux sur un divan, et Maxime poursuivit en ces mots le cours de cette histoire :

XIII

Ce fut le vingt novembre, par une soirée de neige et de glace, que deux voyageurs à cheval traversèrent au galop le village d'Anzème et s'arrêtèrent à la grille du château. Ils semblaient épuisés de fatigue ; des glaçons pendaient à la crinière de leurs cheveaux. Au bruit du galop retentissant sur la terrasse, les gens de madame de Sommerville accoururent à la grille avec des flambeaux et reconnurent leur maîtresse. Tous l'entourèrent et se disputèrent ses mains engourdies par le froid. Elle se retira dans sa chambre, dépouilla ses vêtements humides, et, enveloppée dans une pelisse de satin noir, elle réchauffa ses membres glacés devant un grand feu qui n'avait pas cessé de brûler depuis le jour de son départ. Il y eut un instant où elle se regarda involontairement dans la glace qui surmontait la cheminée, et elle eut peine à réprimer un mouvement de stupeur et d'effroi.

Elle était bien changée ! en moins d'un mois son teint s'était plombé, son front avait perdu sa pureté, ses yeux leur éclat ; ses joues étaient creuses, son regard terne, ses paupières mâchées ; une teinte jaune et maladive ridait les contours de ses lèvres décolorées ; sa taille elle-même s'était courbée sous la douleur et sous la fatigue. Vingt jours à peine avaient flétri ce qui restait en elle de fraîcheur et de beauté ! Ainsi vous avez vu nos campagnes se parer parfois, au déclin de l'automne, de l'aspect du printemps : près de s'éteindre, le soleil jette encore de bienfaisantes ardeurs ; les coteaux sont riants, les jeunes arbustes ont des pousses nouvelles, les fils de la Vierge se promènent dans l'air parfumé, la nature croit un instant à son éternelle jeunesse. Mais à la première gelée, à la première bise de novembre, tout cet éclat pâlit et s'efface : en une nuit les coteaux et les bois se sont dépouillés de leurs feuilles, les fils blancs qui glissaient hier sur un ciel gris de perle pendent humides aux branches décharnées ; vous êtes tout surpris, au réveil, de voir l'hiver dans ces campagnes où, la veille encore, semblait renaître le printemps.

Par la même soirée, quelques heures après le retour de madame de Sommerville, un voyageur entrait à pied dans le village. Un fusil à deux coups reposait sur son épaule, deux chiens allaient à ses côtés ; son air était ferme et résolu comme celui de tout homme qui marche la nuit dans des sentiers connus avec un fusil sur l'épaule ; car il n'est rien qui donne plus d'assurance à un homme naturellement brave qu'une bonne arme et la presque certitude que cette arme peut dormir tranquille dans la main qui la porte. Notre allure prend alors quelque chose de décidé et de fanfaron, et nous sentons en nous je ne sais quelle humeur belliqueuse qui nous fait appeler le danger, sans doute parce que nous sommes instinctivement sûrs que le danger ne répondra pas.

Le jeune chasseur avait d'ailleurs des sujets d'excitation plus réels. Il avait pendant trois jours couru le sanglier dans la forêt de Champ-Sanglard, cherchant à oublier le tumulte de ses pensées dans l'agitation d'une vie active et turbulente. Ses joyeux compagnons de chasse, qui l'avaient vu, lui le plus faible et le moins habile, se montrer le plus ardent au courre, et jouer sa vie avec une intrépidité rare, avaient voulu, avant son départ, fêter son jeune courage. On s'était donc réuni dans le castel du comte Auguste, et là, grâce peut-être aux ruses ingénieuses de quelque nouveau Caleb, la santé d'Albert avait été bue durant tout un jour au milieu des cris d'un enthousiasme toujours croissant. Vers la fin du repas, les têtes se trouvant échauffées par les fumées du vin et par la chaleur de la discussion, il fut parlé de madame de Sommerville, et déjà quelques paroles irrévérentieuses allaient être hasardées sur elle, lorsque Albert, se levant le regard enflammé, la main sur son couteau de chasse, brisa son verre sur la table, et promit le même sort au premier qui oserait devant lui prononcer sans respect le nom de cette femme. Cette saillie chevaleresque et déplacée fut d'autant mieux accueillie qu'Albert, bien que d'une constitution frêle et délicate, semblait alors assez disposé à tenir sa promesse : on l'entoura, on le félicita à demi-mot ; après avoir bu à son courage, on voulut boire à ses amours ; le jeune homme finit par comprendre qu'en se posant comme le champion de l'honneur outragé d'Aurélie, il avait, sans y songer, proclamé ses droits à le protéger hautement. Il s'en défendit avec chaleur ; mais dès l'instant que la vertu de madame de Sommerville ne fut plus offerte en offrande qu'à la vanité d'Albert, Albert ne voulut tuer personne. Il entendit développer autour de lui des théories sur l'amour qui le firent rougir de sa pudeur, et l'on mit une bonne foi si prompte, si naïve, à le croire un amant heureux, qu'il fut honteux de n'avoir pas encore osé réaliser une conquête dont chacun lui faisait un aussi facile mérite.

Il se retira mécontent de tous et de lui-même. Il gravissait tristement le sentier montueux qui le ramenait à Anzème, lorsqu'une main s'appuya légèrement sur son épaule : Albert se retourna, et reconnut le comte Auguste.

« Monsieur Albert, dit le jeune gentilhomme en se découvrant, j'ai des excuses à vous faire, et je vous prie de les recevoir. Croyez que j'ai souffert plus que vous de la scène inconvenante qui vient d'avoir lieu chez moi, et que j'ai été blessé profondément des allusions grossières qui vous ont assailli. Veuillez croire aussi que je ne suis pas resté indifférent à votre bonheur : si je n'ai pas mêlé mes félicitations à celles de nos compagnons, c'est que je n'ai pas voulu risquer ma branche de myrte dans le bouquet impertinent que ces rustres vous ont offert.

— Je vous jure !... s'écria impétueusement Albert.

— Ne jurez pas, interrompit Auguste en souriant : je sais tous les serments que vous allez me faire.

— Vous outragez, monsieur le comte, reprit Albert avec dignité, la plus pure de toutes les femmes.

— Il faudrait pour cela, monsieur, que votre amour fût un outrage, et je suis trop fier de votre amitié pour ne pas honorer toutes vos affections, quelles qu'elles soient. »

A ces mots, Auguste de *** salua poliment, et Albert poursuivit sa route. Son pas était rapide et brûlait la distance. Il ne sentait ni le froid qui glaçait ses mains, ni le givre qui battait son visage, il allait tourmenté par mille pensées inquiètes. La plus poignante de toutes était le remords d'avoir laissé supposer un bonheur qui n'existait pas. Il commença par s'avouer que ce n'était rien moins qu'une infamie ; il finit par se dire que, le jour où il parviendrait à la possession de ce bonheur, l'infamie ne serait plus qu'une fatuité juvénile qui trouverait grâce auprès des consciences les plus rigides et les plus timorées. Dès lors il jura de conquérir le pardon de sa faute, se disant d'ailleurs que se prêter à une ovation avant la victoire, c'était s'engager solennellement à vaincre.

Albert, en traversant Anzème, crut reconnaître la trace des pas de Cortès sur le sentier blanchi par le givre et la neige. Il allait frapper à quelque masure pour s'assurer du retour de madame de Sommerville, lorsqu'il fut accosté par Frank.

« Revenu déjà, Frank ? demanda le jeune homme.

— Déjà, monsieur Albert ! s'écria le serviteur d'un air contrit : on voit bien que vous n'étiez pas de la partie.

— Il paraît que le voyage a été rude?

— J'ai cru, monsieur Albert, que je recommençais la campagne de Russie : nous avons pendant près d'un mois couru dans la neige et la glace, vivant à la merci de Dieu.

— Mais ce voyage avait un but, j'espère?

— Oui, celui d'attraper des rhumes et des rhumatismes, répondit Frank avec humeur. Voyez-vous, monsieur Albert, madame est bonne pour tous, bonne surtout pour ses pauvres serviteurs, qui l'aiment autant qu'ils détestaient sa mère ; il n'est pas un de nous qui ne se jetât au feu pour elle ; mais, ajouta-t-il à voix basse en regardant si personne ne pouvait l'entendre, je crois qu'elle est un peu... »

La phrase resta inachevée, et Frank, en compléta le sens en posant sur son front l'index de sa main droite.

« Crois-tu? » demanda le jeune homme.

Frank pencha sa tête vers l'oreille d'Albert et y glissa ces trois mots : « *Je le crois,* » de l'air profond et mystérieux d'un homme effrayé lui-même de l'importance de ses révélations.

— Eh bien, je m'en suis toujours douté, répondit avec sang-froid Albert, qui trouvait quelque intérêt sans doute aux indiscrétions de l'écuyer bavard.

— C'est que vous y voyez clair, vous, c'est que vous êtes un vrai savant, monsieur Albert. Croiriez-vous que pendant un mois madame ne s'est nourrie qu'avec le pain des laboureurs, qu'elle n'a dormi que sous leurs toits de mousse? Nous arrivions le soir, nous partions le matin, toujours en course malgré vents et marées... Madame, lui disais-je, vous ruinez votre santé ; vous vous tuerez, madame ; conservez-vous pour ceux qui vous aiment... Ah bien oui ! elle ne m'entendait même pas. Si je lui disais : Madame, Cortès n'en peut plus, Cortès meurt à la peine ; madame, vous crèverez Cortès... elle faisait siffler sa badine, et Cortès allait, léger comme le vent. Pendant un mois elle ne m'a parlé que pour me dire : « Frank, sellez les chevaux ; Frank, faites allonger le pas à votre bête ; Frank, nous partirons demain au point du jour... » Une seule fois elle m'a dit : « Frank, vous toussez beaucoup... » Je crois bien que je toussais ! mais je n'y pensais pas, monsieur Albert, je ne songeais qu'à elle : j'aurais voulu pouvoir ajouter mes vêtements aux siens ou lui prendre sa part de neige et de froidure... Pauvre chère âme !... Un soir, au coin d'un feu de chaume, je l'ai vue pleurer... Ça m'a fendu le cœur !

— Comment va ta maîtresse? interrompit Albert, qui ne voulait pas se laisser émouvoir.

— Bien. C'est une femme de fer.

— A cette heure elle repose?

— Reposer, elle! Vous ne la connaissez guère : deux heures du matin sonneront à l'église d'Anzème avant que madame ait achevé sa veillée... Singulière femme! ajouta Frank en se frappant de nouveau le front.

— Et toi, où vas-tu donc si tard?

— Vous m'y faites songer ! s'écria Frank : madame m'envoie chercher des nouvelles de mademoiselle Nancy. »

Au nom de Nancy, Albert laissa échapper un mouvement d'humeur que Frank n'aperçut pas dans l'ombre, et tous deux se séparèrent. Albert avait ralenti sa marche : il gagna lentement la maison du sentier, réfléchissant à la relation moitié burlesque, moitié touchante du voyage d'Aurélie. Le soupçon, qui n'avait d'abord illuminé son cerveau que comme un pâle reflet de la pensée sous laquelle s'était accompli ce voyage, prenait, à chaque pas que faisait Albert, une forme plus saisissable, jetait dans son esprit un éclat plus net et plus sûr. Arrivé à sa demeure, il changea de costume et repartit pour Anzème. Quelles étaient les intentions qui le ramenaient au village? Il ne le savait pas lui-même : il obéissait à une inquiétude dévorante sans chercher à s'en rendre compte; il allait, entraîné par la fougue de ses désirs aussi invinciblement qu'autrefois par le galop de Cortès.

Il traversa le hameau, et trouva la porte de la garenne fermée. Il escalada le mur, ensanglanta ses mains aux épines de la haie, et s'élança dans la grande allée. Rien n'exalte notre courage comme de voir notre sang couler : l'ardeur d'Albert se sentit doublée. Il marcha d'un pas hardi et ferme vers la porte de la terrasse; Frank, qui rentrait, allait la fermer.

« Ouvre, s'écria Albert, c'est moi.

— Vous, monsieur Albert ! Comment êtes-vous entré ?

— Qu'importe, puisque me voilà ?

— Qui vous amène ?

— Des affaires pressantes. Il faut que ce soir même je parle à madame de Sommerville.

— Madame sera agréablement surprise de votre visite, car elle vous croit parti pour Paris. Je vais vous conduire dans sa chambre.

— C'est inutile.

— Il faut que je vous accompagne : madame attend des nouvelles de La Baraque.

— Je les lui porterai moi-même. Tu dois être épuisé de fatigue, mon pauvre Frank : va te reposer. Tout dort au château, et toi tu veilles seul, toi qui n'as pas dormi depuis un mois peut-être ! »

Frank laissa au jeune homme les clefs de la terrasse et de la garenne, et, après lui avoir recommandé de les jeter en sortant dans la grande allée par-dessus la porte, il gagna l'aile du château que madame de Sommerville avait destinée à ses serviteurs. Albert franchit en deux bonds les marches du perron, ouvrit la porte sans bruit et pénétra dans ce salon. Il espérait y trouver Aurélie : son attente fut trompée : madame de Sommerville, aux premiers froids, s'était retirée dans sa chambre à coucher ; Albert ne savait pas même dans quelle partie du bâtiment cette chambre était située. Découragé, il se laissa tomber sur le divan où nous sommes assis, et là, seul dans l'obscurité, au milieu de cette salle humide et glacée, il se demanda ce qu'il était venu faire en ces lieux, quel démon l'avait poussé vers Aurélie, ce qu'il espérait d'elle ; à chacune de ces demandes il sentait son courage faiblir et son exaltation tomber. Bientôt il s'estima heureux de n'avoir pas trouvé madame de Sommerville, il allait se lever pour la fuir, avec autant d'ardeur peut-être qu'il en avait mis à la chercher, lorsqu'une porte qu'il n'avait jamais remarquée souleva, dans le fond de l'appartement, la tapisserie qui la cachait, et Albert vit entrer une femme qu'il eut peine à reconnaître, tant il la trouva changée. Elle était enveloppée d'une pelisse de satin noir, et tenait à la main une bougie dont la clarté mate pâlissait encore son visage.

XIV

Je ne sais pas de remède moins salutaire aux maladies de l'âme que la fuite et la solitude : c'est au foyer même du mal qu'il faut combattre la douleur, c'est corps à corps qu'il faut lutter avec elle pour la terrasser et la vaincre. A distance, elle grandit comme les arbres dans la nuit, elle se développe, devient solennelle, et, plus nous nous éloignons des lieux où nous l'avons subie, plus son spectre nous apparaît terrible. La solitude, sans Dieu, est amère à ceux qui pleurent : elle fait les larmes âcres, les blessures de l'âme incurables. Combien ont fui, solitaires, le théâtre de leurs tribulations, qui n'avaient en partant qu'une égratignure, et qui sont revenus avec une plaie ! Telle fut du moins madame de Sommerville : en cherchant à secouer son mal, elle n'avait fait que l'enfoncer plus avant dans son cœur; sa souffrance s'était réellement accrue de toute l'importance factice dont l'avait d'abord revêtue son imagination : son retour fut mêlé de plus de trouble et d'agitation que ne l'avait été son départ. C'est d'ailleurs un moyen peu sûr d'échapper à l'amour que de fuir celui qui l'inspire : loin de son idole, l'amour s'exalte et se poétise. Présent, l'être aimé ne serait bientôt qu'une créature de chair et d'os dont le cœur aimant se lasserait vite : l'absence le fait dieu.

Madame de Sommerville était assise depuis plusieurs heures à la même place, immobile, rêveuse, inoccupée, comme affaissée dans un morne désespoir. Ce n'était pas seulement le remords de s'être jetée au travers de notre bonheur qui assombrissait ses pensées, elle songeait aussi à Albert, et peut-être ce souvenir l'absorbait-il tout entière à lui seul. En rentrant au château, elle n'avait pas eu le courage de traverser le salon des portraits de famille, tout plein encore d'une trop chère image : ce courage, elle voulut l'avoir, elle voulut revoir cette chambre où s'était jouée la première scène du dernier drame de sa vie, où elle avait senti son cœur se réveiller avant de s'éteindre à jamais; elle voulut aller s'asseoir où Albert s'était assis, redire sur le piano les chants qui l'avaient charmé, voir si le parquet n'avait point conservé la trace de ses pas, écouter s'il n'avait pas laissé entre ces murs un faible écho de sa jeune âme. Puériles jouissances de l'amour, qui ne vous connaît pas? Elle se leva, prit un flambeau d'une main, et de l'autre pressa le bouton d'une porte de communication entre ce salon et sa chambre. La porte roula silencieusement sur ses gonds. Aurélie s'avança lentement, déposa sur cette table la lumière qui brûlait dans sa main, et promena son regard autour de cette vaste salle, que la bougie éclairait à peine. Au bout de quelques instants ce regard tomba sur Albert : Aurélie poussa un cri, s'empara du flambeau et marcha brusquement vers Albert; lorsqu'elle se fut assurée que c'était bien lui, non son ombre, que tant de fois déjà elle avait vue passer jour et nuit dans ses rêves, la bougie échappa à sa main, et l'infortunée tomba sur le divan demi-morte.

L'effroi d'Aurélie rassura Albert, acheva de l'éclairer, et d'enfant qu'il était le fit homme. Tant qu'il avait vu madame de Sommerville sereine et fraternelle, il n'avait osé chercher la femme sous les tendresses de la sœur : dès qu'il la vit tremblante, il triompha dans son cœur. Calme, Aurélie eût facilement maîtrisé les timides ardeurs de ce jeune homme de dix-huit ans ; troublée, elle fut perdue.

Heureusement pour elle, notre ami n'était rien moins que don Juan ; s'il avait quelque habileté à se ménager des situations opportunes, je suis obligé d'avouer qu'il en profitait fort mal. Il releva froidement la lumière qui brûlait encore sur le parquet, et après l'avoir placée sur la table du piano, il garda devant Aurélie une contenance assurée, mais respectueuse. Madame de Sommerville eut bientôt repris ses sens : elle n'était pas femme à se laisser dominer longtemps par une impression, quelle qu'elle fût.

« Vous m'avez effrayée, monsieur, dit-elle enfin d'une voix altérée... Vous étiez si loin de ma pensée !

— La mienne ne vous a pas quittée depuis un mois, répondit le jeune homme d'un ton de doux reproche.

— Je m'explique mal, dit Aurélie cherchant à vaincre son émotion, je m'explique mal, monsieur, ou vous ne me comprenez pas bien : je voulais dire que ma pensée vous cherchait loin de moi : je vous croyais parti.

— Vous aviez donc imaginé, madame, que je pourrais m'éloigner de ces lieux sans laisser un dernier adieu aux personnes qui me les ont fait aimer, sans recueillir à l'heure du départ quelques paroles amies qui en adouciraient l'amertume ? Vous l'avez imaginé sans doute, car c'est ainsi que vous avez fait, vous, madame.

— Si vous saviez, monsieur, combien j'ai souffert moi-même, vous ne songeriez pas à vous plaindre de moi.

— Je ne me plains que de vos souffrances, madame, et si j'avais le droit de les partager, je ne me plaindrais pas.

— Parlons de vous, monsieur, de nos amis. Qu'importent mes douleurs ? Parlez-moi de Nancy, de Maxime.

— Je n'ai pas de nouvelles récentes de nos amis, madame : j'ai passé huit jours à Champ-Sanglard, et j'arrive. J'ai appris votre retour en traversant le village, et je me suis hasardé, malgré l'heure avancée, à venir m'informer de vous à vous-même.

— Je suis heureuse de vous revoir ; je ne l'espérais pas. Je vous sais gré d'avoir retardé votre départ pour moi, mais vos études en souffriront peut-être : ne deviez-vous pas être à Paris le quinze novembre? Maxime me l'a dit du moins, et je regrette que pour moi...

— Vous n'avez à m'exprimer ni remerciments ni regrets : je ne vous ai rien sacrifié, madame : je ne partirai pas.

— Vous ne partirez pas ! s'écria Aurélie avec stupéfaction.

— Non, madame, répondit froidement Albert, je reste. »

Madame de Sommerville redevint de nouveau tremblante, Albert la tint à son tour palpitante sous son regard. Il s'enivrait du trouble d'Aurélie, il triomphait de la sentir femme, de la voir défiante et craintive, elle qui l'avait si longtemps humilié de sa confiance et de sa sécurité. On le craignait enfin, on fuyait sa présence, on avait peur auprès de lui ! Il n'était plus cet enfant qu'on avait baisé au front par une soirée d'orage : il était homme ; et cet homme d'un jour était peut-être moins heureux de se sentir aimé que fier de sa toge virile qu'il revêtait pour la première fois. Ce fut cet orgueil qui offrit à madame de Sommerville des chances de salut et faillit rejeter Albert dans le rôle qu'il jouait depuis deux mois : il était si infatué de son importance nouvellement acquise, qu'il ne chercha pas à la faire valoir, et madame de Sommerville put reprendre une seconde fois l'assurance, le sang-froid nécessaire pour éluder le danger qui la menaçait.

« Vous restez ! s'écria-t-elle enfin.

— Oui, madame. Je vous ai confié les désenchantements de tout genre que j'avais rencontrés en entrant dans la vie : mon âme ne s'en est pas relevée et n'a plus le courage de les affronter de nouveau. Je n'en veux point à ceux qui m'ont poussé dans un monde pour lequel je n'étais pas fait : qu'ils me laissent donc rentrer en paix dans celui que je n'aurais pas dû quitter. Oui, madame, je reste, je ne partirai pas.

— Écoutez-moi, dit madame de Sommerville d'un air si doux et si paisible qu'Albert en fut effrayé. Je vous suis attachée, vous le savez, monsieur ; vous savez que j'ai pour vous une tendre amitié : je vous dois donc, je me dois à moi-même, d'éclairer votre inexpérience. Il m'en coûte sans doute de me séparer de vous, de vous séparer de Nancy... que vous aimez, Albert... mais j'aurai ce courage... Vous partirez, mon enfant.

— Ne l'espérez pas! s'écria le jeune homme.

— J'ai besoin d'espérer en vous ; laissez-moi croire que mon affection vous est chère, et que vous saurez me sacrifier je ne sais quelles fantaisies de retraite et de solitude. Ne ferez-vous pas pour moi ce que je demande pour vous? »

La voix d'Aurélie était devenue si tendre, son maintien si posé, sa contenance si parfaite, qu'Albert vit pâlir en moins d'un instant ses espérances, et qu'il perdit toute l'assurance qu'avait recouvrée madame de Sommerville.

« Vous partirez, poursuivit-elle, vous irez reprendre vos études et vos travaux ; vous ne laisserez pas se flétrir dans l'inaction les richesses que Dieu a mises en vous. D'ailleurs, vous êtes pauvre, mon enfant : à un homme pauvre il faut une carrière.

— Je suis assez riche pour moi.

— Pour vous, mais pour les autres?

— Les autres ne m'ont rien donné : je ne dois rien à personne.

— Ne vous devez-vous rien à vous-même? ne devez-vous pas quelque chose à ceux qui vous aiment? Nous avons tous notre rôle à jouer ici-bas; chacun de nous a son sillon à tracer dans ce vaste champ de l'humanité; Dieu nous tiendra compte un jour du bon grain et de l'ivraie que nous y aurons semés.

— Toutes les carrières sont encombrées, dit Albert; il n'y a plus de place au soleil pour les nouveaux travailleurs; le mérite est étouffé, le talent méconnu; l'intrigue seule s'élève et culmine.

— Ceci est un vieux mensonge imaginé par les oisifs pour consoler leur médiocrité, répondit Aurélie en souriant... Vous n'y croyez pas, vous, Albert, vous rougiriez bientôt de votre existence inutile, et moi j'en rougirais peut-être.

— C'est que votre cœur n'est que vanité, s'écria le jeune homme, qui sentit son sang lui monter au visage : votre amitié superbe craindrait de se poser sur une tête pauvre et obscure. L'amour-propre est dans l'amitié comme la lie est dans le vin. Il faut à votre orgueil les séductions du talent et les prestiges de la gloire.

— Eh! mon Dieu! qui vous parle de gloire? Le ciel m'est témoin que je ne l'ai jamais appelée sur votre jeune front. Elle nous enlève trop d'affections et nous suscite trop de haines; elle nous change nous-mêmes, altère notre nature primitive et la pervertit; elle nous condamne à l'isolement, et ne nous laisse pas même le droit de nous plaindre, car trop souvent l'abandon n'est qu'une juste représaille. La gloire est un breuvage trop enivrant pour notre faible cerveau, et moi-même, qui me crois une bonne femme, je ne répondrais pas d'y résister, monsieur. Ah! le monde est puissant! Si vous saviez que d'amis m'ont sacrifiée à leurs succès, que de nobles et belles créatures j'ai vues se perdre par la vanité, que de jeunes compagnes de mon enfance que je reconnaîtrais à peine dans la haute sphère où leur talent les a hissées, tant je les ai connues charmantes dans la métairie de leurs pères ou dans le castel ruiné de leurs aïeux ! Allez, vivez sans gloire : ne soyez ni héros, ni tribun, ni poëte ; soyez plus qu'un grand homme, devenez un homme utile.

— Toutes les carrières me sont fermées, dit Albert.

— Je n'en sais pas une qui ne vous soit ouverte.

— Eh ! madame, faut-il donc vous dire ce que vous semblez ne pas vouloir comprendre ? avez-vous oublié qui je suis, à qui vous parlez ? ne savez-vous pas que je suis né proscrit et que la société me repousse ?

— Mon pauvre enfant, les temps sont bien changés, dit tranquillement madame de Sommerville : aujourd'hui la société ne repousse personne, le mérite seul ennoblit ; à cette heure il n'y a de réellement proscrits en France que les titres et les armoiries. Votre rôle poétique est fini, et celui des grands noms commence.

— Vous avez trop d'esprit, répondit Albert, pour que j'essaye de lutter contre vous. Vous l'emportez, madame : je partirai demain, et vous fais mes adieux. »

Il se leva et salua madame de Sommerville avec une froide politesse.

« Demain ! s'écria Aurélie, qui, en revoyant Albert, avait éprouvé peut-être autant de joie que de terreur réelle, et qui s'effrayait de trouver ce jeune homme si facile, si prompt à se laisser convaincre... Vous partez demain, et c'est là les adieux que vous me laissez !... Mais vous n'y pensez pas, monsieur !

— De quoi vous plaignez-vous, madame ? mon départ n'est-il pas un hommage à votre sublime raison ? Oui, je pars ; oui, je vais souffrir dans ce monde où votre voix m'exile. Croyez-vous qu'il m'effraye, et que mon

courage recule devant aucun détail de ses amertumes?
Je suis fait à la douleur et ne la crains pas. Pourquoi
donc restais-je, et qu'avez-vous pensé? que je sacri-
fiais l'espoir d'un avenir à des caprices d'enfant, à des
fantaisies de retraite? Vous ne l'avez pas cru, madame;
vous avez su lire dans mon cœur ce que moi-même j'o-
sais à peine y lire : rêves d'un jour, bonheur évanoui...
Pardonnez-moi, et adieu pour jamais!

— Vous ne sortirez pas! s'écria madame de Sommerville en se jetant devant la porte; vous m'entendrez,
vous saurez que mon cœur souffre plus que le vôtre de
la nécessité qui nous sépare; vous m'entendrez, Albert,
car je suis votre amie; vous savez bien, monsieur, que
je suis votre amie et que mon amitié vous pleure.

— Gardez votre amitié pour Maxime : je ne veux rien
de vous que l'oubli.

— Mais, monsieur, que vous ai-je donc fait? demanda
madame de Sommerville avec des larmes dans la voix.

— Ce que vous m'avez fait, madame? vous demandez
ce que vous m'avez fait? Vous m'avez perdu! J'ai voulu
vous fuir : vous êtes venue à moi, vous m'avez laissé
entrevoir des félicités qui ne devaient jamais se réaliser;
vous ne m'avez conduit jusqu'aux portes du ciel que
pour me laisser retomber sur la terre... Ce que vous
m'avez fait? Vous m'avez leurré de folles espérances,
vous m'avez attiré vers la flamme qui devait me consumer; vous vous êtes jouée d'un enfant, vous avez essayé le pouvoir de votre beauté sur un cœur aimant et
crédule; vous avez éteint mon amour pour Nancy, et
n'avez rien mis à la place du bonheur que vous m'avez
ravi; après m'avoir enlacé de vos liens, vous les avez
rompus; après m'avoir appelé, votre voix me repousse
et m'exile... Voilà ce que vous m'avez fait!

— Monsieur, monsieur, je n'ai pas fait cela! s'écria Aurélie.

— Aviez-vous donc pensé, madame, que je vous verrais impunément, que chaque jour je vous verrais plus belle et que mon cœur ne s'enflammerait pas? Ne m'avez-vous jamais senti frissonner sous vos imprudentes caresses? mes regards ne vous ont-ils rien appris? mon bras ne tremblait-il pas sous le vôtre lorsque nous revenions le soir? Si mes paroles ne vous éclairaient pas, mon silence ne vous disait-il rien?

— Monsieur, j'en atteste le ciel, je ne comprenais pas! je ne savais rien, je n'avais rien prévu, ni votre amour ni vos tortures.

— Vous saviez tout, vous avez tout compris ; ce n'est pas moi qu'on abuse! Je conçois qu'il était doux pour vous de parler sans cesse de votre existence brisée, et de faire en même temps sur moi l'expérience de vos charmes et de votre beauté, d'éprouver s'ils étaient aussi flétris et aussi impuissants que vous vouliez bien le dire...

— Assez, monsieur, assez! épargnez-moi! s'écria Aurélie en s'emparant des mains d'Albert encore toutes saignantes.

— Qu'était-ce, après tout, que le bonheur et le repos d'un pauvre jeune homme? Vous pouviez bien le sacrifier à une velléité de coquetterie, au plus léger de vos caprices : il ne se plaindra pas, lui. Vous avez ruiné son présent, désenchanté son avenir : qu'importe? il aura servi de jouet à vos fantaisies : il sera trop heureux !... Mais Nancy, mais Maxime, y avez-vous songé ?

— Vous êtes donc sans pitié? dit Aurélie, qui tenait toujours les mains d'Albert dans les siennes.

— De la pitié, madame! En avez-vous eu, vous, pour

Nancy, pour nous tous, que vous avez immolés à votre vanité ? en aviez-vous pour moi tout à l'heure lorsque vous mettiez en jeu toutes les ressources de votre froide raison pour me chasser de ces campagnes, après avoir déployé pendant deux mois toutes celles d'une amère folie pour m'y enchaîner à jamais ? Votre raison est bien tardive ; le mal est fait et vous n'y pouvez rien.

— Hélas ! il est bien vrai que je suis une misérable créature, mais vous êtes cruel, monsieur ! Oh ! vous êtes bien cruel pour ce cœur déjà si souffrant ! On n'est pas ainsi pour une pauvre femme qui a déjà tant pleuré, monsieur... Vous ne sentez donc pas mes larmes qui coulent sur vos mains ?

— Laissez-moi ! dit Albert en la repoussant.

— Grand Dieu ! s'écria tout à coup madame de Sommerville épouvantée, vos mains sont couvertes de sang !

— Laissez-moi, vous dis-je !... Je vous hais !

— Et moi, malheureuse, je vous aime ! » s'écria-t-elle en couvrant de ses doigts son visage baigné de pleurs.

XV

Un mouvement irréfléchi d'humeur et de colère avait fait ce que n'auraient pu faire la passion la plus éloquente et l'habileté la plus consommée : madame de Sommerville eût résisté peut-être à l'amour d'Albert, elle succomba à la haine de ce jeune homme. Il n'est pas de femme si forte que la haine de son amant n'ait trouvée sans force et sans vertu.

Albert était depuis une heure aux genoux d'Aurélie. Il la contemplait avec tant d'amour, il y avait dans cet amour tant de candeur et d'enthousiasme, ses yeux étaient si beaux, ses paroles si jeunes et si pures, il était aux pieds de cette femme si soumis, si passionné, si craintif, sa voix était si douce pour la bénir, son regard si tendre pour la supplier, il lui parlait de bonheur avec tant de foi, d'avenir avec tant de confiance, qu'oubliant un instant tout un passé de larmes :

« Vous me rendez la jeunesse, dit-elle en penchant vers lui son beau front.

— Et toi, tu me donnes la vie ! » s'écria-t-il en glissant ses mains dans les cheveux qui s'abaissaient sur lui, et de ses lèvres embrasées il osa presser les lèvres d'Aurélie.

Ce long baiser résuma pour madame de Sommerville une existence tout entière de douleurs et de remords : ces lèvres brûlantes qui tremblaient sur les siennes lui semblèrent imprégnées de toute l'amertume de ses souvenirs : le passé se dressa menaçant devant elle comme le présage certain d'un avenir plus menaçant encore ; toutes les plaies de sa vie se rouvrirent pour saigner sur son cœur ; s'arrachant brusquement aux lèvres d'Albert, elle se leva avec épouvante. Mais la sensation qui venait de glacer le sang de la femme avait embrasé celui du jeune homme. Le chaste abandon qui si longtemps avait protégé Aurélie aurait pu la sauver encore : son effroi la poussa de nouveau vers l'abîme qui s'ouvrait sous ses pas. Albert se leva avec transport, il enlaça de ses bras madame de Sommerville, et s'enivra du bonheur de la sentir palpiter sous ses caresses. L'infortunée se débattait avec angoisse, mais ce n'était pas sous les baisers de cet enfant : le présent, l'avenir avaient disparu : c'étaient ses souvenirs qui la pressaient de toutes parts, c'était le passé qui recommençait pour elle. Rassemblant pour lui échapper. tout ce qui restait en elle de force et de vie :

« Vous voulez donc que je meure ? » s'écria-t-elle d'une voix déchirante.

Effrayé de ce cri douloureux, Albert ouvrit ses bras, et Aurélie s'enfuit dans sa chambre ; Albert s'y précipita.

Cette chambre n'était éclairée que par la flamme expirante du foyer et par la lumière douteuse d'une lampe de nuit. Madame de Sommerville s'était réfugiée aux pieds d'un Christ d'ivoire encadré au chevet du lit sur un fond de velours noir ; les rideaux, qui l'enveloppaient à moitié, la dérobaient à la vue d'Albert. Albert se tenait avec un embarras mêlé d'inquiétude au milieu de ce salon obscur dont la disposition lui était étrangère, et son regard cherchait Aurélie sans la découvrir, lorsque le foyer, se ranimant, jeta tout à coup une vive lueur sur les objets qui l'environnaient. Frappé de leur aspect, il hésita, chercha de nouveau, et s'arrêta involontairement dans la contemplation des moindres détails de l'ameublement : il allait, avec la curiosité d'un enfant, des meubles d'ébène incrustés de cuivre aux chandeliers dorés à triples branches, laissant son regard se jouer dans les festons et les arabesques qui s'entrelaçaient au plafond, glisser le long des tentures, se perdre au milieu des kiosques, des pagodes et des Indiens rouges, courir sur les moulures des panneaux, effleurer les peintures de Lancret et de Boucher, et se fixer rêveur sur le Christ d'ivoire aux pieds duquel se tenait madame de Sommerville éperdue. Au milieu de cet examen silencieux, la flamme du foyer s'éteignit et laissa Albert dans l'obscurité. Il alla prendre dans le salon le flambeau qui brûlait sur la table du piano, revint dans la chambre à coucher d'Aurélie, alluma gravement les bougies qui chargeaient la girandole placée sur la torchère, et les bras de cuivre qui s'épanouissaient au-dessus de la cheminée à chaque côté de la glace ; lorsque la chambre fut illuminée comme pour une soirée de fête et qu'Albert eut contemplé de nouveau, à l'éclat de vingt lumières, ce qu'il n'avait vu d'abord qu'à la clarté incertaine du foyer presque éteint, il appuya son front sur ses deux mains, puis il prêta une oreille attentive comme s'il eût saisi dans l'air je ne sais quelles mélodies qui l'avaient déjà charmé dans son enfance.

S'avançant enfin vers madame de Sommerville qui l'observait avec étonnement :

« J'ai vu ma mère ici, à cette place où vous êtes ! s'écria-t-il..... Vous connaissez ma mère, vous avez dû la connaître. Était-ce votre sœur ou votre amie ? Parlez. »

Madame de Sommerville, toujours aux pieds du Christ, regardait Albert d'un air égaré et ne répondait pas.

« Parlez-moi de ma mère !...... Pourquoi ne m'en avez-vous jamais rien dit ? Vous saviez bien pourtant qu'elle eût été douce à mon cœur la voix qui m'aurait parlé d'elle ! plus douce encore aurait été la vôtre !... Oh ! dites-moi si ma mère vit encore, dites-moi si elle est heureuse, si je dois espérer de la revoir un jour ! dites-moi que toutes deux vous vous êtes connues, vous vous êtes aimées, et toutes deux vous me deviendrez plus chères ! »

Madame de Sommerville était aux pieds du Christ et ne répondait pas.

« Mais parlez donc, madame ! s'écria-t-il avec impatience. Craignez-vous de révéler une tache dans votre famille ? craignez-vous de m'apprendre que je n'ai plus de mère ? Dites, madame, dites toujours ; dites-moi que ma mère est morte ; mais, au nom de Dieu, parlez d'elle, comme on parle à l'exilé de la patrie qu'il ne verra plus, comme nous parlons tous les jours du ciel, où peut-être nous n'arriverons pas.

— Elle vit, répondit enfin Aurélie d'une voix mourante.

— Elle vit !... s'écria-t-il, elle vit !... Oh ! madame, cela est bien mal de faire attendre si longtemps aux malheureux leur part de bonheur sur la terre !... Elle vit !... Oh ! bénie soyez-vous, ajouta-t-il en pressant avec amour la tête d'Aurélie, bénie soyez-vous, ange qui m'avez révélé toutes les félicités d'ici-bas. »

Aurélie pleurait aux pieds du Christ.

« Elle vit ! disait-il encore... Mais cela est bien sûr au moins ? Vous ne voudriez pas me tromper... Pourquoi voudriez-vous me tromper ? Ce serait affreux, n'est-ce pas ?... Elle vit !... Dites-le donc encore ; dites aussi qu'elle est heureuse, dites si je la reverrai !

— Elle vit et vous la voyez, » dit Aurélie en baissant la tête.

Il tressaillit, leva les yeux vers le portrait d'une jeune femme, seule peinture moderne qui décorât la chambre, puis, les ramenant sur madame de Sommerville, dont le front incliné touchait presque aux pieds du jeune homme :

« Où donc ? demanda-t-il avec angoisse.

— Mon fils, elle est à vos genoux !

— Vous, ma mère ! » s'écria-t-il.

Et il demeura longtemps comme frappé par la foudre.

Puis l'étonnement et la stupeur faisant place enfin à l'indignation et à la colère, il croisa lentement ses bras sur sa poitrine, et laissa tomber un terrible regard sur la femme qui, ployée devant lui, baisait ses pieds avec sanglots.

« Ah ! vous êtes ma mère, répéta-t-il, et vous avez entretenu dans mon cœur un amour criminel, vous l'avez laissé grandir sans le désabuser ! vous êtes ma mère, et vous avez embrasé mon sang ! vous êtes ma mère, et vous m'avez abandonné, et aux misères de votre abandon, voilà que vous ajoutez celles de vos fantaisies, voilà que de votre fils délaissé vous faites votre amant d'un jour !

— Pardonnez ! disait Aurélie en se traînant sur ses genoux : je suis bien malheureuse, et je pleure à vos pieds. Mon fils, ne me repoussez pas.

— Qu'espériez-vous donc, madame ? qu'un mot de vous suffirait pour changer la nature de cet amour ? L'aviez-vous rêvé si docile, et pensiez-vous qu'il fût soumis aux caprices de vos révélations ? Si vous ne le retrouviez jamais, le fils que vous invoquez à cette heure ; si Dieu, pour vous punir, poussait vers vous la flamme que vous avez follement allumée, s'il l'attachait à vous, toujours brûlante et toujours indomptable, qu'auriez-vous à dire, et qui l'aurait voulu ?.... Eh bien ! non, vous n'êtes pas ma mère, je ne vous connais pas ! Nos mères restent près de notre berceau, elles protégent notre enfance, elles rient à nos larmes, elles endorment nos douleurs ; nos mères ne vivent qu'en nous, que pour nous, que par nous ; gloire, bonheur, amour, nous sommes tout pour elles : moi, j'ai été élevé sans caresses, j'ai grandi dans les pleurs, j'ai pleuré dans l'amertume de mon cœur ; nulle femme n'a le droit de venir me nommer son fils.... Ah! vous aviez espéré peut-être qu'abandonnant les devoirs importuns de la maternité aux soins d'un étranger, vous pourriez courir en liberté le monde, puis un jour, fatiguée de voyages et lasse de toutes choses, revenir, jeune et belle encore, aux lieux qui vous avaient vue naître, risquer sur votre fils un dernier essai de vos charmes, et, après avoir jeté dans son cerveau de brûlantes espérances, après lui avoir révélé des besoins impérieux, développé en lui des sensations nouvelles, briser impunément la coupe que vous auriez approchée de ses lèvres, apaiser d'un mot les ardeurs de son sang, étouffer d'un geste les aspirations de son âme, et ravir à son amour la première femme qu'il ait aimée pour lui rendre une mère qu'il n'a jamais connue?.... Non, madame, non, les choses ne se passent pas de la sorte; cela serait trop commode, vraiment!

— Mon fils, écoutez-moi! disait Aurélie, qui s'était attachée comme un lierre aux genoux du jeune homme; mon fils, ne repoussez pas celle qui n'a plus que vous en ce monde, et qui n'aura que vous dans l'autre pour implorer la grâce de ses fautes! mon fils, ayez pitié de moi! un regard de pitié seulement sur cette pauvre mère que tout à l'heure encore vous appeliez avec amour!

— La mère que j'appelais n'était pas vous, madame; ce n'est pas ainsi que je l'avais rêvée.

— O mon enfant! la mère qui vous souriait dans vos rêves n'avait pas pour vous de plus sublimes tendresses que celle qui pleure à vos pieds et vous tend les bras en suppliante.

— Vous croyez? répondit Albert avec un sourire amer.

— Oui, mon Dieu! je le crois... Mon fils, que me reprochez-vous? Votre abandon? mais savez-vous ce que ce cœur a souffert dans l'absence, ce que ces yeux ont versé de larmes, ce que ces lèvres ont murmuré de ferventes prières aux anges qui veillaient sur vous? Votre abandon! Oh! si l'on eût permis seulement à cette infortunée de s'asseoir sur quelque pierre battue du vent et de la pluie, à la porte de la maison où son enfant commençait la vie, jour et nuit elle y serait restée; mais les cruels ne l'ont pas voulu! ils m'ont chassée, ils ont enlevé le fils à la mère, ils ont ravi la mère au fils, et j'ai dû vous quitter, mon enfant, me séparer de toi, mon Albert!

— Je ne vous reproche pas mon abandon, dit Albert.

— Et quoi donc, grand Dieu! me reprochez-vous? De vous avoir aimé, de m'être fait aimer sans me révéler à vous, sans vous dire que j'étais votre mère?... Oh! mon enfant, vous ne connaissez pas toutes les délicatesses du cœur maternel... Eh bien! oui, j'étais heureuse de surprendre votre tendresse, j'étais fière de vous inspirer l'affection que mon titre de mère vous aurait imposée ; avant de vous nommer mon fils, je voulais être la mère de votre prédilection, celle qu'entre toutes votre amour eût choisie. Quant aux tourments de cet amour, pouvais-je les prévoir, hélas! vous voyant si jeune et si beau, auprès de Nancy si jeune et si belle? Et vous-même, mon enfant, ne vous êtes-vous pas mépris sur la nature de vos sentiments pour moi? était-ce bien à cette femme vieillie par les années, moins encore que par le chagrin, que s'adressaient vos secrètes ardeurs? n'était-ce pas plutôt un mystérieux instinct qui vous poussait vers elle, une voix du ciel qui vous appelait dans ses bras?

— Non, madame, non! s'écria Albert: c'était bien de l'amour, vous ne l'ignorez pas, et tout à l'heure encore...

— Eh bien ! oui, oui, puisque vous le voulez, j'étais folle : mon cœur de mère souffrait de cet amour si ardent et si pur qui ne s'adressait qu'à la femme, et jalouse de celle qui devait vous l'inspirer un jour, j'étais fière de lui dérober la virginité de votre âme. Je vous dis que vous ne comprenez rien au cœur d'une mère ! c'est un abîme d'amour et de tendresse qui vous est ouvert : ne refusez pas d'y descendre... Regardez-moi, mon enfant... Rappelez-vous cette soirée d'orage où j'allai m'asseoir toute glacée à votre foyer : vous me parliez de votre mère, vous la redemandiez au ciel, vous l'appeliez de tous vos vœux ; si le ciel vous la rendait jamais, vous deviez la supplier à mains jointes de vous pardonner les pleurs qu'elle aurait versés pour vous. Le ciel vous l'a rendue, mon fils ; mais c'est elle qui vous supplie, c'est elle qui joint les mains vers vous, c'est elle qui demande grâce, qui prie Dieu de vous rendre en larmes de joie les larmes de douleurs que vous lui avez coûtées ; c'est votre mère qui se traîne à vos pieds : n'aurez-vous pas de pitié pour elle ? ne l'aurez-vous aimée qu'absente ? est-ce à l'heure où je vous retrouve que je dois vous perdre à jamais ?...

— Vous me rendrez fou ! s'écria Albert d'un air égaré, en cherchant à se débarrasser des bras de madame de Sommerville, qui se tenait toujours attachée aux genoux de son fils.

— Vous ne m'échapperez pas ! Je mourrai de douleur à vos pieds, ou je me relèverai pour tomber dans vos bras... Donnez-moi votre main, mettez-la sur mon cœur... Guéris-le, mon Albert ; laisse ma tête brûlante reposer sur le tien... Pour nous autres femmes, vois-tu, il arrive un âge où nous n'avons plus que nos enfants : nous avons bien souffert, les déceptions nous ont flétries plus encore que le temps, nous avons vu notre couronne d'amis tomber avec celle de nos belles années, la foi est morte en nous, et nos enfants nous restent seuls. Quelque égarées qu'aient été vos mères, enfants, soyez bons pour elles, parce qu'elles n'ont pas cessé de vous aimer, et que Dieu seul peut juger leurs actions.

— Mais enfin, qui me dit que vous êtes ma mère? s'écria le jeune homme, qui hésitait encore... C'est bien ici que j'ai été conduit par une nuit obscure, je reconnais bien cette chambre, mais vous...

— Moi, j'ai vécu, j'ai souffert!... Mais votre instinct m'a devinée pourtant : vous m'avez vue et vous m'avez aimée. Pensez-vous que ce soit ma beauté qui ait accompli ce miracle? Ne pouvant me reconnaître, vous m'avez pressentie. Lorsque, à la dérobée, je suis venue vous presser sur ce cœur altéré de vous, j'étais bien jeune encore, et vous, vous n'étiez qu'un enfant : enfant de mon amour, avez-vous désappris les caresses que vous me prodiguiez alors?... Tenez, ajouta-t-elle en tirant un médaillon de son sein, c'est une boucle de vos cheveux : depuis le soir où je l'ai coupée sur votre blonde tête, elle n'a pas quitté cette place... Est-ce donc là, mon fils, tout ce qui me reste de vous?

— Laissez-moi, laissez-moi!... Je ne vous accuse plus, je ne vous maudis pas...

— Je ne vous laisserai point!... Est-ce une amante que vous pleurez encore? Le monde vous en rendra bien d'autres, plus belles et plus jeunes que moi ; mais où retrouverez-vous la mère que vous repoussez à cette heure?... Me reprochez-vous encore le retard que j'ai mis à me faire connaître? Mais avez-vous oublié l'éloignement que je vous inspirais?... Cruel! vous ne savez pas combien ce cœur en a saigné ! Vous ne savez pas non plus combien il a été glorieux de conquérir votre tendresse avant d'oser vous en faire une loi !... Laissez-moi baiser vos mains... Vous me refusez, mon fils ?... Eh bien ! j'embrasserai vos pieds...

— Relevez-vous ! s'écria Albert en tendant ses mains, que madame de Sommerville saisit avec effusion et qu'elle couvrit de ses baisers et de ses larmes ; relevez-vous ! répéta-t-il en l'attirant vers lui.

— Vous êtes bon, je le sais bien, mon fils ; mais nous autres, nous pardonnons plus vite. Au retour de l'enfant prodigue, la famille prit ses habits de fête.

— Relevez-vous ! répéta le jeune homme d'une voix émue.

— Je ne me relèverai pas que vous n'ayez pardonné et béni !... Vous ne me dites rien, vous détournez les yeux... Oh ! si vous pouviez pleurer !...

— Votre place n'est pas à mes genoux, dit Albert d'une voix étouffée.

— A vos genoux ou sur ton cœur ! répondit madame de Sommerville éperdue.

— Venez donc ! » murmura le jeune homme en lui ouvrant ses bras.

Aurélie s'y précipita, et longtemps ils mêlèrent leurs larmes silencieuses. Et, pour que rien ne manquât à la vulgarité de ce drame, madame de Sommerville, interrogée par Albert sur les événements qui avaient présidé à sa naissance, lui conta une histoire de séduction à l'usage, depuis plusieurs siècles, de toutes les femmes séduites et trompées.

XVI

Le lendemain, dans la matinée, nous vîmes arriver à La Baraque Albert et madame de Sommerville, tous les deux pâles, défaits, et les yeux gonflés de larmes. Albert m'entraîna dans le verger et me confia la déclaration d'Aurélie. Cette déclaration tardive, qui, faite plus tôt, nous eût épargné tant de mal, m'éclaira sur bien des points restés obcurs pour moi jusqu'alors, et replongea dans l'obscurité tous ceux qui m'étaient apparus sous un jour lumineux et certain. Toutefois cette espèce de transposition de jour et d'ombre qui s'opéra, pour ainsi dire, dans mon cerveau, n'arrêta pas un seul instant les élans de ma joie : la confidence imprévue de mon pupille simplifiait avec tant de bonheur notre position à tous, que j'appelai sur Aurélie toutes les bénédictions du ciel, sans songer à lui reprocher la fatale lenteur de ses révélations. Je pressai Albert dans mes bras, et le ramenai dans la chambre où nous avions laissé madame de Sommerville auprès du lit de la malade. Lorsque nous rentrâmes, ma sœur n'avait plus rien à apprendre. Nous nous embrassâmes tous en silence, et dans le fond de nos cœurs bien des choses furent pardonnées. Il n'y eut entre nous ni plaintes, ni récriminations, ni retours douloureux sur le passé ; aucune question maladroite n'amena la rougeur sur le front d'Aurélie ; notre joie se montra discrète et réservée ; madame de Sommerville fut bénie comme s'il n'eût tenu qu'à elle d'être ou de n'être pas la mère de son enfant. Près de se retirer avec son fils, Aurélie réunit dans ses mains celles d'Albert et de ma sœur : elle contempla longtemps ces deux jeunes gens avec tendresse, et, les attirant doucement l'un vers l'autre, elle leva vers moi ses yeux, qui rayonnaient d'une indicible expression de tristesse et d'orgueil. Puis, abaissant son regard sur Albert et Nancy, elle laissa tomber une larme sur leur tête, comme un divin baptême de leurs renaissantes amours, comme l'eau sainte qui devait effacer leurs fautes et leurs douleurs.

Après le départ de nos amis il y eut sous notre toit une réconciliation non moins tendre et non moins touchante. Depuis qu'Albert nous était revenu de Paris si triste, si changé, depuis le jour surtout où il avait été entraîné par Cortès vers madame de Sommerville, l'amour fraternel qui nous unissait, ma sœur et moi, s'était dépouillé des frais et riants aspects qui l'avaient si longtemps embelli ; dès lors nos deux âmes, habituées à penser tout haut et à s'épandre l'une dans l'autre, se retirèrent, chacune à part, dans une froide réserve. La douleur est ainsi pour tous : elle resserre notre cœur et le fait silencieux. La joie, au contraire, y ravive la source des tendres épanchements : c'est la baguette du prophète frappant le rocher d'Oreb.

Vers le soir Nancy voulut se lever. On eût dit qu'un jour avait suffi pour lui rendre la vie et la santé : ses yeux brillaient d'un doux éclat ; la chaste expression de bonheur répandue sur tous ses traits donnait à son pâle visage je ne sais quelle grâce pareille à celle des dernières journées de l'hiver, lorsque les fleurs printanières s'épanouissent sur la neige qui blanchit encore les campagnes. Elle vint s'asseoir près de moi au coin du foyer, et là, pendant de longues heures bien courtes et bien rapides, nous remontâmes ensemble le cours de nos jeunes années, redemandant à chacune d'elles ses fleurs, ses fruits et ses ombrages. Nous nous arrêtions surtout avec complaisance sur les premiers jours de notre intimité avec madame de Sommerville ; nous nous plaisions à ranimer, à reconstruire par le souvenir les gestes d'Aurélie, son maintien, ses actions, ses paroles, cherchant à y découvrir le pressentiment du mystère qui s'était révélé. Semblables au voyageur qui se plaît à revoir au matin les sentiers qu'il n'a parcourus que dans l'ombre, nous aimions à ressaisir dans le passé les accidents qui nous avaient échappé. Nancy rappelait la sollicitude qu'inspirait Albert, bien avant son retour, à madame de Sommerville ; moi, je redisais la visite d'Aurélie à la maison du sentier, l'intérêt de cette femme pour tout ce qui regardait ce jeune homme, son empressement à le voir, le charme tout-puissant qui l'avait attirée vers lui. Remontant plus haut, à la source des choses, j'établissais des rapports probables entre la disparition de madame de Sommerville et la naissance d'Albert, et tous ces faits se combinaient si bien entre eux, toute la conduite d'Aurélie avait marché si droit au dénoûment qui venait d'éclater, que ma sœur et moi nous nous étonnions de n'avoir pas prévu nous-mêmes la conclusion du drame qui, la veille encore, nous semblait sans issue. Nous allions jusqu'à parer d'une importance toute théâtrale les circonstances les plus indifférentes, jusqu'à solenniser les incidents les plus vulgaires, afin de pouvoir en déduire d'une manière plus éclatante celui qui les résumait tous ; il n'était pas un fil si fin ni si délié de la vie d'Aurélie, qui ne se rattachât dans notre esprit à la révélation qui venait de nous être faite. On eût dit, à nous entendre, que nous élaborions quelque œuvre d'art, tant nous étions habiles à faire concourir tous nos développements à l'effet de la péripétie.

Il restait bien dans mon esprit je ne sais quelles perplexités dont je ne me rendais pas compte; la nuit qu'avait passée madame de Sommerville à La Baraque projetait bien sur tout ceci je ne sais quelles teintes blafardes et douteuses ; mais, lorsqu'une idée nous sied, nous savons si bien la préserver de tout ce qui pourrait gêner son allure, que je laissai au temps le soin de soulever le voile qui couvrait encore quelques coins obscurs de cette histoire : j'acceptai le bonheur comme nous l'acceptons tous, aveuglément. Les combinaisons du sort, quand elles nous font heureux, nous semblent toujours conçues par une sublime sagesse.

Je vous parle de bonheur, mon ami : c'est qu'en vérité nous nous surprimes un instant à y croire, c'est qu'un semblable espoir eût caressé peut-être des âmes plus défiantes que les nôtres ; et si vous vous êtes intéressé par hasard aux embarras inextricables dans lesquels nous jetait la nouvelle passion d'Albert, si vous avez entrevu par une intuition rapide tous les maux qui en étaient résultés, tous ceux qui pouvaient en résulter encore, si, réfléchissant un instant à la complication de nos misères, complication composée cependant d'éléments bien communs et bien simples, vous vous êtes demandé comment se résoudrait le problème de nos existences, vous comprenez sans doute quel dut être l'allégement de mon cœur lorsque Aurélie trancha d'un seul mot le nœud gordien de quatre destinées dont trois m'étaient presque également chères. Ce n'est pas cependant que mon imagination abusée ait cru un seul instant au retour des félicités que ma sœur entrevoyait déjà dans un avenir rapproché. Nancy n'avait jamais vu qu'un obstacle entre elle et le bonheur : c'était madame de Sommerville. Cet obstacle venait de s'évanouir : Aurélie n'était plus pour

Nancy qu'un lien sacré tombé du ciel pour renouer deux cœurs désunis, et la pauvre enfant s'offrait, joyeuse et fière, à l'ingrat qui l'avait si longtemps dédaignée. Aimer, c'est abjurer tout orgueil et toute dignité : si l'amour n'élève pas ce qu'il abaisse, plaignons ceux qui ont aimé, car ils sont tombés bien bas. Je vous l'ai dit, je ne partageais pas les espérances de ma sœur; j'en souffrais en secret; je ne croyais pas au retour d'Albert vers Nancy; bien plus, je le redoutais, j'appelais de tous mes vœux l'éloignement de ce jeune homme. N'avions-nous pas, au prix d'assez longues douleurs, acheté le droit de nous reposer un peu?

Ce que j'avais prévu arriva : au bout de quelques jours Albert nous déclara que son intention était d'aller poursuivre à Paris le cours de ses études. Nous l'approuvâmes tous; mais, quand bien même nous eussions essayé de le garder quelque temps encore, Albert serait parti sans égard pour aucun de nous, et sa mère elle-même ne l'eût pas enchaîné plus d'un mois à Anzême. Il ne pouvait en être autrement : ce jeune homme était mal à l'aise près de moi, mal à l'aise près de ma sœur, mal à l'aise surtout près d'Aurélie. Cet amour qu'il entretenait depuis deux mois, dont il avait nourri complaisamment la flamme, ne s'était pas éteint en un jour, ses désirs n'étaient pas tombés soudainement au fond de son cœur comme le plomb au fond du vase; parfois encore il les sentait revenir à la surface. Quelque chaste que soit l'amour, il y entre toujours une certaine quantité d'alliage dont l'épuration est lente à se faire; Albert eut à soutenir une lutte longue et cruelle : souvent il lui arriva de pâlir sous les caresses de madame de Sommerville; dans l'ombre il tremblait auprès d'elle; elle lui faisait la solitude amère et malfaisante; plus d'une fois les rêves de la nuit jetèrent, au matin, la rougeur sur le front d'Albert et la confusion dans son cœur.

Albert partit; madame de Sommerville l'accompagna. Trois semaines après elle était de retour. Le lendemain de son arrivée elle me fit appeler au château.

« J'ai veillé, me dit-elle, au bien-être de notre enfant : maintenant je suis tranquille. Sans le vouloir il vous a fait du mal : il faut lui pardonner; vous ne manquerez pas à mon fils. Mon affection se doublera pour vous de celle que vous aurez pour lui. Vous ne vous rebuterez pas des aspérités de sa nature, vous m'aiderez à les aplanir. Son cœur ne subit pas les variations de son humeur : vous les supporterez patiemment. Nous chercherons ensemble à réprimer la fougue de caractère qui l'emporte souvent et les accès de tristesse qui l'absorbent parfois. Vous l'aimerez toujours ; vous reviendrez à lui sans reproches et sans efforts. Tout ce que vous aurez d'amitié pour lui je le regarderai comme m'appartenant, et je vous aimerai pour ma part et pour la sienne. Je ne vous parle pas de l'union que vous aviez projetée, et qui n'a pas cessé un seul instant de me sourire; laissons faire le temps : il sera plus habile que nous; seulement, reposez-vous sur moi du soin de former la jeunesse de mon fils : je serai prête avant quelques années à rendre bon compte de lui devant Dieu et devant les hommes. Je me charge du bonheur d'Albert et de Nancy : si je n'y réussis pas, c'est que je suis vraiment maudite. Maintenant, mon ami, j'ai une grâce à vous demander. Albert est à Paris; cent lieues au moins nous séparent; je me fais vieille et souffrante; chaque jour qui s'écoule met une année de plus sur ma tête : la solitude m'est pesante ; je voudrais avoir autour de moi des êtres bons et aimés qui me parleraient de mon fils... Je suis triste,

Maxime. Pourquoi ? Je ne sais, mais je suis triste. Venez habiter près de moi avec votre sœur ; ne faisons plus qu'une famille ; qu'il y ait sur cette misérable terre trois créatures qui s'aiment et vivent heureuses sous le même toit. La Baraque sera notre maison de plaisance : nous irons y passer les beaux jours ; au retour d'Albert nous en ferons un rendez-vous de chasse ; nous aurons un bateau sur la Creuse pour nous descendre jusqu'au bassin où se mirent vos aunes et vos trembles. Le château sera notre royale capitale ; c'est vous, Maxime, qui rendrez la justice à nos bien-aimés sujets. Vous pourrez aller à vos travaux sans vous inquiéter de Nancy : elle rajeunira pour moi, je vieillirai pour elle. Quelle douce vie ! ne vous sourit-elle pas ? Songez donc que si vous restez là-bas, au fond des bois, nous serons obligés d'attendre pour nous revoir le retour des hirondelles. Les sentiers sont mauvais, l'air est froid, l'hiver sera long ; Nancy est convalescente à peine ; moi, je me sens faible et maladive : nous ne nous verrons jamais. Jamais ! y pensez-vous, Maxime ? Lorsqu'un jour passe sans vous, ce jour est bien long, mes amis ! Venez donc avec votre sœur ; transportez sous mon toit vos dieux domestiques : ils y vivront indépendants et libres. Je ne suis pas une compagne bien joyeuse ; mais vous ne me subirez qu'à votre gré ; cela est entendu, j'espère. Vous choisirez vous-mêmes vos heures d'expiation et de sacrifice, vous les abrégerez à votre aise. Je sais ce que vous allez me dire, mais ce n'est pas là ce que je veux entendre. Venez ! tout est prêt pour vous recevoir. Si vous refusez, vous ne m'avez jamais aimée ; si vous acceptez et que vous songiez à me remercier, vous ne comprenez rien à l'amitié : c'est moi qui suis votre obligée. »

Madame de Sommerville mit dans l'offre qu'elle me faisait tant d'instance et de grâce, que j'acceptai, mais seulement après avoir consulté Nancy. La proposition d'Aurélie la pénétra de joie et de reconnaissance. Le 1ᵉʳ janvier, par une gelée sèche et étincelante, nous quittâmes notre maisonnette pour aller habiter le château. Notre départ fut triste et touchant ; on ne quitte jamais sans douleur les lieux où l'on a souffert.

Madame de Sommerville nous reçut à la porte de la garenne. Elle voulut nous conduire elle-même dans l'appartement qui nous était réservé : nous fûmes confus du luxe qu'elle avait déployé pour nous. La chambre de Nancy donnait sur la terrasse, et des croisées on apercevait La Baraque à travers les arbres. Nancy remercia tendrement Aurélie de cette attention, et se plaignit doucement de l'élégance qui avait présidé à la décoration de sa chambre : les parois des murs étaient tendues en étoffes de Perse : un riche tapis d'Aubusson s'épanouissait sur le parquet ; tous les meubles étaient modernes et d'un goût exquis. Ce qui frappa le plus ma sœur fut un piano de bois de palissandre venu de Paris tout exprès pour elle.

« Mais, dit-elle avec inquiétude, je ne suis pas musicienne.

— Eh bien ! vous le deviendrez, répondit Aurélie en souriant. Ne voulez-vous pas être mon élève ?

— Oh ! madame... s'écria-t-elle en entourant de ses bras le cou d'Aurélie.

— Ne m'appelez donc plus *madame*, mon enfant ; ne voulez-vous pas être ma fille ? »

Nancy se troubla et fondit en larmes.

A la chambre de Nancy se joignait un petit cabinet d'étude qui avait une croisée sur la garenne, et dont le principal ornement était une riche bibliothèque. Des arbres de différentes espèces élevaient leurs branches jusqu'à l'appui de la fenêtre, et le vent devait, au printemps, semer sur le parquet, par les vitraux ouverts, les fleurs enlevées aux grappes des acacias. Ce cabinet se trouvait situé dans la partie la plus élevée de la tourelle; le plafond était formé par une vitre épaisse et polie qui laissait voir l'azur du ciel ou les nuages courant dans l'air.

Le contraire de ce qui arrive généralement dans toutes les amitiés arriva pour la nôtre ; nous établimes une exception à la loi commune : nous échappâmes à la lassitude qu'une liaison trop étroite ne manque jamais d'engendrer; plus les liens de notre intimité se resserrèrent, plus ils nous semblèrent doux et légers. Notre vie retrouva peu à peu le calme qu'elle avait perdu, nous nous sentimes renaître au bonheur. Ce ne fut pas toutefois une félicité pure et limpide comme celle qui nous était échappée, mais triste et voilée comme une journée d'automne. Il y a sur le bonheur une poussière virginale qui, tombée une fois, ne se reproduit plus. La convalescence de Nancy fut longue : Aurélie lui prodigua les soins les plus touchants. Je ne vous parle pas de la joie que j'éprouvai à voir ma sœur revenir à la santé : rappelez-vous ma douleur lorsque je la voyais dépérir. Madame de Sommerville avait failli me l'enlever, et je n'avais pas songé à la maudire : elle me la rendait, et je la bénissais dans mon cœur. O mon ami, jamais créature ici-bas n'a réparé l'erreur d'un jour avec plus de grandeur d'âme, jamais le repentir n'a enfanté sur cette terre un dévouement plus sublime. Si les anges devenaient coupables, ils n'expieraient pas plus noblement eurs fautes. Ce n'était plus la même femme : elle avait bien conservé toutes les grâces, toutes les séductions de son esprit, mais elle les cachait sous des dehors plus graves et plus austères. Elle avait jeté, durant le séjour d'Albert parmi nous, le dernier éclat de sa jeunesse, et le jour où elle se résigna au rôle de mère, elle l'accepta sans restriction : dès lors elle ne fut plus que maternelle ; tout son être se fondit dans un seul amour, dans une seule pensée ; le bonheur de son fils et celui de Nancy occupèrent sa vie tout entière. Elle n'appelait jamais Nancy que sa fille, et, bien qu'elle ne s'expliquât pas sur ses projets, elle les laissait assez entrevoir pour que ma sœur pût comprendre l'avenir que la mère d'Albert réservait à ses deux enfants. Protégé tacitement par madame de Sommerville, l'amour resta dans le cœur de Nancy comme une source de secrètes joies et de mystérieuses espérances. Toutes deux parlaient souvent d'Albert : leurs âmes s'entendaient si bien ! Cependant celle d'Aurélie était plus sévère ; l'avenir ne lui apparaissait plus que tout plein de son fils, de ses travaux, de ses succès ; le temps qu'elle ne passait pas avec Nancy, elle l'employait à écrire à Albert : bien que séparée de lui par une longue distance, elle le poussait ferme et droit à travers le monde ; elle l'éclairait de ses conseils, le soutenait de son amour : appuyé sur sa mère, Albert travaillait et devenait un homme. Il y a un instant terrible dans la vie : c'est celui qui sépare la jeunesse, aujourd'hui si courte, de la virilité, si hâtive ; c'est l'instant où, après de vains efforts pour prolonger le matin de notre existence, nous le voyons décliner et mourir, et qu'avant de franchir le seuil de la vie réelle, qui s'offre à nous morne et désenchantée, nous nous arrêtons pour jeter à la destinée un cri de désespoir, pour lui dire : Tu nous as trompé ! gloire,

vertu, amour, amitié, dévouement, tout n'est rien !...
Alors notre douleur est grande : toutes nos espérances sont effeuillées à nos pieds, toutes nos vanités saignent et crient, toutes les fleurs de notre printemps sont souillées, flétries sans retour. Et pourtant nous nous étions ri de nos pères, notre présomption s'était flattée d'échapper à la loi commune, nous nous étions promis de frayer des routes nouvelles, nous nous étions moqués des prédictions des sages... et voilà qu'à notre tour nous t'appelons l'âge des illusions, jeunesse ! Cet instant, si rude pour tous, ne sonna pas dans la vie d'Albert, ou, s'il sonna, l'inépuisable tendresse d'Aurélie en amortit le coup. Jamais tendresse ne fut plus ingénieuse pour consoler, plus forte pour relever, plus mâle à la fois et plus féminine. Plusieurs fois madame de Sommerville quitta ces campagnes pour aller voir son fils à Paris, pour juger par elle-même de ses progrès, de ses travaux, pour s'assurer en même temps que rien ne manquait à son bien-être. Chacune de ces absences fut courte, toutes eurent des résultats heureux : Albert, en revoyant sa mère, reprenait un nouveau courage, et se sentait prêt à tout faire pour celle qui faisait tout pour lui. Il m'écrivait rarement : de mon côté, j'évitais autant que possible les occasions de lui écrire ; mais je l'aimais pour lui et pour sa mère, j'attendais du temps la sanction de notre amitié. Il s'informait de Nancy, mais sans amour : il n'en avait plus. Madame de Sommerville ne lui parlait de nous qu'avec réserve, et n'avait pas voulu qu'il fût instruit de notre réunion au château. Elle avait ses desseins sans doute. Ses soins ne se bornaient pas à veiller sur son fils, à le diriger dans la vie : elle veillait aussi sur ma sœur avec une égale sollicitude, et travaillait à la parer de toutes les perfections qui manquaient à l'humble fille

de ces campagnes. Une heureuse aptitude à les posséder toutes se développa rapidement chez Nancy; et je la vis grandir sous l'aile d'Aurélie en talents de tout genre. Vers le printemps, je pris l'administration des intérêts de madame de Sommerville. Le vieil Hubert s'en acquittait fort mal, et d'ailleurs son âge avancé lui donnait des droits incontestables à la retraite. Aurélie avait dans le Midi des possessions dont elle n'avait pas touché les revenus depuis plusieurs années. Elle portait dans les intérêts matériels une insouciance que je l'engageais à vaincre, sinon pour elle, du moins pour son fils ; elle sentit la justesse de mes observations, et me pria de veiller pour elle à ses affaires. Je m'en chargeai avec joie, et partis immédiatement pour le Midi, laissant au vieil Hubert l'administration de La Baraque, qu'il accepta avec la résignation d'un roi détrôné qui échange un royaume contre un village. Mon absence fut longue : depuis six ans au moins les domaines de madame de Sommerville étaient au gaspillage, six mois me suffirent à peine pour faire rentrer les arriérés et rétablir l'ordre dans les possessions d'Aurélie. Je revins au bout de six mois. Bien des changements s'étaient opérés à Anzème.

Je retrouvai ma sœur plus belle et plus charmante que je ne l'avais jamais vue : sa taille s'était élancée, ses doigts avaient blanchi et s'étaient effilés ; il y avait dans son maintien et dans toutes ses poses quelque chose de lent, de souple et de gracieux que je n'avais pas remarqué jusqu'à ce jour ; son regard, qui n'avait longtemps réfléchi que l'azur du ciel, s'était légèrement voilé ; ses cheveux tombaient, comme ceux d'Aurélie, en boucles épaisses sur ses épaules ; son front était rêveur. Elle était belle comme un ange qui aurait souffert. Son

esprit, en se développant, n'avait rien perdu de sa
naïveté primitive. Déjà ses mains couraient avec art
sur le clavier du piano ; sa voix n'avait pas beaucoup
d'étendue, mais elle était suave et fraîche, ses accents
allaient au cœur. Il n'y avait pas jusqu'à sa mise qui,
bien que toujours simple, ne fût plus élégante et
ne révélât une innocente coquetterie. Elle avait pris à
madame de Sommerville tout ce qu'il y avait en elle
des grâces de la femme, sans toucher aux grâces sévères qui faisaient parfois d'Aurélie une femme des
temps antiques. Aurélie était bien changée, elle aussi !
Nancy, qui ne l'avait pas quittée, s'apercevait à peine
de la précoce et rapide vieillesse de notre amie ; moi,
j'en fus effrayé. Quelque temps après mon arrivée, elle
partit pour Paris, et revint au bout de quinze jours.
Elle nous apprit qu'Albert ne viendrait point passer les
vacances à Anzème. Cette résolution m'étonna peu, je
l'avais prévue ; si ma sœur s'en affligea, elle n'en laissa
rien paraître. La passion de l'étude semblait avoir éteint
toute autre passion en elle : elle employait ses journées
à étudier avec Aurélie la musique et la peinture, et une
grande partie de ses nuits à lire dans la bibliothèque.
Elle s'échappait souvent du château pour aller voir les
paysans de notre village : elle partait le soir, à la dérobée, et nul ne savait où elle allait que les malheureux et les
pauvres. Elle avait établi au château, de concert avec
madame de Sommerville, une petite pharmacie où tous
les malades des environs venaient ou envoyaient chercher
des remèdes ; il y avait des jours où le salon ressemblait
à un cabinet de consultations. Les deux amies allaient
ensemble visiter les affligés ; il n'y avait pas de baptême dans la commune où l'une d'elles ne fût marraine,
pas de mariage où toutes deux ne fussent conviées à la

fête. Je vous parle de pauvres et de malheureux : depuis le retour d'Aurélie, il n'y en avait réellement plus au village ; l'aisance avait pénétré avec elle sous tous les toits, le bonheur la suivait partout. Lorsque le dimanche elle arrivait avec Nancy pour entendre la messe à l'église d'Anzème, et qu'elles traversaient toutes deux la foule agenouillée pour gagner le banc qui leur était réservé, toutes les lèvres murmuraient pour elles des vœux et des bénédictions.

Je ne prolongerai pas le récit de cette vie paisible : il y a des joies qui se devinent et qu'on ne dit pas ; il en est de certains bonheurs comme de certains paysages, si uniformes, si calmes, si peu accidentés qu'ils échappent à l'art du peintre. Je vous dirai seulement que notre intimité fit grand scandale à Saint-Léonard, et qu'il n'est pas de turpitudes que les habitants n'aient imaginées pour salir les rapports de trois pauvres créatures qui s'aimaient et vivaient heureuses. Je ne sais rien d'odieux comme la race des petites villes : c'est le dernier degré de pervertissement et d'abrutissement auquel puisse arriver l'homme vivant en société. Au reste, notre bonheur échappa aux atteintes de Saint-Léonard ; l'estime de quelques nobles âmes qui se trouvaient éparpillées dans la ville nous vengea de la haine et du mépris de quatre mille sots.

Le temps marchait et nous modifiait tous. Albert avançait à grands pas dans le chemin de la science ; il avait dépouillé ses rêveries et ses tristesses, et n'avait conservé qu'une nature mélancolique et tendre que l'étude fortifiait chaque jour ; il était parvenu à vaincre l'indolence qu'il apportait autrefois dans la vie ; les aspérités de son caractère s'effaçaient peu à peu ; jeune, actif, entreprenant, âpre au travail et ardent au plaisir, il promettait un homme complet. Nancy, de son côté, devenait de plus en plus belle, de plus en plus séduisante. Moi, je me pétrifiais dans la réalité : je veillais aux intérêts matériels de tout ce qui m'était cher, je doublais les revenus de madame de Sommerville, j'étais maire de la commune. Cependant Aurélie vieillissait : une sombre tristesse, qu'elle cherchait à nous cacher et qu'elle cachait à son fils, semblait dessécher en elle les sources de la vie. Je l'observais avec inquiétude : les lettres d'Albert l'agitaient beaucoup ; à la vue seule de leur suscription, elle était parfois saisie d'un mouvement nerveux qui ne la quittait plus le reste du jour ; elle se surprenait souvent à baigner de ses larmes le papier sur lequel elle répondait à son fils. Un soir, Nancy travaillait dans sa chambre ; j'étais seul avec madame de Sommerville ; elle me dit :

« Je suis bien heureuse : voilà mon fils qui est en bon chemin pour devenir un homme, ma fille qui se fait charmante. Ces deux enfants sont mon orgueil et ma joie. S'il fallait mourir maintenant, ce serait bien cruel : il faut pourtant que je vous en parle. Le mal va vite, mon ami, je ne puis me dissimuler ses progrès. Je ne sais ce que j'ai, mais je souffre horriblement ; je n'ai pas de sujets d'être triste, et je me sens absorbée par une tristesse mortelle. C'est à quoi je reconnais combien je suis malade : mon énergie m'abandonne entièrement ; pour la première fois de ma vie, je conviens avec moi-même du dépérissement de mes forces.. J'ai vécu jusqu'ici en souffrant : ce que j'éprouve à cette heure ressemble à la désorganisation... Je ne veux pas mourir, ne me laissez pas mourir !... Maxime, je suis lâche... O mes enfants ! avant de vous connaître, je n'étais pas peureuse ainsi : j'étais malade, j'allais me coucher ; je restais sur le flanc sans souger à rien. Que m'importait? j'étais habituée à souffrir, et souvent je n'en étais pas fâchée : les souffrances du corps faisaient trêve à celles de l'esprit ; et puis je savais que rien n'est insipide comme de parler de ses misères aux gens, qui ont bien assez des leurs. J'ai passé ainsi des années, entourée d'une telle indifférence, que j'ai compris combien notre individualité est peu de chose, combien une personne de plus ou de moins occupe peu de place dans ce monde, combien il est mesquin et sot d'être effrayé de la mort quand personne ne se soucie de votre vie. J'avais pourtant beaucoup d'*amis* dans ce temps-là, mais je n'en avais vraiment pas un seul. Depuis j'ai appris à la connaître, l'amitié bonne, inquiète, chaleureuse, attentive à vous épargner le moindre tourment, désireuse de vous conserver un jour de vie : comment ne serais-je pas heureuse d'être aimée ainsi? comment, à cause de mon fils, à cause de vous tous, ne désirerais-je pas de vivre? Si je tombe dans des terreurs puériles, c'est que vous m'avez gâtée. Autrefois j'avais une grande force d'esprit et un grand isolement de cœur ; je ne croyais pas à l'espoir de revoir jamais mon fils, et je désirais la mort bien plutôt que je ne la craignais ; mais vous m'avez fait aimer la vie ; et puisque vous me l'avez pour ainsi dire donnée, vous devez m'empêcher de la perdre. Je veux vivre ; je me cramponne à vous : il faut que vous me conserviez quelques années encore... Sauvez-moi! Je ne suis pas dans l'âge où l'on meurt : guérissez-moi, prolongez mon bonheur !

— O mon amie! lui dis-je, je voudrais pouvoir ajouter à vos jours la somme de ceux qui me restent !... Mais, vous vivrez, que votre courage ne se laisse pas abattre : vous vivrez, vous êtes trop aimée pour mourir.

— Oui, oui, je vivrai!... Ah! je le veux bien, mon Dieu! Quand je me suis laissé ravager par la fatigue et par le chagrin, je n'aimais pas la vie; à présent que je suis heureuse, maintenant que je suis aimée, je ne voudrais pas en finir si tôt... Vous dites donc que je vivrai, Maxime?

— Nous vous empêcherons bien de mourir.

— Vous me le promettez? C'est que, voyez-vous, mon enfant, le bonheur m'est arrivé trop tard, et je crains de ressembler à ces fleurs qui ploient et meurent sous la pluie dont leur calice était altéré. »

Je cherchais à rassurer madame de Sommerville; Nancy mêlait ses encouragements aux miens, et rendait avec amour à notre amie les soins qu'elle avait reçus d'elle; mais nous ne partagions pas les espérances que nous nous efforcions de lui donner, et Aurélie ne s'abusait guère elle-même : elle se sentait décliner rapidement. Parfois des lueurs de santé, des mois de bien-être et de force nous faisaient espérer pour elle un prompt retour à la vie; mais chaque rechute la mettait plus bas. Elle nous avait expressément défendu d'instruire Albert de son état, ma sœur et moi nous étions seuls dans le secret de son dépérissement. Elle souffrait avec une rare constance : l'égalité de son humeur ne fut pas un seul instant altérée par le mal, elle conserva toujours la liberté de son esprit.

« Pourquoi pleures-tu, chère fille? disait-elle un soir à Nancy. Aie du courage; ne mêle pas d'amertume aux derniers jours qui me restent à vivre; fais-les-moi doux et sereins, berce-moi de tes caresses, endors-moi dans ton bonheur : la mort me sera douce ainsi. Mais ne pleure pas : les larmes qui se versent autour des mourants leur sont amères. Lorsque je m'éteindrai dans vos bras, souriez-moi tous, mes enfants ; en vous voyant heureux, mon âme partira plus joyeuse et plus légère. »

Elle demeura quelques instants silencieuse ; puis son visage devint sombre, et, attirant Nancy vers elle :

« Pleure, va, pleurons ensemble, s'écria-t-elle avec désespoir : il est bien cruel de mourir ! »

Arrivé à une certaine période, le mal cessa de faire des progrès ; madame de Sommerville tomba dans un état de langueur qui nous fit espérer de pouvoir la conserver longtemps encore. Cependant un jour elle me dit :

« Des motifs secrets, que votre délicatesse n'a pas cherché à connaître, m'ont empêchée de reconnaître légalement mon fils. Ne croyez pas, au moins, que le désir de ménager ma réputation y soit entré pour rien : j'ai l'orgueil de me croire humiliée lorsqu'on mesure ma destinée à la même aune que celle des femmes *honnêtes* qui me calomnient. S'il l'eût fallu, j'aurais tout sacrifié à mon fils sans efforts, avec joie : Albert ne l'a pas voulu. Vous ne pensez pas, Maxime, que mon fils ait à se plaindre de moi ? Je mourrai tranquille : j'aurai beaucoup fait pour son bonheur. Ne dois-je par d'ailleurs lui laisser un trésor plus précieux que la science et la richesse ? Ce trésor, c'est votre amitié. Vous aimerez mon enfant, vous me remplacerez auprès de lui, vous lui parlerez de sa mère : vous lui direz que je l'ai bien aimé ; vous le conserverez noble et pur... Je compte aussi sur l'amour de Nancy ; nous en parlerons plus tard. »

J'engageais madame de Sommerville à repousser ces tristes idées.

« Pourquoi donc ? me disait-elle. La mort m'effraye parce qu'elle sera notre séparation sur la terre ; autrement, je ne la craindrais pas. J'ai mal vécu peut-être suivant le monde, le monde m'a condamnée ; mais Dieu doit avoir pour nos actions d'autres poids et d'autres mesures. J'ai foi en Dieu parce que mon cœur est resté bon, et que je lui rendrai mon âme pure de toute intention mauvaise. Il n'y a que deux rôles à jouer ici-bas : l'obéissance et la révolte. Tous les deux sont également beaux : j'ai choisi le second. Si je recommençais la vie, je choisirais autrement peut-ère. Allez, ne vous brouillez pas avec la société ; n'accumulez pas sur votre tête la haine et le mépris des sots, que vos amis n'aient pas besoin d'héroïsme pour vous aimer, qu'ils puissent se glorifier de vous sans cesse. Les amis nous pardonnent tout, hormis d'être perdus dans l'opinion publique : car alors la tache retombe sur eux-mêmes, et leur réputation souffre de la perte de la nôtre. Pour moi, je suis bien lasse et bien découragée d'avoir lutté et combattu, mais du moins j'ai combattu noblement : j'ai lutté au grand jour ; je n'ai pas failli dans l'ombre, et ne suis pas venue ensuite grimacer la vertu à la face de tous. J'en ai voulu longtemps au monde, je ne lui en veux plus : depuis que je vous aime, j'ai oublié de haïr le genre humain ; quand je songe à vous, quand je vous rassemble par la pensée dans une seule étreinte, je ne sais plus si j'ai vécu d'autres jours que ceux que vous m'avez donnés ; ma vie commence à l'heure où je vous ai connus. Devait-elle, hélas ! ne commencer si tard que pour finir si tôt ! »

Bien du temps s'était écoulé depuis le dernier voyage de madame de Sommerville à Paris. Albert avait achevé ses études de droit. Apte à toutes les carrières, il voulut consulter sa mère avant de choisir ; de son côté Aurélie, se sentant de plus en plus faible, voulait revoir son fils : il fut donc décidé entre nous que nous instruirions doucement Albert de l'état de sa mère et que nous le rappellerions auprès d'elle. A la première lettre qui lui parla de l'indisposition d'Aurélie, il prit la poste et partit. Nous touchions aux premières journées d'avril. Une flamme joyeuse réchauffait la chambre d'Aurélie ; les brises printanières, toutes chargées du parfum des fleurs, se glissaient par la fenêtre ouverte et caressaient le visage de la malade. Elle était occupée à relire les dernières lettres d'Albert, lorsqu'elle sentit tout à coup ses mains couvertes de baisers ; elle se trouva, comme par enchantement, dans les bras de son fils.

Ce fut un instant bien doux et bien cruel à la fois pour Albert : il fut effrayé des ravages que la maladie avait exercés sur sa mère, il se plaignit tendrement de n'avoir pas été plus tôt instruit. Aurélie rassura son fils, s'enivra longtemps de la joie de le revoir, le pressa à plusieurs reprises sur son cœur ; puis, s'arrachant à ses caresses :

« J'ai depuis quelque temps au château deux amis qui seront joyeux de te voir : donne-moi ton bras et allons les surprendre. Le bonheur m'a rendu des forces, et je sens qu'appuyée sur toi, j'irais bien loin, mon Albert. »

Ils sortirent tous deux, et Aurélie dirigea son fils vers la tourelle qu'habitait Nancy : je les rencontrai sur la terrasse. Albert vint à moi, me tendit la main, et me tint longtemps embrassé. Comme il s'informait de ma sœur, nous la vîmes accourir comme une gazelle à travers les feuilles naissantes. Dès qu'elle aperçut Aurélie, qui depuis près d'un mois n'avait pas quitté sa chambre, Nancy courut aussitôt vers elle ; puis, se tournant sans embarras vers Albert, qu'elle avait bien reconnu du bout de l'allée de la garenne, mais qu'elle avait feint de ne pas voir :

« C'est vous, monsieur ! dit-elle en lui donnant sa main, qu'Albert n'osa pas porter à ses lèvres. Béni soit votre retour ! Nous l'attendions avec impatience : vous guérirez notre amie, n'est-ce pas? Votre présence va lui rendre la confiance et la santé, qu'elle a perdues loin de vous ; vous nous la conserverez. Que votre amour soit plus heureux et plus habile que le nôtre : nous n'en serons pas jaloux... Voyez, monsieur, que d'actions de grâces nous vous devons déjà : vous êtes mieux, mon amie ; vos yeux ont repris leur éclat, vos lèvres sont moins pâles ; vous avez pu sortir !... Quelle joie de vous revoir ainsi !

— Oui, chère fille, dit Aurélie, je vais mieux, je vivrai ; je suis trop heureuse pour mourir... Mais vous ne vous êtes pas embrassés, mes enfants, » ajouta-t-elle en les attirant l'un vers l'autre.

Tous les deux hésitèrent : Nancy rougit, Albert balbutia ; enfin, par un mouvement spontané, ils embrassèrent madame de Sommerville, qui les tint longtemps réunis sur son sein. Aurélie voulut ensuite faire quelques pas dans la garenne : elle prit le bras de son fils, et moi celui de ma sœur ; nous étions à peine sortis de la terrasse, que le bras de madame de Sommerville se trouvait sur le mien et celui de Nancy sur le bras du jeune homme. Nous allions, Aurélie et moi, lentement et en silence ; Albert et Nancy marchaient devant nous. Il y a dans l'enceinte même de la garenne, dont toutes les allées sont droites et régulières, un petit bois ombreux et touffu qu'affectionnait madame de Sommerville : les allées en sont tortueuses et pleines de mystère ; jamais le ciseau n'en a émondé les branches, jamais le fusil du chasseur n'en a effarouché les oiseaux, qui viennent de préférence y cacher leurs nids ; le rossignol y chante la nuit, les merles y babillent du matin au soir. Il y a dans le rond-point du bois un banc à demi caché dans le feuillage, sur lequel Aurélie aimait à s'asseoir; souvent, pendant l'absence d'Albert, je l'avais trouvée sur ce banc, seule et rêveuse : c'est là que nous vînmes nous reposer tous deux pendant qu'Albert et Nancy se promenaient dans une allée voisine. Aurélie commença par me parler de son fils et de ma sœur, elle finit par me demander si je ne serais pas heureux de voir ces deux jeunes gens renouer leurs amours et s'unir.

« Pour moi, ajouta-t-elle, c'est le plus cher de mes vœux. Le bonheur de ces enfants aura été le dernier espoir de ma vie; je ne voudrais pas mourir sans avoir vu se réaliser cet espoir.

— Le plus cher de vos vœux, lui dis-je, sera toujours mon vœu le plus cher; mais, madame, Albert et Nancy sont bien jeunes.

— Oui, mais moi je suis bien vieille, et je ne voudrais pas m'en aller sans avoir béni leur union.

— Vous la bénirez, madame : Dieu vous garde encore des jours heureux et de longs jours. »

Madame de Sommerville secoua la tête d'un air de doute, et me dit :

« Pourquoi donc, après tout, vous effrayez-vous tant de la jeunesse d'Albert et de Nancy ?

— La jeunesse de Nancy ne m'effraye pas, mais celle d'Albert...

— Voilà bien comme vous êtes tous ! interrompit-elle : selon vous un homme ne doit se marier que lorsqu'il n'a rien de mieux à faire. Votre cœur et vos sens sont usés; vous avez traversé toutes les impuretés du monde; vos lèvres ont bu à toutes les coupes : las et épuisés que vous êtes, il est temps d'en finir, n'est-ce pas ? Vous vous creusez alors dans le mariage un lit où vous venez vous étendre, tout souillés encore et tout meurtris de vos plaisirs et de vos fatigues ; et c'est toujours à quelque jeune fille, à quelque vierge aux rêves enchantés que vous apportez les restes flétris de votre caduque jeunesse. Étonnez-vous ensuite si parfois notre sang s'indigne et se révolte ! appelez sur nos têtes la réprobation de tous si nous cherchons à fuir les odieuses étreintes du cadavre auquel vous nous avez condamnées ! Non, Maxime, non, il n'en sera pas ainsi pour ma fille ; elle ne mêlera jamais ses gémissements au long cri de douleur qui s'élève de toutes parts pour accuser et maudire la plus sainte et la plus outragée de nos institutions : elle aura un époux jeune, pur et beau comme elle ; ils vieilliront dans le même amour, et leur amour ne vieillira pas. Je les ai formés l'un pour l'autre, je suis prête à confier la destinée d'Albert à votre sœur : aurez-vous moins de confiance en mon fils? Il est jeune sans doute, mais il sait la vie déjà, il a souffert ; il n'a pas de carrière, mais il est propre à les embrasser toutes. Ma fortune ne l'affranchit-elle pas d'ailleurs de toute inquiétude de l'avenir? Pour la première fois, Maxime, je m'aperçois avec joie que le hasard m'a donné la richesse.

— Vous oubliez, mon amie, que le sort nous l'a refusée : Albert est riche, et ma sœur ne l'est pas.

— Je vous jure, mon cher Maxime, que je n'y avais jamais songé, dit Aurélie en se levant. Ramenez-moi au château : il y a dans cet air que je respire je ne sais quelle verdeur enivrante qui m'oppresse et me fatigue. Nous reprendrons plus tard cette conversation, qui m'épuise à cette heure. Nous parlons de mariage, et nous ne savons même pas si ces deux jeunes gens s'aiment ; nous disposons de leur main, et nous oublions qu'eux seuls ont le droit de disposer de leur cœur. Attendons. »

En cet instant Albert, et Nancy vinrent nous rejoindre, nous regagnâmes ensemble le château. Madame de Sommerville contemplait ces deux enfants avec orgueil : tous deux étaient son ouvrage. Albert marchait auprès d'elle, heureux, mais grave et préoccupé ; Nancy était calme, enjouée, presque indifférente. Le jeune homme la regardait à la dérobée, et son regard exprimait un étonnement mêlé d'inquiétude : ce n'était plus la jeune fille qu'il avait connue gauche et timide, qui l'avait si longtemps humilié de sa passion et de sa douleur ; il la retrouvait belle, élégante et froide, parée de toutes les grâces qu'il avait aimées autrefois dans madame de Sommerville et de tout l'éclat de la jeunesse qui l'avait d'abord attiré vers Nancy. Nancy triomphait en silence de l'espèce d'admiration qu'Albert ne cherchait pas à dissimuler ou qu'il dissimulait fort mal ; elle éprouvait une secrète joie à se venger par une froideur apparente du long oubli de l'ingrat qui l'avait délaissée ; mais elle bénissait Aurélie ; elle soutenait avec amour sa marche languissante, c'était à la mère qu'elle adressait tout haut la tendresse que son cœur murmurait tout bas au fils.

Vers le soir Albert voulut se retirer à la maison du sentier : madame de Sommerville ne le souffrit pas. Elle avait fait préparer un appartement à son fils ; notre séjour au château donnait à Albert le droit de l'habiter sans que le monde eût celui d'en médire. D'ailleurs, le monde pour nous n'allait guère au delà de la barrière de la garenne, et nos têtes étaient à l'abri des foudres de Saint-Léonard. Albert resta donc avec nous, et ce fut une grande joie pour madame de Sommerville de voir réuni auprès d'elle tout ce qu'elle aimait sur la terre, une grande joie pour nous tous de nous aimer sous le même toit.

Les premiers jours qui suivirent le retour d'Albert à

Anzème furent mêlés d'une contrainte que le souvenir de nos anciennes relations devait nécessairement amener, et qui céda bientôt aux efforts que nous fîmes tous pour lui échapper : chacun de nous se prêta de si bonne grâce à l'oubli du passé qu'Albert finit par croire que cet oubli était véritable. Aux embarras de cette contrainte, qui dura quelques jours à peine, succédèrent ceux d'une réserve qui ne manque jamais de s'établir entre gens que la destinée rassemble après les avoir longtemps séparés. Il arrive alors que nous nous observons mutuellement avec défiance ; nous étudions les changements que le temps a opérés dans chacun de nous, ce qu'il nous a laissé, ce qu'il nous a ravi, ce qu'il nous a donné ; nous nous examinons minutieusement les uns les autres sous la forme nouvelle que nous avons revêtue dans l'absence. Le temps nous modifie si promptement, il entraîne avec une rapidité si effrayante tout ce qu'il y a de jeune et de bon en nous, que quelques années suffisent pour faire d'une vieille amitié une connaissance d'un jour. Cette fois la réserve que nous eûmes à subir ne fut que de courte durée, nos observations réciproques n'amenèrent que des découvertes heureuses, ne firent que resserrer les liens de notre intimité.

Les soins de madame de Sommerville avaient porté leurs fruits : dirigé par sa mère, Albert avait réalisé toutes les espérances que j'avais conçues de lui lorsqu'il était parti pour la première fois, si plein de vie et de jeunesse. Madame de Sommerville avait fait ce que ma sœur et moi nous n'avions pas su faire ; elle avait accompli les promesses d'Albert, elle avait tenu les serments de son fils. Pour Nancy, elle pouvait dire avec le poëte d'Orient : « Je ne suis pas la rose, mais j'ai vécu près d'elle. »

XVII

Cependant chaque jour révélait dans ces deux jeunes gens quelque séduction nouvelle; madame de Sommerville jouissait avec moi du charme renaissant qui les entraînait l'un vers l'autre. Nous aimions à voir Nancy cacher son amour sous une gravité qui déconcertait Albert ou sous un enjouement qui le déconcertait encore plus; à le voir, lui, craintif auprès d'elle, embarrassé, confus, et nous interrogeant parfois de son regard inquiet comme pour nous demander si c'était bien là l'enfant dont il avait jadis négligé la tendresse. C'était à son tour de se soumettre et d'aimer en tremblant, d'attendre sa joie et son bonheur d'un mot affectueux de Nancy, d'un sourire de ses lèvres, à son tour d'espérer et de craindre, et de se dire le soir en soupirant, lorsque la folle fille s'échappait rieuse ou sévère : Demain elle m'aimera peut-être.

Albert, en retournant à Paris, avait cru pieusement à la douleur inconsolable et à l'éternelle passion de Nancy. Longtemps, à Paris, il s'était accusé avec amertume d'avoir détruit le bonheur de ma sœur, et plus d'une fois, passant du repentir à l'enthousiasme de la vertu, il s'était promis de réparer ses fautes, de sacrifier le reste de ses jours à relever l'existence qu'il avait si cruellement brisée. Mais le sacrifice avait fini par lui sembler au-dessus de ses forces : instruit, élégant et beau, il ne pouvait guère épouser une petite campagnarde qu'il avait aimée par pur enfantillage, et dont l'image le faisait presque rougir de ses premières amours. C'eût été vraiment bien la peine d'aller à Paris se former aux belles manières, pâlir durant trois années sur la science et ravir au travail les secrets du talent, pour rapporter tous ces trésors à une paysanne de la Creuse ! Albert s'était bien promis d'être fort contre les larmes de Nancy, et d'échapper promptement aux importunités de douleur et d'amour que lui réservait La Baraque.

Son désappointement fut grand lorsque, au lieu de la villageoise d'Anzème, niaise et timide, sans esprit et sans art, il retrouva Nancy telle que l'avait faite Aurélie ; profonde fut son humiliation en voyant que la pauvre victime qu'il avait laissée inconsolable, et qui devait le poursuivre, au retour, d'un éternel amour et d'une éternelle douleur, était parfaitement consolée, et semblait avoir à peine conservé quelques souvenirs des anciens jours. Dès lors les rôles furent intervertis, et Nancy prit plaisir à rendre à son ami une partie des maux qu'autrefois elle en avait reçus, sachant bien qu'elle portait dans son cœur le remède qui devait les guérir.

Un mois après l'arrivée d'Albert, nous résolûmes un pèlerinage à La Baraque. Madame de Sommerville allait mieux, nous le pensions du moins : nous prenions pour le retour de ses forces une excitation nerveuse qui ne la quittait plus et qui l'abusait elle-même ; l'exaltation fébrile qui se manifestait dans tous ses mouvements, dans toutes ses paroles, parfois jusque dans son regard, nous faisait croire à sa santé. Elle voulut nous accompagner : nous partîmes ensemble le soir du 1er mai. C'était l'anniversaire du jour où Albert et Nancy s'étaient vus pour la première fois. Nous retrouvâmes avec émotion le coin de terre où chacun de nous avait subi sa part de douleur. Madame de Sommerville n'osa pas pénétrer dans la chambre où, par une nuit d'hiver, elle avait veillé Nancy ; Nancy revit tout avec joie : l'aspect des lieux où nous avons souffert est doux à notre bonheur. La cruelle enfant promenait Albert partout où ils avaient semé le souvenir de leurs jeunes amours; elle allait près de lui, insoucieuse et folle, dans les sentiers qu'ils avaient autrefois parcourus tous deux, rêveurs et murmurant dans l'ombre des paroles qu'ils n'entendaient pas, mais qui les faisaient bien heureux. Albert essaya vainement de rappeler ces jours qui n'étaient plus : Nancy lui échappait sans cesse, brisant brusquement la conversation aussitôt qu'elle menaçait de devenir trop tendre, s'arrêtant pour cueillir une fleur, revenant gravement auprès de son ami pour entamer une discussion qu'elle interrompait elle-même, et le conduisant, en riant de sa tristesse, dans les lieux où si longtemps elle avait été triste par lui.

J'étais resté près de madame de Sommerville dans la salle du rez-de-chaussée. Les deux jeunes gens se promenaient lentement dans l'allée du verger qui s'étend sous la fenêtre près de laquelle nous étions assis ; cette fenêtre était ouverte, et nous entendîmes Albert qui disait à ma sœur :

« Il y a cinq ans, à pareil jour, que je vous ai vue ici pour la première fois, mademoiselle : ne l'avez-vous pas oublié? ce jour et ces lieux ne vous disent-ils rien? Il y a pour moi dans l'air je ne sais quels bruits du feuillage, quelles émanations des plantes qui me racontent toute une vie de bonheur et d'enchantements.

— Pensez-vous, répondit nonchalamment Nancy, que nous nous soyons connus dans la saison des fleurs? Je croyais que nous nous étions vus pour la première fois vers une fin d'automne... Aimez-vous l'automne, monsieur?

— Mademoiselle, le retour de chaque saison réveille

en nous des souvenirs plus ou moins doux, plus ou moins amers : on dirait que chacune d'elles reflète le bonheur auquel elle a présidé, et qu'elle en conserve éternellement l'image. Aux uns l'automne rappelle de délicieuses amours : les harmonies du vent dans les feuilles desséchées leur arrivent comme un écho des félicités perdues ; les coteaux jaunissants se parent pour eux de mille teintes qui semblent empruntées aux joies dont ils ont protégé le mystère : ceux-là préfèrent l'automne ; les autres ont vu luire leurs plus beaux jours sous le ciel brumeux de l'hiver : la neige éblouissante aura pour eux des aspects plus charmants que l'aubépine embaumée et les églantiers en fleurs. Moi, mademoiselle, je préfère le printemps.

— Et moi l'automne, dit Nancy avec indifférence.

— C'est peut-être qu'à la chute des feuilles vous vous rappelez plus vivement mes crimes et vos douleurs ? demanda tristement Albert.

— Vos crimes ! s'écria Nancy en riant... Vous m'effrayez, monsieur ! Qu'avez-vous donc fait ?

— J'ai été bien cruel envers vous, mademoiselle...

— Cruel, monsieur ! Que dites-vous donc là ? Je vous ai toujours connu excellent pour moi, qui n'étais qu'un enfant. Auriez-vous encore des remords de cette couvée de perdreaux que vos deux chiens m'ont dévorée ? Vos chiens étaient des barbares ; mais vous, je me rappelle que vous avez presque pleuré de mon chagrin.

— Est-ce donc là tout ce que vous vous rappelez des maux que vous avez endurés ? Vous êtes indulgente, mais votre indulgence m'accable. J'aimerais mieux votre colère : le pardon est plus doux que l'oubli.

— Entendez le rossignol qui chante sous la feuillée, dit Nancy ; savez-vous une lyre de poëte qui ait des cordes plus divines, de plus mélodieuses tristesses ?

— Il y a des chants plus doux, des accent plus aimés, répondit le jeune homme.

— Oui, dit la jeune fille : c'est la voix de votre mère.

Ils s'éloignèrent, et nous n'entendîmes plus que le sable de l'allée qui criait sous leurs pas.

Madame de Sommerville resta silencieuse. Elle était accoudée sur l'appui de la fenêtre, sa tête reposait sur l'une de ses mains. Je la regardai un instant à la clarté mourante du crépuscule, je fus frappé de la contraction de son visage : ses narines gonflées, ses lèvres tremblantes exprimaient quelque chose de douloureux et d'amer.

« Vous êtes triste, mon amie ? lui dis-je en appuyant doucement ma main sur son épaule.

— Triste ! s'écria-t-elle en se retournant avec un mouvement de terreur..... Pourquoi donc serais-je triste ? ajouta-t-elle avec calme. Mon ami, je n'ai jamais été plus heureuse. »

En effet, le reste de la journée elle se montra d'une humeur douce et enjouée, jamais Albert et Nancy ne l'avaient vue plus aimable ni plus tendre.

Son cœur n'avait pas changé ; mais depuis le retour de son fils, son caractère était devenu inégal et parfois sceptique et railleur ; il y avait à longs intervalles dans sa conduite des bizarreries qui affligeaient Albert, des distractions qui nous inquiétaient tous. Je me rappelle qu'un soir nous étions réunis tous quatre dans le salon, tous quatre silencieux. Le soleil venait de se cacher derrière les montagnes bleues de la Creuse. Madame de Sommerville était près de moi; Albert près de Nancy, l'un et l'autre absorbés par une même pensée. Nancy avait abandonné sa main au jeune homme, qui la tenait toute tremblante dans la sienne. Il regardait ma sœur avec ivresse, et les yeux de ma sœur renvoyaient à Aurélie l'amour dont rayonnaient ceux d'Albert. Ils étaient si beaux tous les deux, si beaux de jeunesse, d'amour et de bonheur, que je restai longtemps à les contempler, puis j'appelai sur eux le regard de madame de Sommerville. Son regard ne me répondit pas : sa figure était sombre, son front plissé, sa respiration forte et brève, ses mains convulsivement pressées l'une par l'autre.

« Mon amie, vous souffrez ! m'écriai-je avec effroi.

— Horriblement ! » dit-elle.

Albert et Nancy accoururent aussitôt auprès d'elle.

« Qu'est-ce donc, mes enfants ? demanda Aurélie d'un air égaré, comme si on l'eût arrachée à quelque rêve pénible... Ce n'est rien... mais on étouffe ici : Maxime, ouvrez donc la fenêtre. »

Je ne sais pourquoi je feignis d'ouvrir la croisée sans faire remarquer qu'elle n'avait pas cessé depuis la matinée d'être toute grande ouverte.

« A la bonne heure, dit Aurélie, on respire. »

Albert, ma sœur et moi nous échangeâmes un regard furtif, chacun de nous garda pour soi l'amertume de ses réflexions. Un jour pourtant je me hasardai à questionner madame de Sommerville sur cet état qui nous alarmait tous.

« Mon amie, lui dis-je, votre bonheur manque seul au nôtre. Pourquoi n'êtes-vous pas heureuse ? Tout ne sourit-il pas à vos vœux ? La vie et la santé vous sont revenues avec Albert ; jamais femme ne fut entourée plus que vous d'amour et de respect, la tendresse de vos enfants vous prépare un long avenir de beaux jours. D'où vient cette sombre tristesse où vous vous plongez parfois ? Auriez-vous des douleurs que vous cachez à ceux qui vous aiment?

— Ces douleurs sont dans le passé, me dit-elle ; ce ne sont plus que des souvenirs pour moi, mais ils sont lugubres, déchirants, et, du sein de mon bonheur présent, je ne puis les regarder sans émotion. C'est comme la représentation d'un drame qui vous fait pleurer, bien qu'il y ait un rideau entre ce monde de chimères et le monde réel d'où vous le contemplez. Ce rideau tombé, l'illusion est détruite ; mais l'impression reste saignante et vous poursuit longtemps après que vous avez quitté le théâtre. C'est la disposition où je me trouve parfois encore. Il faut me pardonner, mes amis, d'avoir vécu avant de vous connaître.

— Vous m'aviez si bien dit que votre vie ne commençait qu'à nous !

— Je voulais parler de mon bonheur, Maxime ; et c'est précisément ce bonheur qui me met souvent dans une sorte d'irritation contre le passé : j'insulte alors à mes souvenirs, je demande à ma destinée pourquoi elle a été si rude et si misérable pendant les plus belles années de ma vie, pourquoi, lorsque j'avais vingt ans, la beauté que j'ai perdue, la sérénité de mon cœur simple et confiant, cet amour de l'humanité qui ne peut subsister avec l'expérience; pourquoi, lorsque j'étais faite pour être aimée, je ne vous ai pas rencontrés, mes enfants. J'étais plus digne alors de vos âmes ardentes. Au lieu de cela, j'ai gaspillé mes affections entre des êtres faux ou froids, j'ai perdu ma jeunesse à courir de déceptions en déceptions ; maintenant me voilà vieille, flétrie, brisée, au milieu d'amis généreux et dévoués, sur l'âme neuve et grande desquels je laisse quelquefois tomber mon froid scepticisme et ma raison glacée. Qui me rendra ces jours où je faisais le bien avec tant de plaisir, où tous les dévouements m'étaient si faciles, où mon cœur s'offrait si vaillamment à tous les grands sacrifices ? Où retrouverai-je cette humeur égale et douce qui répandait la joie autour de moi, ce parfum de bonheur qui me suivait partout ? Ah ! quelle que je sois à cette heure, ne m'abandonnez-pas, vous autres ; aimez-moi, restez-moi fidèles, aidez-moi à achever mon voyage sur cette terre aride où j'aurai traîné une si longue, une si déplorable fatalité.

— Est-il bien vrai du moins que vous n'ayez pas dans le présent quelque sujet d'affliction réelle ? est-ce le passé seul qui pèse sur vous et vous oppresse ? O mon amie ! ne me trompez-vous pas ?

— Non, Maxime, non ; ayez foi en moi. Comment ne serais-je pas heureuse ?.... ma seule affliction, c'est qu'il me faudra bientôt quitter tout ce bonheur. Oh ! mon ami, vous avez beau dire, je ne m'abuse plus : le mal va vite, chaque jour emporte un débris de moi-même. J'ai pu croire un instant à la vie ; mais vous verrez que toutes ces belles espérances de force et de santé me joueront quelque mauvais tour. N'est-ce pas près de s'éteindre que la lampe jette son éclat le plus vif ? C'est ainsi du moins que disent les poëtes. »

Je cherchai à lui prodiguer des consolations et des encouragements, dont nous ne fûmes dupes ni l'un ni l'autre.

« La mort ne m'effraye pas, me dit-elle, parce qu'elle ne me surprendra point : je la vois venir, je l'attends. Seulement, vous le savez, Maxime, je ne veux pas quitter cette terre sans y laisser mes enfants heureux et unis : c'est mon dernier vœu, c'est le dernier bonheur que j'attende ici-bas.

— Mon amie, répondis-je, votre volonté sera la mienne.

— Oui, dit-elle avec un mélancolique sourire, la volonté des mourants... Eh bien, lorsqu'il en sera temps, je vous avertirai, Maxime. »

XVIII

Nancy ne fit pas sa vengeance bien rude ni bien longue : le martyre de son ami ne se prolongea pas au delà de quelques semaines. Ils s'aimèrent, et leur bonheur n'eut pas à redouter le passé, parce que tous deux s'étaient en même temps régénérés aux mêmes sources, parce qu'ils n'avaient gardé des mauvais jours qu'un souvenir qui leur faisait le présent plus doux et plus cher; ce ne furent pas des amours renouées, mais de nouvelles amours.

« Il me semble, disait Albert, que notre connaissance a commencé sur la terre, et qu'elle s'achève dans les cieux. »

Ainsi ce malheureux jeune homme était destiné à rêver le bonheur et à goûter l'amour auprès du lit d'une mourante : c'était au chevet de ma sœur délaissée qu'il avait aimé Aurélie; ce fut à côté de sa mère expirante que se ralluma sa passion pour Nancy. Cette fois du moins il put se livrer sans anxiété et sans remords à l'ivresse de sa passion nouvelle : nous nous montrâmes, madame de Sommerville et moi, elle si habile et moi si discret, que ces deux jeunes gens ignorèrent toujours le mal qui minait sourdement leur mère, et qu'abusés par l'éclat d'une santé factice, ils la crurent tous deux ressuscitée avec leurs amours. Il fallait être en effet comme moi dans le secret de la maladie qui ravageait lentement madame de Sommerville, pour ne pas avoir foi aux longs jours que nous lui promettions : elle dissimulait son dépérissement avec tant d'art et de sollicitude, l'énergie de son âme infatigable suppléait si heureusement à l'anéantissement de ses forces, elle était si attentive à épargner à ses enfants l'inquiétude la plus légère, à conserver dans toute sa pureté la transparence et l'azur de leur ciel, qu'elle semblait reprendre à la vie à mesure qu'elle penchait vers la tombe. Il eût fallu rajeunir pour elle la comparaison du chêne frappé de la foudre, qui cache son tronc décrépit et ruiné sous la jeunesse trompeuse de son feuillage. Toutefois elle ne reprit jamais l'égalité d'humeur que nous lui avions connue : elle demeura bizarre, capricieuse et fantasque, passant parfois avec Albert et Nancy d'une tendresse expansive à une brusquerie inexplicable, s'abandonnant avec délices aux baisers d'Albert, puis s'y dérobant soudain, cherchant et fuyant ses caresses, craintive avec son fils dans la solitude et dans l'ombre, tremblant à son tour près de lui comme autrefois il avait tremblé près d'elle.

Aussitôt qu'Albert eut obtenu l'aveu des sentiments de Nancy, il se fit un devoir de déclarer leur mutuel amour à sa mère ainsi qu'à moi. Sa déclaration fut touchante et pleine de noblesse : il commença par bénir sa mère du trésor qu'en son absence elle lui avait réservé ; puis, se tournant vers moi, il me demanda si je voulais lui rendre le nom de frère auquel il avait renoncé alors qu'il en était indigne, mais qu'il croyait mériter désormais, s'engageant à vouer son existence tout entière à la réparation d'une erreur dont il avait été la première victime.

« J'ai été bien coupable, ajouta-t-il, mais je me présente à vous absous par l'amour de votre sœur, et dans la foi que votre amitié ne sera pas moins miséricordieuse.

— Mon ami, lui dis-je en l'embrassant, je n'ai rien à vous pardonner, et n'aurai jamais de désir plus ardent que celui de votre bonheur et du bonheur de Nancy; je suis prêt à vous confier l'un à l'autre ; mais il est ici une autre volonté à qui la mienne a cédé depuis longtemps l'exercice de ses droits les plus chers. »

Alors Albert, s'adressant de nouveau à madame de Sommerville, lui exprima avec entraînement son amour pour Nancy ; il lui peignit avec feu les chastes ardeurs qui le consumaient, il trouva dans son cœur des expressions brûlantes pour en révéler la flamme; ses yeux s'animèrent avec sa parole, sa parole devint éloquente; la passion s'échappa d'abord fougueuse et pure de ses lèvres, puis elle s'apaisa et se mit suppliante aux pieds d'Aurélie, attendant avec respect la sanction de ses transports et de ses espérances.

Aurélie, en écoutant son fils, était tombée dans la méditation : lorsqu'il eut achevé, elle le regarda longtemps avec tristesse ; puis elle le pressa sur son sein.

« Tu es beau, lui dit-elle, et ta voix est douce, mon enfant bien aimé ; tes paroles m'ont bercée mollement comme une mélodie des rêves de mon jeune âge ; elles m'ont apporté je ne sais quels souvenirs d'un bonheur que pourtant je n'ai jamais connu. Oui, mon fils, aimez Nancy : votre mère bénit votre amour. »

A ces mots, elle versa des larmes abondantes.

« Croiriez-vous, Maxime, dit-elle en se tournant vers moi, que nous sommes jalouses de nos enfants, qu'ils ne nous échappent pas sans que notre âme se replie douloureusement sur elle-même? Oh ! nos enfants, mon ami, nous voudrions les porter dans notre amour comme autrefois nous les avons portés dans nos flancs, tout entiers à nous seules ; nous voudrions tenir tout leur cœur dans le nôtre comme un grain de sable en notre main. On a beau prévoir l'instant où leur âme avide appellera d'autres tendresses, cet instant nous trouve toujours sans force et sans courage. Vous savez si j'ai ardemment souhaité l'union d'Albert et de Nancy : eh bien! voilà que je pleure, Maxime !

— Oh! vous savez bien, s'écria le jeune homme en essuyant de ses baisers les larmes de sa mère, qu'il n'est pas une parcelle de mon cœur qui ne vous appartienne, vous savez bien que toutes mes affections se rattachent à mon amour pour vous comme tous les rayons de lumière au soleil. Nancy n'est-elle pas l'épouse que vous m'avez choisie? n'est-ce pas vous que je glorifie dans mon orgueil, que je bénis dans mon bonheur? n'est-ce pas vous que j'aime et que j'adore dans la céleste créature que vous avez formée à votre image?

— Oui, cher fils, dit Aurélie, oui, je sais que tu me resteras toujours. Où trouverais-tu une affection plus sûre et plus dévouée que la mienne? Va, porte à ta jeune fiancée les bénédictions de ta mère. Aimez-vous.... Ne vous hâtez pas : prolongez longtemps encore vos jours d'amour et de jeunesse ; reposez-vous sur Maxime et sur moi du soin d'arranger votre bonheur. »

Un mois après, les intérêts de madame de Sommerville m'appelèrent de nouveau dans le Midi. Je partis plein d'une sécurité que les lettres d'Albert et de Nancy fortifièrent de jour en jour; je commençais à croire que notre amie m'avait exagéré ses terreurs, ou qu'elle s'était exagéré son mal à elle-même, lorsqu'au bout de trois semaines d'absence, je reçus, sous enveloppe, au timbre de Saint-Léonard, un billet ainsi conçu :

« MAXIME,

« Prenez la poste et venez : le temps est arrivé de marier votre sœur et mon fils.

« AURÉLIE. »

Ces deux lignes voulaient dire pour moi : l'heure va sonner, hâtez-vous avant que je meure.

XIX

Mon retour fut rapide. Je trouvai madame de Sommerville assise sur ce divan entre son fils et Nancy. Elle voulut se lever pour me recevoir, sa grande faiblesse ne le lui permit pas. Elle avait jusqu'au dernier jour dissimulé à ses enfants l'anéantissement de ses forces, et tous les deux, tristes de l'état de leur mère, ne songeaient point encore à s'en effrayer. Nancy l'avait vue tant de fois se pencher pour mourir, puis relever son front couronné d'une vie nouvelle, qu'elle rassurait hardiment Albert et lui promettait sans hésiter le prompt rétablissement d'Aurélie. Lorsque j'entrai, le regard éteint de madame de Sommerville s'anima un instant pour me faire comprendre qu'Albert et ma sœur n'étaient instruits de rien, pour me supplier de leur ménager ma douleur et mon effroi. J'imaginai un prétexte plausible à mon retour précipité, l'un et l'autre ne pensèrent qu'à s'en réjouir. Madame de Sommerville resta étendue toute la journée sur ce divan, parlant peu, mais se plaisant à nous entendre, tombant parfois dans un abattement taciturne, mais se réveillant bientôt pour nous sourire. Elle se fit lire par son fils les poëtes qu'elle aimait, ceux-là surtout dont la voix ranime et console, hommes divins qui chantent les merveilles du ciel à la terre et portent à Dieu nos larmes et nos espérances. Lorsqu'il fut l'heure de se retirer, Aurélie voulut rester seule avec moi. Albert et Nancy s'éloignèrent ; je demeurai seul auprès d'Aurélie.

Nous fûmes près d'une heure sans oser échanger une parole, un geste, un regard. Madame de Sommerville avait fini par s'assoupir : sa respiration était si faible que je ne l'entendais pas, et, la voyant couchée sur ce divan, vêtue d'une robe blanche, pâle, livide et sans mouvement, je m'approchai plus d'une fois avec terreur pour m'assurer que je ne veillais pas un cadavre. Sortant enfin de l'état de somnolence où elle était plongée, ses yeux se tournèrent vers moi avec une vague préoccupation, et je vis sa main qui cherchait la mienne : je m'en emparai, je la couvris de mes pleurs, et, regardant l'infortunée avec désespoir :

« Eh bien ! mon amie, lui dis-je, il est donc vrai?... »

Elle ne me répondit que par un signe de tête affirmatif ; son regard en même temps exprimait une sombre joie. Je cachai mon front dans mes mains et je ne pus étouffer mes sanglots.

« Vous aviez si bien promis, dit-elle enfin sans amertume, de ne pas me laisser mourir !

— Ah ! cruelle, m'écriai-je, c'est vous qui repoussez la vie ! vous êtes joyeuse de nous quitter !

— Non, Maxime, non. Quand même le Dieu en qui j'espère placerait mon âme dans le plus beau de ses soleils, dans la plus radieuse de ses créations, je regretterais encore cette pauvre planète où vous m'avez fait goûter des affections si pures. Si vous me voyez soumise et résignée, c'est que je n'ai plus l'énergie de la résistance; si je ne pleure pas avec vous, c'est que vingt années de désolation ont tari dans mes yeux la source des larmes... Joyeuse de vous quitter, Maxime! vous ne pensez pas ce que vous dites.

— Mais, madame, ne vous exagérez-vous pas votre mal? avez-vous consulté les médecins de Saint-Léonard?

— Mon ami, dit-elle en souriant, la médecine n'a rien à faire ici : quant au mal qui me ronge, il est à son dernier période, vous pouvez me croire. La mort m'a envahie lentement, par degrés : je sens son œuvre qui s'achève. Maintenant j'ai besoin de vous.

— Ah! madame, m'écriai-je, vous faut-il mon sang? parlez!

— Je compte sur vous d'abord pour préparer ces enfants au coup qui va les frapper ; moi, je n'en ai pas la force : ils sont là près de moi si heureux, si paisibles, ils me mêlent avec tant de confiance à tous leurs projets de félicité, leur amour place sur ma tête tant de riantes espérances, ils rêvent à mon existence qui s'éteint des jours si longs, de si beaux jours, que je n'ose pas les avertir qu'ils jouent autour de la fosse où je vais bientôt descendre. Soyez plus fort que moi, Maxime : ayez le courage de leur apprendre qu'il nous faudra bientôt nous séparer. C'est un message bien cruel, mais il serait plus cruel encore de ne pas prévenir ces enfants du malheur qui les menace. Dites à ces êtres chéris que mourir est la commune loi, qu'aujourd'hui ou demain, n'importe; que chaque période de notre vie est marquée par une catastrophe, qu'il nous faut ici-bas subir notre destinée ; enfin tout ce que la pitié a imaginé pour consoler les mourants et ceux qui leur survivent. Pas vrai, Maxime, vous aurez ce courage ?

— Oui, madame, lui dis-je, je l'aurai.

— Vous leur direz aussi de m'épargner leur douleur, n'est-ce pas ? Je suis trop faible pour pouvoir y résister ; toute force et toute énergie se sont retirées de moi..... Qu'est-ce donc que notre âme, Maxime, ce souffle éthéré qui prétend à l'immortalité, et qui s'affaisse et se dégrade avec la misérable matière ?

— Oh ! madame, lui dis-je, ce n'est pas à la vôtre de douter de sa divine essence.

— Dieu m'est témoin que je n'en ai jamais douté : j'ai trop souffert en cette vie pour ne pas espérer en une vie meilleure. Dites donc aussi à ces enfants que, du haut de ce monde vers lequel je vais bientôt monter, je veillerai sur eux sans cesse, qu'au milieu des célestes régions mon âme aura pour eux encore des larmes de regret et des sourires de tendresse. Vous leur direz tout cela, Maxime ; vous les consolerez : moi, je ne le saurais pas.

— Je les consolerai, oui, madame, répondis-je d'une voix étouffée.

— Cher, bien cher ami ! s'écria-t-elle, vous me regretterez, vous aussi ?

— O madame ! ô mon amie ! ma sœur ! disais-je, serait-il vrai que vous allez mourir ?

— Allons, remettez-vous, soyez fort. Maintenant je suis plus tranquille. En votre absence j'ai consulté un homme de loi : ma fortune entière est assurée à mon fils ; j'ai préparé son mariage avec Nancy, les premiers bans sont publiés ; encore quelques heures de vie, et j'assisterai à l'union de mes enfants : mes derniers jours feront envie aux plus beaux jours de ma jeunesse. Il me sera bien doux d'emporter avec moi l'image du bonheur d'Albert et de Nancy ; il me sera doux surtout de partir avec la pensée consolante que je vous laisserai auprès d'eux : je compte beaucoup sur vous, Maxime ; c'est à vous que je lègue les devoirs et les obligations auxquels la mort seule pouvait me dérober ; vous achèverez ce que j'ai commencé. Vous me le promettez, mon ami ?

— Je vous le jure !

— J'ai foi en vous. Vous aimerez mon fils : quoi qu'il arrive, vous lui resterez. Il est jeune, le monde lui garde bien des occasions de chute et de défaite. Qui n'a pas failli une fois dans cette longue et terrible lutte ? qui s'est retiré de cette lice infernale aussi pur qu'il y était entré ? Quoi que fasse mon fils, vous ne lui manquerez pas ; vous ne mesurerez jamais votre amitié pour lui qu'à celle qu'il aura pour vous. C'est la sottise et la vanité qui ont imposé l'estime à l'amitié comme condition d'existence : nous devons aimer ceux qui nous aiment, malgré leurs torts et leurs égarements. Une affection dévouée est-elle donc chose si commune ici-bas qu'il faille lui faire subir le souffle capricieux de notre sublime justice ? Fort ou faible, timide ou vaillant, aimez mon fils tant qu'il vous aimera. N'imitez pas ces amis austères qui, après s'être assis longtemps au banquet de vos félicités, se lèvent lâchement aussitôt que leur superbe orgueil a cru voir pâlir votre vertu, et s'en vont, esprits intolérants comme tout ce qui n'a ni lutté ni souffert, vous méconnaître et vous renier avant que le coq ait chanté trois fois. Ne faites pas comme eux, Maxime. Tout fiers de leur vertu d'un jour, ils rougissent pour eux quand on vous diffame ; c'est pour eux qu'ils souffrent de la calomnie qui vous frappe ; n'osant se vanter de votre amitié, ils vous délaissent le jour où vous les implorez ; ils vous retirent leur manteau quand ils devraient vous en couvrir, ils vous ferment impitoyablement leur bonheur après avoir partagé le vôtre. Ces amis-là m'ont fait bien du mal ! »

Après s'être un instant animée, madame de Sommerville retomba dans cette espèce d'assoupissement qui succède toujours aux crises un peu fortes. La nuit était froide ; craignant pour elle la fraîcheur de ce salon, je la réveillai doucement et l'engageai à se retirer.

« Non, me dit-elle, je resterai étendue sur ce divan. Je suis bien : vous pouvez me laisser... Adieu, murmura-t-elle ; qu'à vous tous, mes amis, la vie soit belle et bonne, et que Dieu vous préserve d'en toucher jamais le fond ! »

Suivant le désir de madame de Sommerville j'amenai peu à peu Albert et Nancy à recevoir le coup funeste : tous les deux furent atterrés, et moi qui devais les consoler je ne sus que gémir avec eux. L'union qui leur souriait, et que la veille encore ils appelaient avec impatience, ne leur apparut plus que comme une cérémonie funéraire, à laquelle ils ne consentirent que par respect pour les dernières volontés de leur mère. Il fut bien convenu entre nous que nous épargnerions à Aurélie le spectacle de notre douleur ; mais lorsque après cette révélation fatale nous retournâmes tous trois vers elle, la douleur fut plus forte que nous, nous éclatâmes en sanglots.

Le premier jour d'octobre, au dernier automne, le soleil se leva dans un ciel mélancolique et doux. Dès le matin, tout le village avait pris ses habits de fête et s'était rassemblé sur la terrasse du château ; les paysans de La Baraque, réunis à ceux d'Anzème, se tenaient dans la garenne. On entendait à travers les feuilles jaunies tinter la cloche de l'église d'Anzème ; c'était le mariage d'Albert et de Nancy et l'agonie de madame de Sommerville qui sonnaient en même temps. A dix heures, Albert et Nancy sortirent du château. Madame de Sommerville s'était fait porter près de la fenêtre pour les voir : aussitôt qu'elle parut à la croisée ouverte, tous les regards se tournèrent vers elle, un murmure d'étonnement et de douleur s'éleva de toutes parts. Le village se rangea sur deux haies pour laisser passer les jeunes époux. Les larmes de Nancy tombaient sur son bouquet d'oranger, et tout le monde pleurait. Après la cérémonie nuptiale, des prières furent faites à haute voix pour madame de Sommerville, tous les saints et toutes les vierges du ciel furent invoqués pour elle.

De retour au château, Albert et Nancy se mirent aux genoux d'Aurélie. Elle tint longtemps leurs deux têtes pressées contre sa poitrine. Elle parlait peu, nous étions silencieux.

— Pauvres amis, dit-elle enfin, je vous ai fait un jour bien sombre de votre jour le plus beau ; mais je ne voulais point partir sans avoir accompli mon œuvre. Soyez bénis pour vous être soumis si docilement à la dernière fantaisie de mon cœur ! Hélas ! que n'ai-je pu vous unir plus tôt, mes enfants ! j'aurais joui plus longtemps de votre bonheur, et moins de tristesse peut-être eût présidé à votre union ; mais je n'ai pas osé : j'ai voulu, avant de vous enchaîner par des liens indissolubles, vous laisser le temps de vous connaître ; j'ai prolongé autant que je l'ai pu ma débile existence, j'ai attendu mon dernier jour.

— Votre dernier jour ! s'écrièrent Albert et Nancy, qui ne croyaient pas que le mal fût si avancé.

— Oh !...., mes derniers jours, reprit Aurélie en souriant : je ne suis pas près de mourir, j'espère encore : Dieu fera peut-être un miracle. » -

Je remarquai avec effroi qu'elle s'affaissait de plus en plus. Vers le milieu de la journée, elle s'étendit sur son lit et dormit. Je posai ma main sur son cœur : j'en sentis à peine les battements; son pouls était si faible que j'essayai vainement d'en saisir les pulsations; elle ne souffrait pas, elle s'éteignait.

A son réveil, madame de Sommerville fit demander le curé d'Anzème : elle resta seule avec lui pendant deux heures. Vers le soir, elle consentit à prendre deux doigts de vin d'Espagne : presque aussitôt ses yeux s'animèrent, les pommettes de ses joues se colorèrent, son sang réchauffé circula avec plus de vitesse.

Elle était si affaiblie que quelques gouttes d'une liqueur généreuse avaient suffi pour porter une espèce d'ivresse à son cerveau malade : son regard était vif, son geste prompt, son front illuminé ; sa voix avait retrouvé cette parole brève et hardie qu'elle jetait autrefois dans le discours comme une arme courte à deux tranchants. Elle entretint longuement Albert et Nancy des devoirs de la vie nouvelle qui dès ce jour commençait pour eux, elle le fit avec éloquence : elle les promena par la pensée dans les sentiers nouveaux qu'ils allaient parcourir, leur montrant avec sollicitude les abîmes à éviter, leur indiquant la route qui devait les conduire au bonheur. Elle développa de belles théories sur la science de la vie : elle enseigna à ces jeunes gens l'égalité dans le mariage, la dignité dans les relations, l'élégance dans l'intimité, l'indulgence en toutes choses : elle leur apprit aussi que le bonheur est un art, et que chacun se fait lui-même la destinée qu'il subit plus tard ; elle les engagea à porter dans l'arrangement de leur existence la prudence et l'habileté de l'artiste dans l'accomplissement de son œuvre, disant que, s'il n'est pas d'éternelles amours, il est des liaisons éternelles, et que la grande science consiste à entretenir sous les transports brûlants des premières tendresses la fervente amitié qui doit réchauffer le reste de nos jours, de même que sous la flamme dévorante se cache un brasier bienfaisant. Elle parla longtemps ainsi, son imagination exaltée lui inspirait de riches images. Elle était étendue sur son lit, les bras croisés sur sa poitrine : sa tête reposait immobile sur l'oreiller ; sa voix, qui était devenue grave, lente et majestueuse, nous frappait d'une religieuse terreur. Elle disait sans effort, sans fatigue ; son accent était si pur et si sonore, que je regardais remuer ses lèvres pour m'assurer que c'était elle qui parlait : il me semblait parfois que la vie avait quitté ce corps sans mouvement, et que j'entendais les derniers adieux de l'âme d'Aurélie qui planait sur nos têtes avant de s'envoler aux régions éternelles.

Au crépuscule, elle voulut qu'on allumât toutes les bougies de la chambre, elle demanda des fleurs. Elle avait fait ouvrir la fenêtre qui donnait sur la terrasse ; elle demeura quelques instants accoudée sur son oreiller, la tête sur sa main, à contempler les premières étoiles qui pointaient au ciel et les teintes orangées qui s'effaçaient à l'horizon. Elle aspira à plusieurs reprises le vent du soir, qui venait se jouer jusque dans les courtines de son lit, et, se laissant retomber sur sa couche :

« La vie est bonne aux mourants, » dit-elle.

Au même instant, nous entendîmes les sons lents et lugubres de la cloche du village, et nous vîmes passer sur la terrasse les gens du château, qui se rendaient à l'église d'Anzème : ils allaient réciter avec le pasteur les prières pour les agonisants.

Épuisée par les émotions qu'elle avait ressenties en ce jour, Aurélie s'endormit de nouveau, bercée par les sons de la cloche qui lui promettait un repos éternel. Son sommeil fut agité : le pouls était moins lent, plus accusé ; il y avait un peu de fièvre ; elle se parlait très-vivement à elle-même ; ses discours étaient incohérents ; le nom d'Albert y revenait sans cesse, elle ne le prononçait qu'avec amour et avec désespoir.

Nous passâmes la nuit auprès d'elle.

Au matin, elle se dressa brusquement sur son séant, et elle appela son fils avec une voix déchirante. Elle l'entoura de ses bras ; ses lèvres glacées le couvrirent de baisers brûlants ; ses yeux desséchés trouvèrent encore des larmes, un vif éclair de passion sillonna son regard éteint ; puis tout à coup, apercevant Nancy qui pleurait, agenouillée au pied du lit :

« Vous rappelez-vous, lui dit-elle, cette nuit d'hiver où je vous ai veillée mourante ? Vous êtes bien vengée, ma fille ! »

Repoussant doucement Albert, elle se tourna avec une pieuse résignation vers le Christ d'ivoire qui pendait à son chevet : elle joignit ses mains avec onction, et prononça ces dernières paroles d'un Dieu mourant pour sauver le monde :

« Le sacrifice est consommé ! »

C'est ainsi qu'aux premiers feux du jour, à l'éclat des bougies pâlissantes, au milieu du parfum des fleurs, s'éteignit dans nos bras cette femme de poésie, de grâce et de beauté viriles.

XX

Il y a quelque chose de plus affreux que la perte des êtres aimés : c'est de voir, lorsqu'ils ne sont plus, combien ils tenaient peu de place dans notre existence, quel petit rôle ils jouaient dans notre bonheur. Il semble qu'en mourant ils vont emporter avec eux dans la tombe la moitié de nous-mêmes et rompre pour nous l'équilibre du monde : ils meurent, et rien n'est changé : pas un rouage ne s'est dérangé dans notre vie, pas une note ne manque à l'harmonie de la création, pas une de nos habitudes n'a été troublée par ce choc qui devait briser notre âme; le lendemain des funérailles, tout a repris son cours accoutumé. Nous devions pleurer toujours, le premier rayon de soleil a suffi pour sécher nos larmes; nous avions promis l'éternité à nos regrets, le premier zéphyr caressant nous distrait et nous console; nous portions en nous un abîme de douleurs, une goutte de rosée y tombe, et l'abîme est comblé. Cœur de l'homme, qu'es-tu donc? plus mobile que la feuille du tremble, moins profond que le calice d'une fleur.

Cependant plusieurs mois s'étaient écoulés depuis le jour qui nous avait ravi madame de Sommerville, nos regrets n'avaient rien perdu de leur désolante amertume. C'est que, si jamais existence fut nécessaire ici-bas au bonheur des êtres qui l'entouraient, ce fut à coup sûr l'existence adorée de cette noble créature. Mais, il faut bien le dire, la douleur d'Albert et de Nancy n'eût point échappé aux consolations du temps, et les joies de l'hymen en eussent bientôt adouci l'âpreté; le tableau de leurs félicités, bien que triste encore et voilé, eût éclairci au bout de quelques mois le sombre deuil de mon âme, si les dernières paroles d'Aurélie ne fussent pas restées dans nos cœurs comme une source intarissable de doutes rongeurs et d'inquiétudes dévorantes. Ces paroles mystérieuses, dont nous n'osions pénétrer le sens, réveillèrent toutes les perplexités qui s'étaient élevées en moi lorsqu'un matin, dans le verger de La Baraque, Albert m'avait fait part de la déclaration d'Aurélie; elles fixèrent dans l'esprit de ma sœur l'impression d'une scène lugubre, qu'elle avait repoussée longtemps comme une fantaisie des rêves de la nuit, et qui dès lors devint pour elle le souvenir certain d'une réalité terrible; Albert s'interrogeait de son côté avec angoisse; et, chose étrange! nous éprouvions des remords, comme si nous eussions commis un crime.

Il était bien clair pour nous que madame de Sommerville avait succombé à un mal que l'art le plus habile n'aurait pas su guérir; mais quel était ce mal qu'elle avait gardé comme un trésor dans son cœur et qui ne s'était révélé à nous que par ses ravages? Morte dans la force de l'âge, à l'heure où tout l'invitait à la vie, le jour où venaient de s'accomplir ses plus chères espérances; morte adorée et vénérée de tous, alors que l'avenir ne s'offrait plus à elle que paré de riantes couleurs, quand les joies du présent allaient lui payer les larmes du passé, morte de douleur, pourtant!... Qu'était-ce donc que ce sacrifice qu'elle avait offert à Dieu en expirant? que voulaient dire ces paroles qu'elle avait adressées à ma sœur? L'infortunée était morte peut-être d'un amour mal étouffé, d'un coupable amour pour son fils!

Insensés! au lieu d'accepter notre destinée avec résignation, nous cherchions ardemment à en pénétrer le mystère !... Le mystère fut pénétré, mais celui d'entre nous qui le découvrit en mourut.

La douleur de Nancy était devenue tout à coup plus sauvage et plus rebelle : elle fuyait les caresses d'Albert, elle s'échappait pour aller gémir dans la solitude ; nous la trouvâmes plusieurs fois évanouie sur le tombeau de madame de Sommerville ; elle passait ses journées dans un morne désespoir, ses nuits dans un affreux délire ; le fantôme menaçant d'Aurélie la poursuivait dans tous ses rêves ; elle se jetait à genoux en lui demandant grâce ; lorsque Albert parvenait à la réveiller et qu'il la pressait sur son cœur, elle jetait des cris déchirants et le repoussait avec colère ; le jour, elle était taciturne et silencieuse ; je la surpris plusieurs fois baignant de ses pleurs un papier qu'elle cachait précipitamment dans son sein aussitôt qu'elle m'apercevait. Je l'interrogeai souvent : je la trouvai toujours impénétrable.

Albert et moi nous oubliâmes nos chagrins pour ne plus nous occuper que de ceux de Nancy ; mais nous essayâmes vainement de lui porter des consolations. Effrayés de cet état, nous craignîmes que sa raison, ébranlée par le coup qu'elle avait reçu, ne finît par s'égarer ; nous résolûmes de l'enlever aux lieux dont l'aspect, lui rappelant sans cesse des souvenirs trop récents et trop cruels, ne faisait qu'exalter ses regrets et irriter son désespoir : Albert, pour la sauver, se décida à recourir aux distractions des voyages, et tout fut disposé bientôt pour leur prochain départ. Nous touchions au printemps. Ils partirent ; je les accompagnai jusqu'à la frontière. Avant de nous séparer, nous nous embrassâmes ma sœur et moi en pleurant. Nous ne devions plus nous revoir.

J'avais confié à Albert la vie et le bonheur de Nancy :

je me chargeai de veiller pendant leur absence aux intérêts de leur fortune. La liquidation de la succession de madame de Sommerville n'était pas encore achevée : j'eus le courage de revenir à Anzème pour m'occuper de ces tristes affaires, seul avec mes pensées dans ces lieux désolés et déserts.

Albert et Nancy voyageaient en Italie ; chaque semaine m'apportait de leurs nouvelles. Les lettres d'Albert me rassuraient, celles de ma sœur étaient sombres et m'inquiétaient mortellement. Bientôt celles d'Albert devinrent à leur tour alarmantes, et je vécus dans une anxiété continuelle.

Au bout de trois mois, je reçus, au timbre de Florence, un paquet sous enveloppe renfermant deux lettres. Je reconnus sur l'une d'elles l'écriture de Nancy, je l'ouvris précipitamment : il y avait trois semaines que j'étais sans nouvelles. Cette lettre de ma sœur, protégée par un triple cachet, en contenait elle-même une autre pareillement cachetée, sans suscription. Je lus d'abord celle de Nancy.

Ces papiers ne m'ont jamais quitté et je puis vous les lire, ajouta Maxime après avoir allumé une bougie qu'il déposa sur la table du piano ; je les porte toujours là, sur mon cœur, pour entretenir la source de mes larmes.

« Florence, le..... 183.....

« Mon frère,

« En te quittant, je t'ai dit dans mon cœur un éternel
« adieu : je savais que la destinée ne nous réunirait
« plus sur la terre. Je me suis séparée de toi joyeuse de
« te sauver le spectacle de mes misères : il y avait si
« longtemps que tu veillais au chevet des mourants !

« Combien de mois se sont-ils écoulés depuis mon

« départ? en quels lieux, sur quelles rives m'a-t-on en-
« traînée? Je ne sais : il me semble que je voyage de-
« puis un siècle à travers les champs infinis de l'éter-
« nelle douleur. L'âme que le remords déchire n'a rien
« à attendre ici-bas ; il ne lui reste plus qu'à partir de
« ce monde pour aller chercher dans l'autre sa réconci-
« liation avec Dieu.

« Ainsi ferai-je. Et pourtant je suis pure, et pourtant
« je suis jeune, je suis belle, on le dit, j'aime, je suis
« aimée, et mon mari demande pourquoi je ne suis
« pas heureuse.... Pourquoi je ne suis pas heureuse ?
« Oh ! mon Albert, ne le demandez pas : c'est un secret
« qui fait mourir.

« Entre Albert et moi la fatalité a mis une tombe ;
« notre union est un sacrilége, notre bonheur serait un
« crime : la femme à qui nous devons tout, grâces, ta-
« lents, fortune, amour, c'est nous qui l'avons tuée, c'est
« de notre bonheur qu'elle est morte.

« La lettre que renferme la mienne t'expliquera les
« dernières paroles de notre bienfaitrice expirante, lettre
« fatale que m'a offerte le hasard, et qui a mis dans
« mon sein le poison qui me tue. Je te l'envoie, mon
« frère, pour que tu comprennes que j'ai dû repousser
« la vie, et que tu me pardonnes ma mort ; je te l'envoie
« dans la crainte qu'Albert n'y puise à son tour le mal
« qui me dévore ; je te l'envoie enfin pour que tu élèves
« dans ton cœur un autel à la sublime créature qui s'est
« immolée pour nous.

« Ah ! cette femme savait aimer ! elle aimait mieux
« que nous, Maxime !

« Ami de mon enfance, adieu.
                « NANCY. »

Je brisai le triple cachet de la lettre qui se trouvait

incluse dans celle de ma sœur, et je reconnus l'écriture d'Aurélie. Madame de Sommerville, avant de mourir, avait chargé Nancy de brûler de nombreux papiers renfermés dans une cassette : celui-ci, écrit sur tous les feuillets, avait éveillé sans doute la curiosité de ma sœur ; quelques mots, saisis au hasard, l'avait poussée sans doute à lire ces lignes, évidemment échappées à Aurélie dans une heure de tristesse et d'épanchements solitaires. Madame de Sommerville avait donc écrit sur ces pages l'arrêt de mort de Nancy !

« Anzème, le..... 183.....

« La journée a été brûlante ; vers le soir, le ciel s'est
« chargé de nuages ; à cette heure, la foudre gronde au
« loin, les éclairs blanchissent la nue. Je suis seule, je
« suis triste ; je voudrais pleurer... Qu'ai-je donc ?

« La grêle bat mes vitres, le vent fait claquer les ar-
« doises du toit, le feuillage de la garenne mugit comme
« les vagues de la mer en fureur. J'aime ce temps : il
« me rappelle la nuit d'orage où j'allai m'asseoir toute
« glacée au foyer d'Albert.

« Vous étiez bien sombre, ami, et bien découragé alors !
« Dites, vous ai-je consolé ? vous ai-je fait une belle vie ?
« Pauvre oiseau que j'ai trouvé sans nid, vous ai-je
« réchauffé dans mon sein ? vous ai-je préservé du
« vent et de la pluie ? Qu'auriez-vous fait sans moi ?
« Vous auriez bien souffert : le monde n'eût pas
« cherché à vous comprendre, et peut-être son souffle
« impur eût-il flétri votre âme dans sa fleur. Vous
« ai-je fait heureux et fort ? ai-je rendu l'espérance à
« votre cœur désenchanté ? ai-je fait éclore en vous quel-
« que mâle vertu, et pourrai-je me présenter à Dieu pa-
« rée de vos jeunes mérites ?

« Lorsque je vous ai trouvé, vous étiez bien impatient
« de vivre : vos sens s'éveillaient ; la jeunesse inquiète
« et turbulente vous révélait vaguement des joies in-
« connues jusqu'alors ; vous appeliez l'amour, et vous
« me demandiez le bonheur. Étiez-vous sûr de le
« trouver en moi, ce bonheur que vous n'aviez entrevu
« qu'à travers les songes de votre imagination ? Vieille
« et flétrie que j'étais, aurais-je compris toutes les déli-
« catesses de votre âme, et la pauvreté de mes facultés
« n'eût-elle pas humilié la richesse des vôtres ?... Je
« vous aimais pourtant !... Mon cœur n'était pas mort,
« et je sentais parfois la chaleur de votre sang qui passait
« dans le mien... Mais, fière de vos transports, je crai-
« gnais de ne pas les mériter assez ; à votre destinée,
« qui pouvait être si belle, je n'osais enchaîner une des-
« tinée maudite. J'avais tant souffert ! et, s'il est vrai
« que nous nous vengions sur ceux qui nous aiment de
« ceux que nous avons aimés, que de maux n'eussé-je
« pas amassés sur votre tête ! de quelles douleurs ne
« vous aurais-je pas abreuvé !

« J'avais passé le temps d'aimer, et vous ne l'aviez
« pas atteint ; j'arrivais à l'âge où déjà l'amour est im-
« puissant ; à l'âge que vous aviez alors l'amour est en-
« core incomplet. Ardent et pressé de vivre, vous m'eus-
« siez demandé les ardeurs que je n'avais plus ; froide
« et fatiguée de la vie, j'aurais cherché un appui dans
« la force qui vous manquait encore ; vous eussiez tour-
« menté mon cœur pour en faire jaillir à longs interval-
« les quelques pâles étincelles, j'aurais torturé votre jeu-
« nesse pour hâter sa maturité ; la lassitude serait venue
« vite, bientôt la chaîne eût été lourde, et longtemps,
« avant de la briser, nous l'eussions arrosée de nos
« pleurs.

« Ah ! j'en atteste le ciel, je n'ai pas reculé devant la
« crainte des maux que votre amour me réservait peut-
« être ; non, ce n'était pas pour moi que je tremblais ;
« trempée dans la souffrance, je me serais offerte sans pâ-
« lir aux orages d'une passion nouvelle : c'était pour
« vous, enfant, que je voyais si frêle, si facile à ployer,
« pour vous, fleur d'un matin, qu'un souffle pouvait faire
« éclore brillante et parfumée, qu'une bise trop rude
« pouvait faner et dessécher. Ah ! si, dans ces liai-
« sons où nous cherchons tous le bonheur et où nous
« trouvons si tôt la satiété, la destinée faisait deux parts
« égales, l'une des joies, l'autre des douleurs, si, moi
« gardant l'absinthe, et vous prenant le miel, nous eus-
« sions pu tous deux, moi vous ouvrir mes bras sans
« craindre de vous flétrir, et vous, aux premières lueurs
« du désenchantement, en sortir jeune encore, les lè-
« vres pures d'amertume, sans maudire et sans blasphé-
« mer, je t'aurais dit : Viens les chercher en moi, ces fé-
« licités dont tu es altéré, prends de mon cœur ce qu'il
« y reste encore de jeunesse et de vie, prends ce que
« les années et les chagrins m'ont laissé d'éclat et de
« beauté, prends tout, je suis ton bien... Et si, réveillant
« cette existence qui n'aspirait plus qu'au repos, vous
« eussiez pu en tirer pour vous un jour, une heure, un
« éclair de bonheur et de joie, je vous aurais béni dans
« mes larmes.

« Mais les choses se passent autrement. Si vous sa-
« viez, Albert, quelles teintes mornes et désolées pro-
« jette sur le reste de notre vie l'amour qui a passé
« comme la foudre dans notre printemps, quelle nuit
« sombre il laisse dans l'âme qu'il a frappée ! Je le sa-
« vais, moi, et j'aurais voulu vous en convaincre pour
« vous éviter la peine de l'apprendre ; je savais que, de

« tous ces amours qui tous ont commencé par se promet-
« tre des délices sans fin et des voluptés sans mélange,
« il n'en est pas un qui n'ait vécu dans l'agitation, pas
« un qui ait su mourir à propos, pas un qui soit mort
« sans convulsions et sans déchirements. Les liaisons
« rompent et ne se dénouent pas. Heureux lorsque le
« choc imprévu qui les brise nous meurtrit sans nous
« salir ! heureux lorsqu'aux affections les plus saintes
« et les plus ferventes ne succèdent pas la haine et le
« mépris ! heureux lorsqu'on peut respecter encore ce
« qu'on devait aimer toujours !... S'aimer toujours !
« les vieillards en rient.

« Enfant simple et confiant, quoi ! c'était sur mon
« sein que vous aviez rêvé l'amour ! c'était dans ce cœur
« dévasté que le vôtre espérait s'épanouir et fleurir ! c'é-
« tait à ces sources taries qu'aspiraient vos lèvres avi-
« des ! Ah ! sans doute je vous aurais bien aimé ! mais
« dans mes bras, enfant, n'auriez-vous jamais souffert ?
« interrogeant avec inquiétude les ruines de mon passé,
« ne vous seriez-vous jamais demandé ce que votre âme
« recevait de la mienne en échange de sa virginité ?
« Pour tous vos trésors je n'apportais, hélas ! que l'ex-
« périence, fruit sans parfum et sans saveur qui pend
« inutile aux branches mortes de la vie : vous l'eussiez
« rejeté bientôt avec dégoût ; et, quand même vous
« vous fussiez soumis à mordre à son écorce aride, qui
« vous dit que moi, faible femme, j'aurais osé l'appro-
« cher de vos lèvres ? Qui vous dit que mon aveugle
« tendresse ne vous eût pas présenté plutôt la coupe
« des faciles voluptés, et que, réservant pour moi seule les
« richesses que Dieu avait mises en vous, je ne vous
« eusse pas endormi dans mes bras et énervé de mes
« caresses ? Gloire, avenir, estimes, amitiés, pour moi

« vous auriez sacrifié le monde sans efforts, avec joie,
« je le crois ; vous résignant à n'être rien, ce qui se
« traduit dans la société par le déshonneur, mon
« amour eût été tout pour vous, et vous seriez resté
« près de moi, dans ces campagnes, obscur, ignoré,
« oubliant que vous aviez ici-bas un autre rôle à jouer
« que celui de vivre à mes genoux.

« Mais si je me l'étais rappelé, moi ! Si je m'étais prise
« un jour à rougir de votre inutilité ; si, après avoir épuisé
« la séve de vos rameaux, fatiguée de l'héroïsme de votre
« nullité, je m'étais avisée de vouloir faire de vous quel-
« que chose, et si, vous voyant allangui par la mollesse
« d'un amour indulgent, mon cœur, lassé le premier, s'é-
« tait retiré de vous... Qui sait ? J'étais vieille, mais le cœur
« est mobile... Alors quelle affreuse destinée n'eût pas
« été la vôtre ! car à vingt ans, lorsque nous aimons et
« que l'amour nous trahit, tout nous manque à la fois.
« Plus tard vous avez pour le remplacer l'ambition, la
« gloire, la vanité, la science ; l'amour alors n'est qu'une
« scène détachée de la vie : à vingt ans il est tout, c'est
« la vie tout entière. On en guérit, mais les cicatrices
« restent ; le cœur reverdit, il ne refleurit pas.

« Et cependant, jeunesse, vous appelez l'amour : c'est
« le rêve de vos jours inquiets, le tourment de vos
« brûlantes insomnies. Vous croyez, hélas ! qu'aimer
« est chose facile, que tous peuvent y prétendre hardi-
« ment, et vous cherchez sans défiance l'âme qui doit
« doubler la vôtre. Enfants que vous êtes tous ! dans
« l'impatience qui vous dévore, vous précipitez le cours
« de la vie au lieu de le suivre ; consultant vos désirs
« plutôt que vos forces, l'ardeur de votre sang plutôt
« que l'énergie de votre âme, vous devancez follement
« les années, et presque toujours il arrive que vous êtes

« au-dessous de la position que vous eussiez dominée
« plus tard.

« Je savais tout cela ; assez longtemps j'avais sondé
« le monde pour en connaître les écueils, et j'avais pitié
« de vous lancer si faible sur cette mer si orageuse...
« Et pourtant je vous aimais, Albert ! vous m'apparais-
« siez comme une vivante et gracieuse image de mon
« printemps évanoui ; je me disais que Dieu, dans sa
« justice, vous avait peut-être envoyé à moi pour me
« consoler du passé, pour essuyer mes yeux et vivifier
« mon cœur ; je me demandais si vous n'étiez pas la
« couronne du martyre que je recevais sur la terre ; je
« me demandais si je t'avais enfin rencontré, être mys-
« térieux que nous rêvons tous et que nul encore n'a
« trouvé. Ah ! pourquoi ne m'êtes-vous pas apparu
« lorsque, pure et belle comme vous, je sentais mon
« âme ardente, mon imagination enchantée, et qu'avide
« de répandre ce que j'avais en moi de bonheur et d'a-
« mour, j'appelais un frère, un ami ? pourquoi n'êtes-
« vous pas venu lorsque je vous appelais, Albert ?

« Quand le sort, par une amère dérision, nous a of-
« ferts l'un à l'autre, vous brillant de jeunesse, moi
« déjà vieille et glacée, vous triste, faible, délaissé, sans
« famille, moi forte, énergique, éprouvée par la fatalité,
« je me disais qu'à votre âge l'amour d'une maîtresse
« est moins nécessaire que l'amour d'une mère, je me
« disais qu'au mien la femme est plutôt mère qu'a-
« mante ; et lorsque, égarée par vos transports, je me
« sentis près de céder, je profitai de l'erreur de vos
« souvenirs pour nous sauver tous deux.

« Je savais de votre vie tout ce que vous en saviez
« vous-même, vous tromper me fut bien facile.

« Vous n'êtes que l'enfant de mon cœur : votre

« mère est au ciel, où j'irai bientôt lui parler de vous.

« Vous venez d'entrevoir ce que j'aurais fait de mon
« amant ; vous savez ce que j'ai fait de mon fils : une
« fois attachée à vous par des liens que rien ne pouvait
« briser, j'ai travaillé sans crainte à votre destinée ;
« n'ayant pu vous donner le bonheur, je vous l'ai
« cherché ; j'avais ravi votre cœur à Nancy, je le lui ai
« rendu ; j'avais brisé l'existence de cette enfant, je
« l'ai relevée plus vivace et plus belle, je l'ai parée
« pour vous de tout l'amour que j'avais, de toutes les
« grâces que je n'avais plus. Vous l'avez revue, et vous
« l'avez aimée... vous l'avez aimée bien vite, Albert !...
« Je vous ai fait heureux, je vous ai préparé un avenir
« calme et honnête, j'ai expié ma vie par vos félicités ;
« vos vertus expieront mes fautes. Ma vie, je ne saurais
« vous la dire : il me faudrait insulter au passé, et je
« ne le veux pas. J'ai enfermé dans mon cœur, comme
« dans un tombeau, mes affections éteintes : respectons
« la cendre des morts ! De quelques douleurs qu'ils nous
« aient abreuvés, nous nous outrageons nous-mêmes
« en outrageant ceux que nous avons aimés. Mon pre-
« mier égarement a flétri le reste de mon existence. J'ai
« quitté ma mère, mais je vous ai rendu la vôtre : Dieu
« me pardonnera peut-être. »

« Anzème, le..... 183... .

« Vous étiez ce soir près de moi, mes enfants ; vous
« étiez bien heureux : la main de Nancy était dans votre
« main, Albert ; vous contempliez avec amour votre
« belle fiancée, vous vous enivriez du souffle de ses lè-
« vres, les vôtres effleuraient en tremblant les boucles
« de ses cheveux. Qu'il y avait dans votre regard de
« bonheur, de passion, de jeunesse ! que vous étiez

« beaux tous les deux !... C'est pourtant ainsi que vous
« m'avez aimée, Albert!... Ah! cruel, lorsque je t'ai
« appelé mon fils, tu as été bien docile à te laisser
« convaincre ! »

       « Anzème, le 30 septembre

« Mon Dieu, laissez-moi encore un jour, afin que
« comme vous, Seigneur, je ne meure qu'après avoir
« vidé le calice jusqu'à la lie. »

       « Le 1er octobre, 11 heures du matin.

« A cette heure, mon Dieu, je puis mourir. Bénissez
« mes enfants, faites qu'ils soient heureux, et accueillez-
« moi dans votre miséricorde. »

Ah ! malheureuse! m'écriai-je en pensant à ma sœur,
c'est l'orgueil qui te perd ! tu ne veux mourir que parce
que tu as été surpassée en dévouement et en amour.
Tu n'as rien compris à ce sublime sacrifice ; tu n'as pas
compris qu'en l'acceptant tu pouvais t'élever jusqu'à
lui, que te résigner au bonheur c'était prier pour Aurélie
et lui donner une place au ciel ! Tu vas décompléter son
œuvre!... Ah! que n'as-tu parlé plus tôt ! que ne m'as-
tu plus tôt dévoilé ce mystère ! Mais je t'éclairerai, mais
je te sauverai : je rassurerai ta conscience effrayée, je
calmerai l'exaltation de ton cœur : tu vivras pour moi,
pour Albert ! Tu vivras, il en est temps encore.

A ces mots, j'aperçus la seconde lettre que renfermait
la première enveloppe et que je n'avais pas encore ouverte. Je tressaillis, une sueur froide coula de mon
front : cette lettre était d'Albert, le cachet en était
noir. Je me rassurai cependant en songeant qu'il portait encore le deuil de madame de Sommerville ; je par-
courais les premières lignes, lorsque le roulement d'une
voiture se fit entendre tout à coup sur la terrasse. Je re-

gardai involontairement par la fenêtre ouverte : c'était une chaise de poste, et Albert seul en descendait.

Ainsi, dit Maxime après un long silence, rien n'est complet dans la vie, tout échoue, tout avorte ; Dieu fait naître à longs intervalles quelques grands dévouements pour relever l'humanité, mais rarement il permet qu'un succès entier les couronne, afin de ne pas décourager les vertus obscures et modestes, les seules réelles ici-bas, seules vertus de la terre qui aient quelque parfum pour le ciel.

« Et Albert ? demanda le jeune homme qui avait patiemment écouté ce récit.

— Albert ignorera toujours le secret dont ma sœur est morte. Il a parlé de se tuer, il se consolera. »

LA
CHASSE AU ROMAN.

ENVOI.

A M. SIMON PORTIER.

Voici, mon ami, un livre bien frivole pour des temps si sérieux. Vous qui me connaissez, vous ne m'accuserez pas d'égoïsme ou d'indifférence. Chacun de nous doit mesurer sa tâche à ses forces : si vous avez souri en lisant ce futile récit, j'ai touché le but que je me proposais ; si vous avez oublié un instant les épreuves que nous traversons, ma part est assez belle et je m'en applaudis.

Jules SANDEAU.

Paris, 1er septembre 1848.

LA

CHASSE AU ROMAN.

I

Vers 1838, vivait à Paris un jeune homme nommé Valentin. Il avait vingt-quatre ans, suffisamment d'esprit, et, à défaut de patrimoine, un oncle qui l'adorait. C'était bien la perle des oncles que ce bon M. Fléchambault, un oncle de comédie : il est fâcheux que l'espèce n'en soit pas plus rare au théâtre et plus commune dans la vie. Uniquement en vue de son neveu, il avait déclaré, au chevet de sa sœur expirante, qu'il ne se marierait jamais, et il avait tenu parole, bien qu'ayant pour le mariage un penchant assez prononcé. Grâce à la fortune et au célibat de ce digne homme, Valentin pouvait dormir, comme on dit, sur les deux oreilles. Sans mener grand train, il voyait le monde, où il passait généralement pour un cavalier accompli, surtout aux yeux des mères de famille, dûment renseignées sur le chiffre de ses espérances. Lorsqu'il s'était agi pour lui du choix d'une carrière, son oncle lui avait dit : Fais ce que tu voudras. Après réflexion, Valentin s'était décidé à ne rien faire. Exempt d'ambition, il se réjouissait de n'être rien en observant autour de lui la plupart des gens qui croyaient être quelque chose. Riche et généreux, il avait beaucoup d'amis; sans talent ni supériorité d'aucun genre, il n'avait pas un seul ennemi. Enfin, à tous ces avantages, il en joignait d'autres que la poésie dédaigne, mais qu'apprécie la réalité; il jouissait d'une santé florissante, dînait d'un grand appétit, et, mettant à profit les relations que son oncle, ancien armateur de Nantes, avait conservées avec des capitaines au long cours, ne fumait que des cigares de la Havane. Je le demande, fut-il jamais destinée plus digne d'envie ? Il s'en fallait pourtant que le jeune Valentin fût heureux.

De même qu'un ver suffit pour gâter le plus beau fruit, un travers d'imagination suffit pour troubler la vie la plus sereine, pour corrompre le bonheur le plus parfait. On va voir comment ce jeune homme en était arrivé à méconnaître les faciles joies qu'il avait sous la main.

Amant du repos et des doux loisirs, M. Fléchambault s'était senti de tout temps attiré par la vie champêtre; vieillir en paix à l'ombre des arbres qu'il aurait plantés, avait été le rêve de ses jeunes années. Aussitôt qu'il avait pu réaliser ce rêve, M. Fléchambault avait renoncé aux hasards du commerce et s'était retiré prudemment dans sa propriété des Cormiers, à quelques lieues de Nantes, sur le bord de la Sèvres. Il estimait qu'une chaumière en terre ferme offre au bonheur plus de garantie qui six navires sur l'Océan. A défaut de chaumière, il possédait une belle habitation se donnant des airs de château, des bois, des fermes, des prairies à l'entour, tout un petit royaume silencieux et charmant. C'est là que Valentin avait achevé de grandir, objet de tant d'amour et de sollicitude, qu'il ne lui vint jamais à la pensée de se demander s'il était orphelin. A dix-huit ans, c'était un beau et bon jeune homme, sachant très-peu de grec et de latin, mais chasseur intrépide, montant à cheval comme un Lapithe, et faisant la joie de son oncle, qui ne prévoyait pas d'obstacle à l'accomplissement du plus cher de ses vœux. Or, le vœu le plus cher de M. Fléchambault était de marier Valentin avec la fille de son vieil ami Varembon.

M. Varembon et M. Fléchambault étaient deux amis de la vieille roche. Leur amitié est restée proverbiale à Nantes, comme celle d'Euryale et de Nisus. Je n'en citerai qu'un trait qui en vaut mille. Ayant découvert à l'insu l'un de l'autre qu'ils aimaient tous deux la même femme, tous deux s'embarquèrent en secret sur deux navires différents, chacun croyant ainsi laisser à l'autre le champ libre. Les deux navires arrivèrent le même jour en vue de New-York, et les deux amis se reconnurent en mettant le pied sur la plage. De retour à Nantes, Fléchambault alla se jeter aux genoux de la femme aimée, c'était une jeune veuve, et la supplia d'épouser Varembon. Une heure auparavant, Varembon, les mains jointes, l'avait suppliée d'épouser Fléchambault. Ils ignoraient qu'en leur absence la jeune veuve avait épousé son cousin qu'elle aimait déjà du temps de son premier mari.

M. Varembon s'étant marié quelques années plus tard, il en résulta une petite fille toute blanche et toute rose qui reçut le nom de Louisanne, et fut fiancée, une heure après sa naissance, à Valentin, qui comptait trois ans révolus. Je ne dirai qu'un mot de madame Varembon. Lorsqu'une femme est introduite, à quelque titre que ce soit, dans l'intimité de deux hommes jusque-là tendrement unis, et que sa présence, loin de troubler leur union, ne réussit qu'à la resserrer, à la maintenir, soyez sûr que cette femme est douée de qualités bien rares. Telle était madame Varembon; aussi mourut-elle à vingt ans. Les deux amis renouvelèrent, à son lit de mort, le serment de vivre ensemble et de ne se quitter jamais. Le destin jaloux devait en disposer autrement.

L'Océan est le tapis vert où se voient les plus grands coups du sort. Un jour, M. Varembon reçut la nouvelle que toute sa fortune venait d'être balayée par le vent. La ruine était complète, la banqueroute imminente. On put voir alors ce qu'est un véritable ami. M. Fléchambault combla le gouffre où menaçait de s'engloutir l'honneur de M. Varembon; puis, ayant fait deux parts égales du peu qui lui restait, il dit: « Voilà ma part, et voici la tienne. » Là-dessus, ils s'embrassèrent en pleurant, car ils allaient se séparer. M. Varembon, pour qui la place de Nantes n'était plus tenable, partait pour la Nouvelle-Orléans, où il pensait relever ses affaires et réédifier sa fortune. Il partit avec l'espoir d'un prompt retour. Valentin avait huit ans alors, Louisanne en avait cinq; en se quittant, les jeunes fiancés se jurèrent fidélité à toute épreuve.

Il y a dans la séparation de deux êtres unis par l'affection la plus sainte, la plus fraternelle, quelque chose de plus triste que la séparation elle-même, c'est de voir combien il est aisé de vivre séparés l'un de l'autre; trop heureux si l'amitié ne dépérit pas au bout de quelques mois, trop heureux si, au bout de quelques années, on se hèle encore de loin en loin! C'est la commune loi; nos deux amis étaient dans l'exception. S'ils s'habituèrent aux regrets de l'éloignement, du moins leur amitié n'eut point à souffrir de l'absence. Vainement les mois, les années s'écoulèrent, ils ne cessèrent pas de mêler, dans une correspondance active, leurs projets et leurs espérances. M. Fléchambault avait reconquis assez rapidement la fortune qui suffisait à la modestie de ses ambitions. Retiré du commerce, il pressait M. Varembon de venir s'installer aux Cormiers pour y vieillir ensemble et marier leurs enfants, aussitôt que l'heure aurait sonné pour eux. C'était aussi le vœu de M. Varembon, ses lettres en faisaient foi ; mais il avait à cœur de rentrer opulent dans le pays qui l'avait vu partir pauvre et déshérité ; il voulait surtout, dans un sentiment facile à comprendre, que sa fille apportât au neveu de M. Fléchambault une dot digne de la fille d'un roi. En attendant, il n'était question dans ses lettres que de la beauté de Louisanne, de sa grâce toujours croissante, de même que les lettres de M. Fléchambault ne tarissaient pas sur les perfections du jeune homme. Les épîtres de M. Varembon passaient sous les yeux de Valentin ; celles de M. Fléchambault étaient communiquées à Louisanne. Ainsi ces deux enfants, qui n'avaient l'un de l'autre qu'un vague souvenir, s'étaient pourtant habitués de bonne heure à l'idée qu'ils devaient un jour être unis. Au dire de M. Varembon, Louisanne entrevoyait sans effroi la destinée qu'on lui réservait ; de son côté, Valentin, chez qui la jeunesse n'avait pas encore fait explosion, se prêtait avec bonne grâce aux projets de son oncle, et, je le répète, M. Fléchambault ne prévoyait pas d'obstacles à l'accomplissement du plus cher de ses vœux, quand la fatalité conduisit Valentin chez le chevalier de Sainte-Amarante.

Le chevalier de Sainte-Amarante avait soixante-douze ans. Il avait vu la cour de Versailles, où il s'était fait remarquer par sa façon de danser le menuet. Jaloux de donner à la monarchie une preuve plus authentique de son dévouement, il avait émigré des premiers ; on s'était fort occupé à Coblentz de ses amours et de ses duels. A l'en croire, partout où il s'était montré, il avait laissé la réputation d'un diable à quatre, buvant bien, se battant de même, et vert galant comme le roi Henri. Le fait est qu'à soixante ans il était encore très-alerte, et que ceux de ses paysans qui avaient femme jeune ou fillettes, aimaient assez à porter eux-mêmes au château la crème et le lait de leurs vaches. A l'époque dont nous parlons, il vivait seul dans un petit castel, perché comme un pigeonnier sur le plateau d'une colline, dans les environs de Tiffauges. Depuis quelques années, la goutte lui avait signifié que c'était fini pour lui de la saison des aventures.

Cloué le plus souvent sur son fauteuil, n'ayant autour de lui personne qui l'aimât, car il n'avait jamais aimé personne, réduit pour toute distraction au souvenir de ses équipées, le chevalier de Sainte-Amarante s'était jeté tête baissée dans la lecture des romans, seule lecture qui convînt à cet esprit frivole et dissipé. Les fictions le consolaient de la perte des réalités. Il lisait sans choix ; pourtant il préférait les romans modernes où se peignaient les mœurs, les sentiments et les passions du jour. Il se plaisait à comparer la société nouvelle avec celle où il avait brillé d'un si vif éclat, et reconnaissait volontiers que, depuis qu'il avait la goutte, il n'y avait plus personne en France qui entendît quelque chose à l'amour. Ce qui n'avait d'abord été qu'un passe-temps était devenu une vraie manie. On ne saurait calculer la quantité de romans qu'absorba le chevalier pendant les dernières années qu'il passa sur la terre. La meilleure partie de ses revenus, qui n'étaient pas fort considérables, s'écoulait en achats d'in-octavos à couverture de papier beurre frais, jaune serin ou gris de perle.

Tout volume nouveau était fêté comme un ami qui serait venu le visiter dans sa solitude. Sur les derniers temps, il apportait dans ses lectures tant de sincérité, de passion, de fougue et d'ardeur, qu'on dut craindre plus d'une fois pour sa vie ou pour sa raison. Par exemple, si le héros d'un livre était jeune, amoureux, de bonne race et galamment tourné, le chevalier ne manquait jamais de s'identifier avec lui. Il souriait complaisamment et relevait fièrement la tête à chaque trait de vaillance ou d'esprit ; chaque page était un miroir qui lui renvoyait son image. Mais quand par malheur les choses n'allaient plus à son gré, quand le malencontreux héros se laissait choir dans un piège ou s'avisait de faire quelque sottise, alors le chevalier, rouge d'indignation et de colère, se tordait dans son fauteuil, éclatait bientôt comme une bombe, et finissait par jeter le livre par la fenêtre en s'écriant que jamais un Sainte-Amarante ne s'était conduit de la sorte. On le voit, le vieux gentilhomme en usait un peu avec les romans modernes comme don Quichotte avec les romans de chevalerie.

Un jour, emporté par l'ardeur de la chasse, Valentin, précédé d'une meute complète, avait lancé son cheval dans un vaste champ où commençait à verdir la moisson nouvelle. Tout fut haché, broyé, saccagé. Honteux de son étourderie, Valentin résolut de la réparer aussitôt. Il venait d'apprendre que le champ dévasté appartenait au chevalier de Sainte-Amarante ; il n'hésita pas à se rendre chez le chevalier pour lui offrir, avec ses excuses, la réparation des dommages qu'il avait causés. Au bout d'une heure, son cheval s'arrêtait devant la porte du petit castel à demi ruiné, où la goutte, les ans et les romans achevaient de consumer le dernier héritier d'une race de preux.

Une fois là, Valentin sentit sa résolution chanceler. Il ne connaissait que par la voix publique le chevalier de Sainte-Amarante, qui jouissait dans le pays d'une belle réputation de vieillard quinteux, bizarre, atrabilaire, entiché de gentilhommerie. Quel accueil allait-il recevoir? à quels procédés devait-il s'attendre? Cependant, comme sa démarche n'avait rien que d'honnête et qu'il la considérait d'ailleurs comme un devoir, il mit pied à terre et pénétra bravement dans une cour déserte, silencieuse, où vivaient en paix quelques familles de poules et de canards. Après avoir cherché vainement, jusque dans l'intérieur du château, un serviteur qui l'introduisît chez son maître, Valentin se disposait à se retirer, lorsqu'il crut entendre un bruit sourd qui partait du seul appartement dont la porte ne fût pas ouverte. Il frappa trois coups, tourna la clef dans la serrure, et se trouva face à face avec le chevalier de Sainte-Amarante, qu'il reconnut facilement, bien qu'il le vît pour la première fois.

Précisément en cet instant, le chevalier était en proie à un de ces accès d'indignation et de colère que je signalais tout à l'heure. Il venait de surprendre en faute grave un de ses héros de prédilection, et, malgré la goutte assassine, il se promenait comme un fou furieux dans sa chambre. La présence inopinée d'un visiteur irrita sa folie au lieu de l'apaiser.

—Oui, je le soutiendrai envers et contre tous, s'écriat-il en apercevant Valentin, qui, debout sur le pas de la porte, le regardait d'un air effaré; c'est une honte! une infamie! Ce n'est pas ainsi qu'en agissaient les gentilshommes de mon temps.

En entendant ces mots, Valentin ne douta plus que le chevalier de Sainte-Amarante ne fût déjà instruit des dégâts faits dans son champ.

— Monsieur le chevalier, répliqua-t-il avec douceur, permettez-moi d'abord de vous faire observer que je ne suis pas gentilhomme. Je me nomme Valentin et suis le neveu de M. Fléchambault.

— Cela ne me regarde pas.

— Pardonnez-moi, monsieur le chevalier, il est bon que vous me connaissiez. Je ne suis pas gentilhomme, mais je crois être, dans les questions d'honneur et de loyauté, aussi bon juge que vous-même, et j'ose dire que vous allez trop loin. Il n'y a dans toute cette affaire ni honte ni infamie que je sache.

— Ventre de biche! monsieur, s'écria le chevalier hors des gonds, vous en parlez bien à votre aise. En fait d'honneur et de loyauté, la jeunesse aujourd'hui paraît être fort indulgente. Elle était de mon temps plus difficile, Dieu merci!

— En vérité, monsieur le chevalier, il n'est pas besoin de beaucoup d'indulgence pour ne voir dans tout ceci qu'une étourderie de jeune homme.

— Une étourderie de jeune homme! Ah! vous appelez cela une étourderie de jeune homme! Dans notre langue à nous, savez-vous, monsieur, comment cela s'appelait autrefois?

— De grâce, calmez-vous, monsieur le chevalier. Ce n'est pas la première fois que l'ardeur de la chasse...

— L'ardeur de la chasse n'excuse pas un acte de félonie devant lequel Nemrod lui-même eût reculé.

— Les dégâts ne sont pas aussi considérables que vous l'imaginez.

— Les dégâts! Vertu-Dieu! le mot est bien choisi. Les dégâts! l'expression me plaît.

— Sans doute c'est un malheur, mais qui n'est pas irréparable.

— Irréparable, monsieur, irréparable! Cette fois, vous avez dit le mot. Jeune encore, dans tout l'éclat de sa grâce et de sa beauté, la marquise de Miraflor est morte, elle est morte écrasée.....

— C'est une abominable calomnie! s'écria vivement Valentin, interrompant le chevalier. J'ai ravagé votre champ, mais je n'ai jamais écrasé personne. Si la marquise de Miraflor est morte écrasée, je ne suis pour rien dans cette catastrophe. Quant aux dégâts que j'ai pu faire dans votre propriété, nommez vous-même des experts.....

— Que parlez-vous d'experts? repartit M. de Sainte-Amarante, à son tour étonné. Je vous dis que la marquise de Miraflor est morte écrasée sous le poids de son infortune. Elle n'a pu survivre au lâche abandon de son amant, le vicomte de Clochebourde, à qui elle avait sacrifié le meilleur des époux; elle est morte de désespoir, tandis que l'infâme vicomte, qui la savait mourante, courait un cerf dans la forêt de Chantilly. Et vous appelez cela une étourderie de jeune homme!

— Tâchons de nous entendre, répondit Valentin; je vous parle de votre champ, et vous me parlez du vicomte de Clochebourde.

— Que diable! monsieur, reprit le chevalier, je ne me donne pas pour un moraliste sévère, et ne vois pas grand mal à ce que l'on quitte une femme; mais il y a façon de s'y prendre. Pour ma part, j'en quittai plusieurs. Je ne vous dirai pas que la chose leur fut agréable ; mais ce que je puis affirmer, c'est que pas une d'elles n'en mourut de chagrin.

— Je vous crois, monsieur le chevalier. Je suis loin d'approuver la conduite du vicomte de Clochebourde ; la triste fin de madame de Miraflor m'inspire une pitié sincère. Permettez cependant que j'explique le sujet qui m'amène devant vous.

Et Valentin conta l'affaire en peu de mots. Sa façon de s'exprimer, sa jeunesse, sa bonne mine, son air de candeur plurent singulièrement au vieux gentilhomme, dont la raison venait enfin de se dégager du gros nuage qui l'avait obscurcie. Dans la solitude où vivait le chevalier depuis plusieurs années, la présence d'un étranger était une trop rare aubaine, pour qu'il n'en sentît pas tout le prix. Il mit un entêtement chevaleresque à refuser toute espèce d'indemnité.

— Je vous en prie, ne parlons plus de cela, dit-il à Valentin, qui insistait encore. C'est un petit malheur que je ne saurais déplorer, puisqu'il me vaut le plaisir de vous voir et de vous connaître. J'en serai quitte l'an prochain pour vendre mon grain plus cher. Quant à Clochebourde, je persiste dans mon opinion : c'est un malheureux.

Valentin, qui pensait que le chevalier avait connu particulièrement les personnages de cette lamentable histoire, crut devoir, par discrétion, se hâter de prendre congé.

— Madame de Miraflor était de vos amies, dit-il ; votre douleur est trop respectable pour que je veuille la troubler plus longtemps.

— Du tout, du tout ! s'écria le chevalier ; vous ne partirez pas ainsi. Vous êtes mon prisonnier. Asseyez-vous là et causons.

Et M. de Sainte-Amarante apprit à Valentin que la marquise de Miraflor n'avait jamais existé, pas plus que le vicomte de Clochebourde, et qu'il s'agissait tout simplement d'un roman intime qu'il avait lu dans la matinée. Valentin ouvrait de grands yeux et se demandait s'il rêvait. Tout en l'écoutant, il examinait le chevalier avec un sentiment de curiosité mêlé d'inquiétude. C'était un petit vieillard à la fois sec et vert. Il avait encore l'œil vif et la main belle ; mais son visage ridé, ratatiné, ressemblait à un masque de parchemin jauni par le temps, racorni par le feu. Il portait sur la tête une coiffe de nuit, retenue sur le front par un ruban jonquille ; son corps maigre et fluet, toujours en mouvement, frétillait comme une anguille dans les plis d'une vaste robe de chambre bleue, à rosaces jaunes qui flamboyaient comme autant de soleils sur un fond d'azur. L'appartement qui servait de cadre à cette figure en complétait l'effet pittoresque. Qu'on se représente une salle immense, au parquet disloqué, aux lambris vermoulus, le long desquels pendaient quelques portraits d'ancêtres qui semblaient contempler avec mélancolie la ruine de leur maison. Au milieu de cette salle, un paravent de cuir de Hollande, dernier vestige d'une splendeur évanouie, formait une espèce de sanctuaire où se tenait le chevalier, entre des piles de romans qui s'élevaient autour de lui comme un second mur d'enceinte. En levant les yeux, Valentin voyait les araignées qui tendaient paisiblement leurs toiles aux angles du plafond : en prêtant l'oreille, il entendait trotter derrière le paravent de longues processions de rats et de souris, alléchés par le parfum des in-octavo.

— Ainsi, monsieur le chevalier, vous aimez passionnément la lecture ? dit enfin Valentin, qui n'était pas bien sûr que le dernier des Sainte-Amarante ne fût pas fou à lier.

— Que voulez-vous? répondit en souriant le hobereau. Je ressemble aux vieux capitaines hors de service, qui lisent des récits des batailles pour tromper leur oisiveté. Je me suis retiré du monde, et le monde s'est retiré de moi. Grâce aux amis que vous voyez rangés autour de mon fauteuil, je suis encore des yeux la mêlée des passions à laquelle je ne peux plus prendre part ; j'assiste encore, du fond de ma retraite, à la représentation de la vie. Je me console de n'avoir plus de rôle dans la pièce, en observant les acteurs qui m'ont remplacé.

— A ce compte, monsieur le chevalier, répliqua Valentin que ces paroles avaient pleinement rassuré, les romans vous offrent une image fidèle du monde et de la vie?

— Certainement, s'écria le vieillard qui parut légèrement surpris de la réflexion du jeune homme.

— Vous êtes, en pareille matière, meilleur juge que moi, monsieur le chevalier. J'ai dix-neuf ans, et ne sais rien de ce qui se passe loin de nos campagnes. J'ai grandi à l'ombre de nos bois, et n'ai lu jusqu'à présent que quelques livres de voyages, dont se compose la bibliothèque de M. Fléchambault. Cependant, je me suis laissé dire par mon oncle que les romans ne sont, pour la plupart, que des peintures extravagantes, et n'ont rien de commun avec la réalité.

— Mon jeune ami, répliqua vertement le chevalier, j'en suis fâché pour M. votre oncle; il n'a fait qu'exister et n'a jamais vécu. Tous les romans sont l'expression du cœur humain, de la vie humaine; il n'en est pas un seul qui ne soit un fragment de l'histoire de l'humanité. Des peintures extravagantes! D'où vient donc que la société s'y reconnaît comme dans une glace? D'où vient que la jeunesse y puise des enseignements? D'où vient que le vieillard qui vous parle y ravive ses souvenirs? Je vais plus loin : la vie réelle est plus romanesque, plus riche en incidents que les fictions les plus hardies. L'imagination ne se nourrit que des rognures de la réalité.

— Comment, monsieur le chevalier, s'écria Valentin qui allait de surprise en surprise, on peut rencontrer dans le monde des marquises de Miraflor, des vicomtes de Clochebourde!

— Le monde est plein de Clochebourde et de marquises de Miraflor, répondit gravement M. de Sainte-Amarante. Mais qu'est-ce que cela? ajouta-t-il aussitôt avec un sourire de mépris. *La marquise de Miraflor* est un roman intime. Or, vous saurez que le roman intime est ce qu'il y a de plus plat et de plus bourgeois. Êtes-vous allé à Nantes?

— C'est là que je suis né.

— Avez-vous visité le musée?

— Une fois seulement, monsieur le chevalier.

— Sans doute vous avez remarqué des tableaux de l'école flamande; ce sont pour la plupart des scènes de ménage ou des intérieurs de cuisine. Eh bien, mon jeune ami, vous connaissez le roman intime; c'est l'existence dans ce qu'elle a de plus terne et de plus vulgaire. Parlez-moi de ces beaux livres où l'imprévu jaillit à chaque phrase, où les incidents se pressent, où toutes les grandes passions sont en jeu, plus riches en catastrophes de tout genre que l'*Iliade* en funérailles, dont il est impossible de pressentir le dénoûment avant d'avoir tourné le dernier feuillet! Voilà les romans qu'il faut lire lorsqu'on veut étudier le monde; c'est là qu'on peut surprendre la vie dans ses combinaisons les plus ingénieuses, dans ses complications les plus bizarres, dans ses plus étranges fantaisies.

Valentin ne revenait pas de sa stupeur. Pour lui prouver que la vie réelle n'est qu'un enchaînement d'aventures plus ou moins singulières, que l'imprévu gouverne le monde et que l'imagination des romanciers n'a rien inventé, le chevalier se mit à raconter quelques histoires de sa jeunesse qui, à l'entendre, n'avait été qu'un long roman de cape et d'épée. Ragaillardi par ses souvenirs, il avait retrouvé ses vingt ans. A défaut de bon sens, il ne manquait pas d'esprit et savait donner un tour galant à tout ce qu'il disait. Valentin était tout oreilles. Lorsqu'il se leva pour partir, le gentilhomme, qui tenait à son auditoire, lui coupa une seconde fois la retraite.

— Vous dînez avec moi, lui dit-il. Je prétends que nous vidions ensemble un vieux flacon ; la goutte et le docteur en penseront ce qu'ils voudront, je m'en soucie comme de cela. Vous vous en irez à la nuit. Le temps est beau, les sentiers sont sûrs, et vous aurez la pleine lune. A votre âge, j'aimais à chevaucher ainsi à la clarté des étoiles. Je me souviens qu'un soir, en revenant du château de la Bretêche, je rencontrai sur mon chemin la petite vicomtesse de Maflé, un vrai bijou : je la pris en croupe et je l'enlevai.

— Est-ce possible ? s'écria Valentin.

— Ce qu'il y a de plus plaisant, c'est que le mari était à quelques pas de là, qui s'amusait à bâiller aux corneilles. Huit jours après, il me donna un bon coup d'épée. J'avais dix-huit ans ; ce fut mon premier duel et mon premier amour. L'aventure est piquante ; je vous la conterai au dessert.

Le dîner fut gai. Au lieu d'un vieux flacon, on en but

deux. Le chevalier, qui ne se lassait pas de parler, par la raison toute simple qu'il ne parlait que de lui-même, fit tous les frais de l'entretien. De son côté, Valentin ne se lassait pas de l'entendre. Au dessert, c'étaient déjà de vieux amis. Cependant la lune montrait sa face ronde derrière les créneaux du château de Tiffauges. Pour le coup, Valentin, qui craignait que son oncle ne fût inquiet, prit décidément congé de son hôte. Prêt à se retirer :

— Il me reste une grâce à vous demander, lui dit-il.

— Que puis-je pour vous ? répliqua le chevalier. Avec ce que m'ont laissé les ans, la goutte et les révolutions, je croirais manquer de générosité en vous offrant ma fortune et ma vie.

Valentin sollicita comme une faveur la permission d'emporter un des nombreux romans qui encombraient l'enceinte réservée.

— A votre choix ! s'écria M. de Sainte-Amarante en l'entraînant dans le sanctuaire. Romans d'intrigue, romans d'analyse, romans passionnés, romans intimes, romans pastoraux, romans maritimes, romans de cape et d'épée, nous en avons ici pour tous les goûts ; vous pouvez étudier la vie sous toutes ses faces et sous tous ses aspects.

Valentin prit au hasard un volume, qu'il mit dans sa poche, et partit, non sans promettre au chevalier de le visiter souvent dans son petit castel. Il revint lentement, au pas de sa monture. Il faisait une nuit radieuse. Les haies étaient en fleur ; les insectes ailés bourdonnaient dans l'air, qu'embaumait l'aubépine. Pour la première fois, Valentin se sentait troublé, inquiet, agité, rêveur ; ne sachant que penser des discours qu'il venait d'entendre, se demandant si ce n'était pas la folie, il éprouvait quelque chose de pareil à ce que dut éprouver Christophe Colomb à la première révélation d'un nouveau monde au delà des mers.

En arrivant aux Cormiers, il trouva son oncle plongé dans la lecture de ses livres de compte. Le même jour, après le départ de son neveu pour la chasse, M. Fléchambault avait reçu une lettre de son vieil ami Varembon. Louisanne venait d'achever sa seizième année. Dans son langage poétique et fleuri, M. Varembon comparait sa fille à un lis virginal qui, transplanté bientôt de la Nouvelle-Orléans sur les bords enchantés de la Sèvre nantaise, achèverait de s'épanouir sous l'haleine embaumée de l'Hymen. Entraîné par le tourbillon des affaires, il ne pouvait encore préciser l'époque de son retour ; mais son imagination s'exaltait à la pensée des joies que lui promettait l'avenir. Comme le poëte de Tibur, il s'écriait avec enthousiasme : O campagne, quand te reverrai-je ? *O rus, quando te aspiciam ?* Sous sa plume, le bonheur domestique et le bonheur champêtre s'étaient parés des plus riantes couleurs. On eût dit un berger d'Arcadie, déporté à la ville, étouffant dans l'air des cités et soupirant après ses champs et ses génisses. Au milieu de ces images bucoliques se dressaient de loin en loin, comme des cyprès dans un verger, des obélisques et des pyramides de chiffres, destinés à tenir M. Fléchambault au courant des transactions commerciales de son ami.

M. Fléchambault n'eut rien de plus pressé que de communiquer cette lettre à son neveu. Après l'avoir parcourue d'un œil distrait, avec un secret sentiment d'humeur, Valentin se retira dans sa chambre et passa le reste de la nuit à lire le roman que lui avait prêté le chevalier de Sainte-Amarante.

II

A compter de ce jour, Valentin retourna fréquemment chez le chevalier, et n'en revint jamais sans quelque roman dans sa poche. Comme il était aisé de le prévoir, ce jeune homme, qui ne savait rien de la vie, et qui n'avait lu jusque-là que quelques relations de voyages, s'était laissé prendre au charme décevant de ces récits étranges, ardents et passionnés. En quelques mois, il eut épuisé les trésors de la bibliothèque du vieux gentilhomme. La nuit, enfermé dans sa chambre, il lisait souvent jusqu'aux premières lueurs de l'aube ; le jour, il lisait jusqu'au soir, assis à l'ombre des haies ou couché dans les hautes herbes. Son imagination, son cœur et ses sens s'éveillèrent sous l'influence de ces lectures, qu'aggravaient, loin de l'atténuer, ses entretiens avec M. de Sainte-Amarante. Il ne tarda pas à se sentir atteint d'un profond ennui. Un jour qu'il causait avec le chevalier, il en vint à parler de Louisanne, des projets de son oncle, de la destinée que lui préparaient M. Fléchambault et M. Varembon. Le chevalier se mit à rire.

— M. Fléchambault et M. Varembon se moquent de vous, dit-il à Valentin. Depuis quand s'ensevelit-on avant d'avoir vécu ? Depuis quand baisse-t-on le rideau avant d'avoir commencé la pièce ? Depuis quand le dénoûment d'un livre se trouve-t-il au premier chapitre ? Quoi ! lorsque s'ouvrent devant vous tant de jolis sentiers où chantent la jeunesse et l'amour, vous iriez prendre la grande route poudreuse qui mène droit au temple d'Hyménée ! J'ai connu trop de maris pour être partisan du mariage. Je reconnais pourtant qu'il est pour un galant homme deux façons honnêtes d'arriver à ce but qu'on appelle, je ne sais pourquoi, le but de l'humanité. J'admets qu'on se marie pour faire une fin. On a couru le monde en tous sens, on sait tous les secrets de la vie, on n'a plus le pied assez ferme, assez sûr pour gravir les coteaux de la verte Bohême : je ne nie pas qu'il ne soit doux alors de se réfugier dans le sein du bonheur domestique. On épouse une jeune fille qui ne sait rien et qui brûle de savoir ce qu'on ne peut plus lui apprendre ; elle vous trompe et l'on est tout étonné de découvrir, après réflexion, que ce n'est pas un si grand malheur qu'on se l'était figuré d'abord. J'admets aussi qu'on se marie par surprise et par aventure ; je conçois qu'après s'être égaré dans les chemins de traverse on se laisse happer au détour d'une haie par messire Hymen qui vous guettait depuis longtemps, caché sous les traits de l'Amour, et vous attendait au passage, comme un malfaiteur embusqué derrière une porte. Je comprends que les choses puissent se passer de la sorte : mais se marier pour se marier, se marier à vingt ans pour faire plaisir à son oncle, se marier sans aventure et sans amour, se marier parce qu'à trois ans on fut fiancé à une petite fille au berceau, je déclare que c'est la plus triste de toutes les folies, la femme qu'on épouse fût-elle jeune et belle comme Vénus sortant du sein des eaux.

— Remarquez, monsieur le chevalier, que c'est ici le cas qui se présente, répliqua timidement Valentin. S'il faut en croire M. Varembon, Louisanne n'est pas seulement belle comme Vénus : à la grâce, à la beauté, elle unit la bonté d'un ange.

— Connu, connu ! s'écria M. de Sainte-Amarante. Règle générale, entre quinze et seize ans, les jeunes filles subissent, au dire des parents, une transformation merveilleuse et deviennent tout à coup des anges. Je ne suis surpris que d'une chose : c'est que, dans les familles, on ne se soit pas avisé de coudre des ailes aux jeunes filles à marier. D'ailleurs, là n'est pas la question. Je veux croire que mademoiselle Louisanne est parfaite, et aussi charmante que l'affirme M. Varembon; il suffit qu'on vous la destine depuis longtemps pour que vous ne l'épousiez pas. Je le répète, le mariage est un but auquel il est permis d'arriver, mais qu'il faut se garder de voir de trop loin, sous peine de supprimer tous les agréments du voyage.

— C'est que mon oncle et M. Varembon...

— M. votre oncle et M. Varembon me font l'effet de deux pèlerins qui veulent confisquer votre jeunesse au profit de leur égoïsme.

— Mon oncle prétend que le bonheur est là, sur le bord de la Sèvre, au fond de nos campagnes.

— M. votre oncle ne croit pas ou ne comprend pas un mot de ce qu'il dit. Qu'est-ce que le bonheur, je vous prie? Est-ce une chose qu'on puisse définir? L'essence en est-elle connue? La forme en est-elle arrêtée? M. votre oncle a-t-il vu le bonheur? s'est-il trouvé nez à nez avec lui? pourrait-il m'apprendre comment il est fait? Mon ami, le bonheur est aussi varié et aussi variable que l'espèce humaine; il se transforme et se modifie selon l'âge et le tempérament des hommes. Il y a, Dieu merci! plus d'une manière d'être heureux. Ne pas trop souffrir de la goutte, lire un roman au coin du feu, interrompre de temps en temps ma lecture pour tremper une mouillette de biscuit dans un verre de vin d'Alicante, voilà pour moi le bonheur aujourd'hui. Pensez-vous que ce fût le bonheur pour moi quand j'avais vingt ans?

— Mais, monsieur le chevalier, c'est que mademoiselle Louisanne elle-même paraît tenir beaucoup à cette union.

— Qui vous l'a dit?

— M. Varembon, qui ne cesse de le répéter dans toutes ses lettres.

— M. Varembon écrit que sa fille vous aime?

— Pas précisement.

— Qu'elle sera charmée de vous épouser?

— C'est la vérité.

— Eh bien, M. Varembon vous trompe.

— Soyez sûr, monsieur le chevalier, qu'un ami de mon oncle ne peut être qu'un honnête homme, incapable de tromper personne.

— En ce cas, mon jeune ami, M. Varembon est un sot.

— M. Varembon est un sot! s'écria Valentin frappé de stupeur.

— Entendons-nous, reprit le chevalier. Il est possible qu'en affaires M. Varembon soit un esprit éminent; mais dans toutes les questions qui relèvent de la science du cœur humain, je le tiens pour un oison bridé. Voici pourquoi : c'est que mademoiselle Louisanne vous hait.

— Mademoiselle Louisanne me hait! s'écria Valentin bondissant sur sa chaise comme s'il eût été piqué par une guêpe. J'avoue, monsieur le chevalier, que vous m'étonnez singulièrement. Pourquoi voulez-vous que mademoiselle Louisanne me haïsse? Quand nous nous sommes quittés, elle avait cinq ans et j'en avais huit. En admettant que j'aie eu des torts envers elle, il faut que vous lui supposiez une mémoire bien fidèle, bien implacable.

— Mademoiselle Louisanne vous hait parce qu'elle doit vous haïr, parce qu'il est impossible qu'elle ne vous haïsse point. A la Nouvelle-Orléans comme sur les bords de la Sèvre, le cœur humain est partout le même, capricieux, fantasque, ombrageux, amoureux des obstacles, épris de l'impossible, par-dessus tout ivre de liberté. Il veut choisir lui-même et n'entend pas qu'on choisisse pour lui. Il fuit ce qu'on désigne à son amour, il aime ce qu'on signale à sa haine. Défendez à un enfant de toucher aux fleurs de vos plates-bandes, il les saccagera toutes; permettez-lui de les moissonner, il n'en cueillera pas une seule. Voilà le cœur humain, mon jeune ami : vieux comme le monde, il est encore enfant. Je jurerais qu'à cette heure mademoiselle Louisanne adore et veut épouser à tout prix un jeune homme qu'il lui est interdit d'aimer. Comment ne vous haïrait-elle pas? Vous-même vous la haïssez.

— Pour le coup, c'est trop fort! s'écria Valentin en riant.

— C'est comme cela, reprit le chevalier avec un imperturbable sang-froid. Descendez en vous-même, et vous verrez que vous la haïssez par la raison qui fait qu'elle vous hait. Vous êtes victimes, elle et vous, de l'ineptie de vos parents qui auraient dû savoir que l'amour ne va jamais où on lui dit d'aller. Quoique séparés par les mers, vous vous détestez comme deux forçats attachés à la même chaîne.

— Mais songez donc, monsieur le chevalier, que nos parents sont de vieux amis, frères par le cœur, sinon par le sang; songez que Louisanne et moi nous avons joué dans le même berceau.

— Eh! ventre de biche, c'est là qu'est le malheur! riposta vivement M. de Sainte-Amarante. S'il existait entre vos parents une de ces bonnes haines héréditaires qui se transmettent fidèlement de génération en génération ; s'il en était de leur maison comme de deux camps ennemis ; si leurs gens ne pouvaient se rencontrer sans échanger quelques gourmades ; si le perfide Fléchambault machinait sourdement la ruine de Varembon ; si le farouche Varembon complotait en secret la mort de Fléchambault ; enfin, si dès l'enfance on vous eût élevés, vous et mademoiselle Louisanne, comme deux louveteaux destinés à s'entre-déchirer : oh ! alors, fussiez-vous séparés par le Caucase entassé sur les Cordillères ; eût-on mis entre vous tous les monts, tous les fleuves et tous les océans du globe, vous trouveriez encore le moyen de vous voir, de vous aimer, de vous le dire et de vous épouser à la barbe de Fléchambault et de Varembon. Mais Fléchambault et Varembon sont de vieux amis ; Louisanne et vous, vous avez joué dans le même berceau. Que s'ensuit-il ? vous le savez déjà. Supprimez la haine des Capulet et des Montaigu, vous supprimez du même coup l'amour de Roméo et de Juliette. Adieu les doux entretiens à la clarté des nuits étoilées et sereines ! adieu le balcon où les deux beaux enfants mêlent leur vie dans un dernier baiser ! adieu leur effroi si charmant, quand l'horizon blanchit, quand le feuillage ému frissonne et que l'alouette matinale monte en chantant dans le bleu du ciel ! Juliette et Roméo ne sont plus que deux fiancés vulgaires, dès le berceau condamnés au mariage, et qui doivent finir par s'exécrer mutuellement, pour peu qu'ils obéissent à la physiologie des passions.

— Encore une fois, monsieur le chevalier...

— Que voulez-vous ? C'est la commune loi. Vous aurez beau vous révolter, il faudra bien que vous la subissiez. Vous ne changerez pas les conditions de la vie humaine. Le cœur est à gauche, vous ne le mettrez pas à droite. Quand donc deux amis ont-ils réussi à marier leurs enfants? Le fils d'Oreste a-t-il épousé la fille de Pylade? Le neveu de Damon la nièce de Pythias? Vous n'épouserez pas davantage la fille de M. Varembon, et vous aurez raison, vertu-Dieu! Comme vous, je fus fiancé, dès l'âge de dix ans, à une petite fille au maillot, qui partait pour Pondichéry. En grandissant, nous nous prîmes l'un l'autre en aversion si profonde, qu'à son retour nous refusions de nous voir. Je la savais belle pourtant, et c'était l'avis général que nous eussions fait un couple délicieux.

Ainsi, dans toutes les entrevues qu'il avait avec Valentin, le chevalier paraissait s'appliquer à jeter dans l'esprit de ce jeune homme des germes funestes qui ne tardaient pas à se développer. Dans tous leurs entretiens, il ne manquait jamais de lui traduire en aventures la grave histoire de la vie, de lui présenter le monde comme un vaste atelier de romans en action. Valentin mordait à tous ces beaux discours avec l'avidité curieuse des jeunes imaginations. Grâce aux enseignements d'un pareil mentor, il en vint bientôt à se demander avec une sourde colère si sa jeunesse devait se consumer sous le toit de son oncle. En descendant au fond de son cœur, comme le chevalier lui avait conseillé de le faire, il découvrit un jour qu'en effet il haïssait Louisanne, que Louisanne devait le haïr, et il se révolta secrètement contre l'égoïsme et la tyrannie de M. Fléchambault. Il n'était plus le doux et bon jeune homme que nous avons connu. Impatient de se mêler à tous les drames, à toutes les passions dont ses lectures assidues lui avaient révélé l'existence, honteux de son inaction, surtout quand il songeait qu'à dix-huit ans le chevalier avait enlevé déjà la petite vicomtesse de Maflé, il était devenu tout à coup brusque, emporté, taciturne, irritable. Il n'avait plus goût aux distractions qu'autrefois il aimait. Pour lui, la chasse n'était plus qu'un prétexte pour partir le matin, lancer son cheval au galop, et gagner la profondeur des bois qu'il remplissait tout entiers de l'agitation de ses rêves. Ce n'était plus la blonde image de Louisanne qui lui souriait au bout des avenues ; ce n'étaient plus les joies de la famille qu'appelait sa pensée inquiète ; ce n'était plus la fumée du toit domestique que cherchait son regard au prochain horizon. Ces gracieuses peintures, ces fraîches perspectives ne suffisaient plus à son ambition. La soif de l'inconnu embrasait ses sens et dévorait son âme. Il évoquait toutes les pâles héroïnes sorties du cerveau des romanciers et des poëtes ; il criait leurs noms à tous les échos. Parfois il mettait pied à terre, et se jetait sur le gazon qu'il mouillait de ses pleurs. S'il passait devant un château triste et recueilli au fond d'une cour silencieuse, il s'évertuait à deviner quel drame ténébreux se tramait ou s'accomplissait entre ces murs sombres et désolés. Apercevait-il une blanche figure accoudée sur l'appui d'une fenêtre ouverte, c'était sans doute une tendre victime, épiant la venue d'un ange consolateur. Partout il ne rêvait que drames, romans, intrigues, aventures ; sous la surface des lacs les plus clairs et les plus limpides, il entrevoyait des abîmes. La nuit, errant par les sentiers déserts, il s'attendait à voir surgir à chaque tournant de haie quelque apparition fantastique. Il tombait en arrêt devant la robe satinée des bouleaux. S'il rencontrait dans son chemin un meunier attardé qui retournait chez lui au trot de son bidet, il se disait que sous cette enveloppe enfarinée il y avait peut-être une destinée brisée, un cœur flétri, une âme dévastée. Enfin, il n'était pas jusqu'au digne M. Fléchambault que Valentin n'observât avec défiance et curiosité : Valentin soupçonnait violemment ce brave homme d'un passé rempli de mystères.

Un soir qu'après souper ils devisaient ensemble, assis l'un près de l'autre :

— Mon oncle, dit Valentin, vous n'avez pas toujours vécu dans ces campagnes? vous avez été jeune, votre jeunesse s'est écoulée au milieu des hommes. Vous avez dû voir des choses bien extraordinaires; vous avez dû vous trouver mêlé à des événements bien étranges?

— Oui, répondit M. Fléchambault, je me suis trouvé mêlé à des catastrophes auxquelles j'étais loin de m'attendre. Entre autres, je te citerai la faillite de la maison Grappe et compagnie, faillite dans laquelle je perdis plus de cent mille francs. Ce fut un coup de foudre sur la place de Nantes. Je n'oublierai jamais comment j'en reçus la nouvelle. J'étais occupé à me faire la barbe; tout à coup entre Varembon, qui se jette dans un fauteuil, en s'écriant : « Grappe a manqué! » Je montrai, en cette circonstance, une force d'âme digne des plus beaux temps de la république romaine.

— Que fîtes-vous, mon oncle?

— Je ne soufflai mot et continuai de me raser.

— Mon oncle, reprit Valentin, que des catastrophes de ce genre n'intéressaient point, vous avez dû assister à des drames plus émouvants, vous avez dû traverser des orages autrement terribles?

— Je ne saisis pas bien le fil de tes idées, répliqua M. Fléchambault. Quel rapport vois-tu entre la faillite de la maison Grappe, les drames auxquels j'ai assisté et les orages que j'ai pu traverser? J'ai vu jouer plusieurs drames qui m'ont beaucoup ému, mais pas un seul qui m'ait autant remué que la perte de mes cent mille francs. Quant aux orages qui m'ont assailli, je me souviens surtout d'un coup de vent...

— Vous ne m'entendez pas, mon oncle. Je vous parle des orages du cœur, des drames de la passion.

— Ma foi, mon garçon, repartit M. Fléchambault, je t'avoue humblement que je n'ai jamais vu de drames qu'au théâtre, et que les orages du cœur m'ont toujours laissé fort tranquille. J'ai lutté, j'ai travaillé; trois fois au moins j'ai réédifié ma fortune. J'ai fait un peu de bien : je n'aurai pas été tout à fait inutile. Aussitôt que je l'ai pu, je me suis retiré aux Cormiers; tu connais la façon dont je vis. En deux mots, voilà mon histoire. Qu'il me soit permis d'assurer ton bonheur; que je puisse vieillir auprès de Varembon, entre toi et ta jeune femme; que je sois témoin de vos joies et de vos tendresses; que je voie, avant de m'éteindre, une nichée de petits enfants égayer ma table et mon foyer, et je rendrai à Dieu une âme satisfaite de son passage sur la terre.

A ces mots, Valentin, attendri jusqu'au fond de l'âme, se jeta dans les bras de son oncle. Il venait d'entrevoir, par une intuition rapide, combien cette existence simple et bornée, honnête et laborieuse, surpassait en grandeur, en dignité, en vraie poésie, toutes les folies, toutes les équipées du chevalier de Sainte-Amarante. Il compléta dans son cœur le récit trop modeste de M. Fléchambault. Il se rappela tout ce que cet excellent homme avait été pour lui, et, au souvenir de tant de dévoûment et de sollicitude, il se pressa avec amour contre le sein qui l'avait recueilli.

— Il a raison, se disait-il; il a raison, et c'est lui qu'il faut croire. Le bonheur est là, sur le bord de la

Sèvre, au fond de ces campagnes. Que m'importent les agitations du monde, les complications de la vie? J'épouserai Louisanne, j'aurai de beaux enfants, et les yeux de mon oncle se fermeront doucement sur le tableau de nos félicités.

Hélas! ce retour aux idées sereines ne devait pas être de longue durée. A quelques jours de là, Valentin retourna chez le chevalier, qu'il trouva se promenant dans son jardin. M. de Sainte-Amarante ne s'était pas depuis longtemps senti en si gaillarde humeur. Depuis près d'une semaine, la goutte, son ennemie intime, lui avait accordé une trêve qui n'était pas encore expirée. Du plus loin qu'il aperçut le jeune visiteur, il courut à lui comme il eût pu le faire à vingt ans. En moins d'une heure il eut battu en brèche et démoli pièce à pièce les bonnes résolutions du neveu de M. Fléchambault.

— Pardieu! s'écria le chevalier, si vous consultez les honnêtes bourgeois au milieu desquels vous avez végété jusqu'ici, ils vous diront que le bonheur est parmi eux, et ils seront de bonne foi. L'huître est heureuse, elle aussi, sur son banc. Ne consultez que vous. Pour s'échapper de son nid, l'aiglon prend-il conseil de l'escargot? Le monde vous est ouvert ; allez où votre instinct vous pousse, allez où la vie vous attend.

— Où voulez-vous que j'aille? demanda Valentin avec hésitation.

— Où vont, irrésistiblement attirés, l'amour, l'esprit, la beauté, la jeunesse ! Où affluent toutes les passions, où convergent toutes les intelligences, où se rendent en pèlerinage, comme à la Mecque ou au saint sépulcre, toutes les âmes avides d'émotions, de fêtes et d'enchantements ! A Paris, jeune homme, à Paris ! C'est là que les rêves de l'imagination pâlissent et s'effacent devant les trésors de la réalité; c'est là que l'histoire humilie le roman; enfin, c'est là qu'il faut goûter la vie, pour ne pas mourir avant d'avoir vécu.

— Ainsi, monsieur le chevalier, vous me conseillez de partir pour Paris?

— Je vous le conseille, je vous en prie; si vous étiez mon fils, je vous l'ordonnerais. Je souffrirai de ne plus vous voir. Votre présence me réjouissait. Vous aviez versé dans mes veines quelques gouttes de votre jeune sang. Mais je ne suis pas égoïste; je ne ressemble pas à M. votre oncle... C'est un meurtre d'enfouir à vingt ans un joli jeune homme que le monde et les plaisirs réclament. Révoltez-vous, brisez votre chaîne et partez. Un jour vous me direz vos aventures; je jouirai de vos succès en vous les entendant raconter.

— Le chevalier a raison, se disait Valentin; il a raison, c'est lui que je dois croire. Mon oncle est un excellent homme, mais profondément égoïste ou qui n'entend rien aux choses d'ici-bas. Si je commence par le mariage, par où finirai-je? J'ai végété assez longtemps, je veux vivre; je veux savoir, je veux connaître; je ne veux pas mourir avant d'avoir vécu.

Comme Valentin allait se retirer:

— Tenez, dit M. de Sainte-Amarante en lui tendant un volume nouveau qu'il avait reçu la veille, et qu'il s'était hâté de lire, jetez les yeux sur ce petit roman, vous aurez un aperçu des délices que vous préparent M. votre oncle et M. Varembon.

Ce livre, où tous les ennuis, tous les déboires, toutes les déceptions, toutes les tribulations du mariage et de la famille étaient accumulés à plaisir, analysés avec acharnement, acheva d'exaspérer Valentin. Sa résolution était prise: la crainte d'affliger son oncle pouvait seule le retenir. Quelque temps encore, sa bonne nature l'emporta; mais que pouvait-il contre les provocations incessantes de la jeunesse qui s'agitait en lui, sous l'aiguillon des romans modernes? Que pouvait-il contre les suggestions du chevalier qui ne lui laissait ni paix ni trêve, comme si les vingt ans de ce jeune homme n'eussent pas suffi pour exciter son cœur et ses sens.

Un matin, il entra chez M. Fléchambault et lui déclara tout net qu'il voulait aller à Paris.

M. Fléchambault avait remarqué depuis longtemps le changement qui s'était opéré dans le caractère et l'humeur de son neveu. Il n'ignorait pas les visites fréquentes de Valentin chez le chevalier. Plus d'une fois il l'avait surpris, abîmé dans ses lectures, et il ne s'était pas gêné pour lui dire son sentiment; mais, dans les conseils et les remontrances de son oncle, Valentin n'avait jamais vu qu'un parti pris, une manœuvre plus ou moins habile pour le confiner au logis, une façon de lui persuader que le monde ne s'étendait pas au delà du cercle étroit qui l'enveloppait, qui l'emprisonnait de toutes parts. M. Fléchambault était loin de se douter du trouble que les romans et le chevalier avaient jeté dans l'imagination de ce jeune homme. Toutefois, bien qu'il ne fût pas la clairvoyance même ni la perspicacité en personne, il n'eut pas de peine à démêler les motifs de sa résolution.

— A Paris! s'écria-t-il; et que veux-tu aller faire à Paris? Pour n'y être jamais allé, je ne m'en porte pas plus mal. N'es-tu pas bien ici? que te manque-t-il? J'ai reçu hier une lettre de Varembon, qui parle de son prochain retour. C'est au moment où le bonheur va frapper à la porte que l'idée te prend de partir?

— Je ne renonce pas au bonheur que vous me destinez, s'empressa de répondre Valentin, qui ne voulait pas ruiner du même coup toutes les espérances de son oncle; mais vous savez aussi bien que moi qu'on ne se marie pas à mon âge.

— Pourquoi donc cela, mon neveu? Pour entrer en ménage, fin duvet au menton vaut mieux que barbe grise.

— Songez que j'ai vingt-un ans tout au plus.

— Aussi n'est-il pas question de te marier aujourd'hui ou demain. D'abord, il faut attendre le retour de Louisanne; ensuite, il vous faudra plus d'un jour pour apprendre à vous connaître, à vous aimer.

— Eh bien, mon oncle, permettez-moi d'aller passer à Paris le temps qui doit s'écouler jusqu'à l'arrivée de Louisanne aux Cormiers. En vue même de notre bonheur, vous céderez au désir que j'éprouve de voir la vie de près, de me mêler un peu au courant des choses, et des hommes.

— Voir la vie de près ! s'écria M. Fléchambault; et que fais-tu donc, depuis vingt ans que tu es au monde? Te mêler au courant des hommes et des choses! Tu me parlais, voilà quelques mois, des orages du cœur, des drames de la passion ; je jurerais que c'est ce vieux fou de Sainte-Amarante qui t'a tourné la tête avec ses bouquins ! Je n'ai lu qu'un roman ; ce roman s'appelle *Don Quichotte*. Je me souviens surtout d'un passage de ce livre, auquel je ne songe jamais sans attendrissement : c'est le chapitre où le héros de la Manche revient chez lui après sa première excursion. Il revient roué de coups et s'arrête au milieu de la cour à regarder avec mélancolie ses plates-bandes de fleurs et de légumes, ses canards qui barbotent dans la mare, sa nièce et sa gouvernante qui ravaudent leurs bas sur le seuil de la porte:

d'un côté, la poésie qui était allée courir les champs et qui rentre écloppée, n'en pouvant plus et traînant l'aile ; de l'autre, la prose qui est restée au logis les pieds dans la flanelle, et qui n'a pas enrhumé son bonheur.

— Mon oncle, dit Valentin qui avait compris l'apologue, mieux vaut la poésie qui rentre rouée de coups, écloppée et n'en pouvant plus, que la prose, grasse et bien nourrie, qui ravaude ses bas sur le pas de sa porte.

— C'est possible, répliqua M. Fléchambault : seulement, entre la prose qui ravaude et la poésie qui se bat contre des moulins à vent, il y a peut-être quelque chose à trouver.

Après une discussion assez animée, M. Fléchambault, comme toujours, finit par céder ; car il est à remarquer que cet oncle terrible, secrètement soupçonné d'égoïsme et de tyrannie, n'avait depuis vingt ans d'autre occupation que de souscrire à toutes les fantaisies de Valentin, de se prêter complaisamment à tous ses caprices. Il se dit qu'en fin de compte Valentin pouvait avoir raison ; que l'existence qu'il menait aux Cormiers ne pouvait suffire à l'activité de ses vingt printemps, et qu'un an ou deux passés à Paris développeraient son esprit, rectifieraient ses idées, compléteraient son éducation. Il alla jusqu'à s'accuser de n'avoir pas conseillé lui-même à son neveu de prendre ce parti.

— Va donc à Paris, lui dit-il. Étudie le monde, apprends à le connaître : tu apprécieras mieux, au retour, la paix de notre vallée et la fraîcheur de nos ombrages. Garde ton cœur pur et honnête ; garde-le bien, pour l'offrir à la jeune fille qui t'apportera la virginité de son âme. Marche au grand jour dans le droit chemin.

Valentin coupa court à cette homélie en sautant au cou de son oncle.

La veille de son départ, il alla faire ses adieux au chevalier de Sainte-Amarante, qui l'embrassa et lui donna sa bénédiction, avec l'aplomb et le sang-froid du patriarche de Ferney, bénissant le fils de Francklin.

III

Le voyage de Valentin fut un enchaînement de rêves enchantés. Pour nous en tenir aux images du chevalier de Sainte-Amarante, l'aiglon qui s'échappe de son nid et prend pour la première fois possession de l'espace n'est pas plus ivre de liberté et d'immensité que ne le fut le neveu de M. Fléchambault, lorsqu'il se sentit emporté vers Paris, au galop des chevaux. On eût dit qu'il partait en coupé de diligence pour aller conquérir le monde. A la barrière de Passy, il s'étonna bien un peu d'avoir pu faire plus de cent lieues sans rencontrer le long du chemin l'apparence d'une aventure. Mais quand la voiture, après avoir côtoyé les Champs Élysées, traversa la place Louis XV qu'inondait de lumière un soleil éclatant ; quand Valentin, la tête à la portière, vit la foule qui se pressait dans les contre-allées, les équipages qui couraient au bois, les amazones au corsage élancé, qu'escortaient des cavaliers jeunes et beaux comme elles, il comprit que la vie était là, en effet, et que le chevalier ne l'avait pas trompé. Il s'installa sans luxe, mais avec élégance. Sa jeunesse, sa bonne mine, ses façons honnêtes, jointes aux lettres de recommandation que s'était procurées son oncle, lui ouvrirent bientôt l'intérieur de quelques familles. Dès les premiers jours, pour se conformer aux instructions du chevalier, il avait fréquenté le tir de Lepage et pris des leçons de Grisier. Sûr de sa main et de son coup d'œil, il se tenait prêt à tout événement. Ainsi le chasseur prend toutes ses mesures pour que la chasse soit heureuse. Le vent est bon, la meute a le nez fin, la poudre est sèche, l'arme porte à coup sûr ; pour que la chasse soit heureuse, il ne reste plus qu'à trouver du gibier.

Hélas! le séjour de Valentin à Paris ne devait être qu'une longue série d'amères déceptions.

Il y a des gens à qui tout arrive ; ils sont les enfants gâtés de l'imprévu, les élus de l'impossible, les privilégiés du hasard. Le drame et le roman s'acharnent à leurs pas ; le fantastique et le pittoresque les poursuivent partout où ils vont. Les péripéties les plus bizarres, les événements les plus inattendus, composent le menu de leur existence ; chacun de leurs jours est un chant de l'Iliade ou de l'Odyssée. A côté de ces gens heureux, il en est d'autres qui semblent, dès le berceau, condamnés à se traîner, jusqu'à la tombe, dans l'ornière de la banalité. Tout ce qu'ils tentent pour en sortir ne sert qu'à les y enfoncer plus avant. Ils sont au ban de l'imprévu ; le drame les repousse, le roman leur tourne le dos. Où les premiers trouveraient le sujet d'un poëme, ils passent sans rien voir, le nez en l'air et les mains dans leurs poches. Pour eux, la vie n'est qu'un grand chemin dont toutes les étapes sont signalées et connues d'avance. Pour eux, chaque jour qui s'écoule est à la fois l'histoire de la veille et l'histoire du lendemain.

La fatalité voulut que Valentin, qui, par le développement de son intelligence, appartenait de droit à la classe des prédestinés à qui tout arrive, appartînt par le fait à la catégorie de ceux à qui il n'arrive rien : elle voulut que ce jeune homme, que son imagination entraînait invinciblement vers les régions de l'inconnu, se sentit rivé sur le sol de la réalité la plus plate et la plus incolore, comme un oiseau retenu par un fil à la patte, et qui s'efforce vainement de gagner les plaines de l'air.

Sur la foi de ses lectures et de ses entretiens avec le chevalier, il s'était représenté la société comme un immense théâtre où les passions, combinées à l'infini, arrivent tous les jours, à toute heure, aux effets les plus dramatiques et les plus saisissants. Il s'était figuré surtout que l'amour est l'unique pivot sur lequel tourne le monde. C'est vers l'amour qu'il avait dirigé tous ses rêves, toutes ses ambitions : non pas vers l'amour heureux qui lui semblait la plus sotte chose qu'on pût imaginer, mais vers l'amour tourmenté, hérissé d'obstacles, plein de mystères et de terreurs, vivant dans la tourmente et se dénouant par un coup de foudre. L'histoire de la marquise de Miraflor avait fait sur lui une vive impression : quoique d'un naturel très-doux et très-honnête, il s'était surpris plus d'une fois à envier la scélératesse du vicomte de Clochebourde. Il croyait aux femmes incomprises, aux maris féroces, aux jeunes filles sacrifiées par des parents barbares et sacrifiant, à leur tour, fortune, rang, position, famille, pour suivre dans la montagne un amant malheureux et proscrit. Quant aux aventures de cape et d'épée, pour nous servir des expressions favorites du chevalier, Valentin était convaincu qu'elles couraient les rues et les boulevards. Il avait calculé avec complaisance toutes les chances de duel auxquelles un galant homme est exposé entre le lever et le coucher du soleil. Il rêvait des provocations héroïques, des rencontres chevaleresques. Il se voyait blessé, couché sur le gazon, puis transporté dans une villa prochaine où les soins les plus touchants le rappelaient à la vie, où quelque blanche main étanchait en tremblant le sang de ses blessures. Il ne devait pas tarder à reconnaître la folie de ses illusions, le néant de ses espérances. Une société maussade et compassée, uniquement occupée de ses intérêts matériels ; des liaisons banales, des relations vulgaires ; l'argent au fond de tout ; de l'amour sans passion, des passions sans amour ; des mœurs effacées comme de vieux pastels ; de la corruption sans grâce et des intrigues sans esprit ; des maris débonnaires, des femmes suffisamment libres ; des jeunes filles très-positives, plus avides que leurs parents de luxe et de bien-être ; l'ennui, comme une orfraie, planant sur tout cela ; puis, de loin en loin, un intérieur modeste, un foyer chaste et paisible, une famille étroitement unie : voilà ce que trouva Valentin.

Pas le plus petit drame ni le plus pâle roman ! Pas la trace d'une aventure ! Rien qui tranchât sur le fond terne et monotone de la vie ! Toujours le même vent, tiède et mou ; toujours le même flot, morne et lourd ; toujours le même ciel, gris et blafard ! Vainement Valentin appelait la tempête : tout restait calme autour de lui. Vainement il se débattait sous la trivialité de son destin : il s'y brisait le front sans pouvoir en soulever le poids.

Je n'en finirais pas si je voulais raconter tous les désappointements qu'essuya Valentin pendant son séjour à Paris ; je me contenterai d'en citer un seul entre mille.

On sait que tous les villages des environs de Paris ont chaque année leur fête patronale. Le programme des divertissements est tous les ans et partout le même. Dès le matin, la garde nationale de l'endroit est sur pied ; car en France il n'est pas de réjouissance publique, surtout à la campagne, si l'on n'y voit des pantalons à liseré rouge, des shakos et des baïonnettes. Le dieu Pan se coiffe du casque de Bellone, et les faunes et les sylvains, réveillés au bruit du tambour, s'empressent de revêtir l'uniforme du soldat citoyen. Au coup de midi, la fête rustique est dans tout son éclat. Sur un emplacement planté de tilleuls ou de marronniers, la jeunesse de la commune s'exerce à courir dans des sacs, ou, les yeux bandés, à casser des œufs avec un bâton. M. le maire, ceint de son écharpe, préside à ces jeux naïfs qui rappellent sans prétention les jeux olympiques de l'antiquité grecque; il distribue aux vainqueurs le prix de leur adresse, et sait trouver pour les vaincus des paroles de consolation où respire presque toujours une douce philosophie. Cependant la foule se presse devant les tréteaux des saltimbanques; les enfants se groupent avec convoitise autour des roulettes de macarons; sous les ramées, le vin rougit les verres; de temps en temps un mousquet enrhumé tousse en l'honneur du patron du hameau.

Quand la chaleur du jour commence à tomber, châteaux, villas, cottages des alentours s'ouvrent comme des volières, et il s'en échappe une nuée de jolis oiseaux qui vont s'abattre sous les tilleuls ou sous les marronniers de la fête. Les robes de gaze et de mousseline se mêlent aux robes d'indienne et d'organdi; les chapeaux de paille d'Italie se confondent fraternellement avec les bonnets de tulle. Bientôt une vaste tente, jusque-là silencieuse et déserte, se remplit de bruit et de mouvement, les quinquets s'allument, l'orchestre détone : c'est le bal champêtre, où l'on se rend de deux ou trois lieues à la ronde, et souvent même de Paris. En général, ces bals ont cela de charmant qu'ils montrent combien le plaisir vit de peu et se passe aisément de diamants et de salons dorés. Je les préfère de beaucoup aux grands bals de la finance et de la bourgeoisie. On s'y amuse sans façon, on y danse à la bonne franquette. Dans le même quadrille, le gant de peau de Suède donne la main au gant de fil écru ; damoiselles et villageoises sont égales devant les violons. On se retire au point du jour ; on s'en va comme on est venu, le long des haies, à travers champs. Les étoiles pâlissent ; l'orient s'égaye et se colore ; les oiseaux chantent à plein gosier dans la fraîcheur embaumée du matin.

Valentin avait déjà dépensé tout un automne et tout un hiver à la poursuite du roman, qui semblait fuir devant lui comme Ithaque devant Ulysse. Au retour de la belle saison, il s'était mis à battre les campagnes environnantes, avec l'espoir de faire lever quelque aventure, comme un lièvre dans les sillons. Un soir d'été, après avoir chevauché tout le jour dans les bois qui couronnent les hauteurs de Bougival, il tomba au milieu d'une de ces fêtes dont je viens de parler. C'était à la Selle-Saint-Cloud, un des plus jolis villages éparpillés autour de Paris.

Attiré par le bruit des instruments, Valentin entra dans la salle du bal. Au bout d'une heure de muette observation, il songeait à se retirer, quand tout à coup il resta cloué sur place devant une apparition céleste.

Apparition céleste, en effet ! Un ange, une sylphide, quelque chose, s'il est possible, de plus vaporeux et de plus éthéré, un nuage, un flocon de neige, un fil de la Vierge ! Non, jamais les poëtes n'ont rien imaginé de plus suave. C'était une jeune fille qui pouvait avoir dix-huit ans au plus. Grande, mince, élancée, souple comme un roseau, à peine paraissait-elle toucher à la terre ; à chacun de ses mouvements, on eût dit qu'elle allait s'envoler. Des cheveux blonds comme l'or des épis tombaient à profusion le long de ses joues, plus blanches que les pétales d'un camellia. Ses grands yeux, d'un bleu pâle, semblaient taillés dans l'azur d'un doux ciel d'automne. Sa bouche, épanouie dans un demi-sourire, laissait voir un double rang de perles fines. La mélancolie résidait sur son front d'albâtre. Ce qu'il faut renoncer à peindre, c'est ce je ne sais quoi de triste et de rêveur répandu, comme une brume transparente, autour de l'enchanteresse. Le cavalier qui lui donnait le bras contrastait singulièrement, bien qu'il fût jeune et beau, avec la grâce un peu souffrante de cette frêle créature. Il portait haut la tête, marchait la poitrine en avant et relevait fièrement sa brune moustache, tout en promenant sur l'assemblée un regard vainqueur.

Valentin comprit sur-le-champ qu'il avait devant lui la fée de ses rêves, l'héroïne de sa destinée. En moins d'une heure il eut appris tout ce qu'il désirait savoir. Cet ange aux cheveux d'or, cette sylphide aux yeux d'azur, était mademoiselle Élodie de Longpré ; le cavalier qui l'accompagnait était M. Oscar de Longpré, son frère, officier de dragons, pour le moment en garnison à Paris. Depuis trois ans, mademoiselle Élodie passait la belle saison à la Selle-Saint-Cloud, avec son père et sa mère, M. et madame de Longpré; elle tenait depuis trois ans le sceptre de la beauté dans ce petit pays où les jolis visages ne manquent pas. Ce nom d'Élodie acheva d'exalter l'imagination de Valentin. Élodie! ce nom seul eût suffi pour éveiller dans son cœur toute une couvée d'espérances.

Pendant que M. Oscar voltigeait de belle en belle, Valentin rôdait comme un jeune loup autour de mademoiselle de Longpré, la couvait des yeux et se sentait près de défaillir, toutes les fois qu'il rencontrait le regard de la blonde beauté. Enfin, après bien des marches et des contre-marches, il osa s'incliner devant elle et solliciter la faveur d'une contredanse. En cet instant, l'orchestre appelait les danseurs ; mademoiselle Élodie se leva nonchalamment et laissa tomber sa main dans celle de Valentin, qui tressaillit des pieds à la tête et pensa qu'ils allaient tous deux prendre leur vol vers le ciel.

Mademoiselle Élodie ne dansait pas, elle se mouvait comme une ombre. Valentin se creusait la cervelle pour entamer l'entretien d'une façon un peu relevée. Il avait à choisir entre une réflexion sur la physionomie du bal et une remarque sur la température de la journée. Par un trait d'audace et de génie, le neveu de M. Fléchambault sut éviter ces deux écueils qui sont le Charybde et la Scylla de la contredanse. Il débuta vaillamment par une phrase sur la beauté du pays qu'il visitait pour la première fois ; il poussa même la hardiesse jusqu'à se féliciter du hasard qui l'avait amené dans ces parages délicieux. Mademoiselle de Longpré, sans se laisser troubler par les hauteurs où la conversation venait de s'engager, répondit que ce pays était charmant en effet. Tous deux s'accordèrent à reconnaître que ce coin de terre rappelait la Suisse, qu'ils n'avaient vue ni l'un ni l'autre. Une fois en si beau chemin, Valentin ne s'arrêta pas ; il ajouta que c'était là sans doute qu'il fallait chercher le bonheur. Mademoiselle Élodie répliqua par quelques mots sur le bonheur, pleins d'à-propos et de mélancolie. Sa voix était douce comme les soupirs du vent dans les saules. Toutes ses paroles révélaient une âme tournée vers les grands sentiments. La contredanse durait encore, et déjà Valentin n'était plus maître de son cœur : il l'avait perdu entre la poule et la pastourelle.

Le bal champêtre touchait à sa fin. Mademoiselle de Longpré venait de sortir, appuyée sur le bras de son frère Oscar ; Valentin l'avait suivie des yeux, comme une blanche apparition qui va s'évanouir aux premières clartés du jour. C'en était fait pour lui du charme de la fête. Son cheval l'attendait à la porte ; il sauta en selle et partit au galop.

De retour à Paris, il s'empressa de dresser le plan de la campagne qu'il allait ouvrir.

S'introduire honnêtement dans la famille de Longpré, gagner le cœur de la jeune fille et l'estime des parents, déclarer ses prétentions, se faire agréer, épouser Élodie, puis tâcher d'être heureux en ménage : voilà ce qu'eût imaginé un esprit simple et bourgeois, une intelligence étroite et bornée. Voici ce qu'imagina Valentin :

Avant tout, s'introduire chez les Longpré par quelque moyen romanesque. Par exemple, Élodie est emportée dans les bois par l'ardeur de son cheval : elle va périr, la tête fracassée contre un arbre, quand tout à coup paraît Valentin. Il saisit par le mors le fougueux animal et reçoit dans ses bras l'amazone éperdue, qu'il ramène chez ses parents. Au bout d'une heure de marche, Valentin pâlit et chancelle ; ses jambes se dérobent sous lui ; il tombe sur le gazon. Élodie pousse un cri : elle vient de découvrir que le courageux étranger à qui elle doit la vie s'est grièvement blessé en la sauvant. En effet, le gilet de Valentin est taché de sang. Élodie veut faire une compresse de son mouchoir de batiste, enrichi de dentelles et brodé sur un coin aux armes de sa maison. « Ce n'est rien, dit Valentin pour la rassurer, une égratignure, moins que rien. » Et il se traîne jusqu'au château de M. de Longpré, où il perd tout à fait connaissance en entrant : l'égratignure est une plaie profonde. M. et madame de

Longpré s'empressent autour du sauveur de leur fille, tandis qu'un serviteur part à franc étrier pour aller chercher à Paris M. Lisfranc ou M. Blandin.

Voilà donc Valentin installé au cœur de la place. Sa convalescence est longue ; il voit Élodie tous les jours. Il semble de prime abord que l'aventure ne se prête pas à de bien grandes complications, à de bien longs développements. Valentin est jeune, galamment tourné, et peut se présenter partout avec avantage. Unique héritier d'un oncle qui l'adore, il aura cent mille écus de dot et quarante mille livres de rente à la mort de M. Fléchambault. Il aime Élodie, qui ne le hait pas ; qu'ils se marient et qu'on n'en parle plus. Ainsi devraient se passer les choses, abandonnées à leur cours naturel ; mais c'est ici qu'on va voir quel beau profit avait tiré Valentin de ses lectures et de ses entretiens avec le chevalier de Sainte-Amarante.

Valentin veut être aimé pour lui-même. Il est las de voir les mères l'accueillir avec un sourire complaisant et le désigner à l'amour de leurs filles, uniquement parce qu'il est le neveu d'un ancien armateur, ayant fait fortune sur la place de Nantes. Depuis longtemps il envie en secret les destinées maudites ; il voudrait être marqué du sceau de la fatalité, à la condition de s'entendre dire par une voix aimée : Malheureux et proscrit, je t'aime et te suivrai partout. Il se donnera donc dans la famille de Longpré pour un infortuné dont la naissance est restée enveloppée d'un voile impénétrable, sans parents et sans amis, sans passé et sans avenir, pauvre, déshérité; vivant, au hasard, de secours mystérieux dont il ne connaît pas la source. Les choses ainsi posées, tout s'emmêle, tout s'embrouille, tout se complique. Les Longpré sont de bonne race, entichés de leurs titres, entêtés dans tous les préjugés de leur caste. Aussitôt qu'ils s'aperçoivent de l'amour d'Élodie pour Valentin, ils se montrent impitoyables. Valentin enlève Élodie. Oscar, qui prend mal la plaisanterie, monte à cheval avec son grand sabre et court après les fugitifs. Qu'arrive-t-il, que n'arrive-t-il pas, jusqu'au moment où la vérité se découvre? Que d'incidents! que de traverses! que de péripéties! Et quel moment que celui où Valentin, près d'être égorgé par l'implacable Oscar, renonce à son incognito, et déclare à la face du ciel qu'il est le neveu de M. Fléchambault! Oscar rengaine, la colère de Longpré s'apaise; et la tendre Élodie, qui croyait suivre sur la terre étrangère un malheureux banni, tombe, folle de joie, dans les bras de son amant, qui regrette tout bas de n'être pas le fils d'un prince, pour compléter l'aventure, et parfaire le dénoûment.

Ce plan, une fois arrêté, Valentin, sans plus tarder, entra en campagne.

Il avait établi son quartier général et le centre de ses opérations à Bougival, dans une maisonnette dont les fenêtres s'ouvraient sur le cours de la Seine. Tous les matins, il partait de son pied léger, gravissait la côte de la Selle-Saint-Cloud, et gagnait les bois où il espérait rencontrer Élodie. Il rentrait tous les soirs au gîte sans avoir rencontré personne.

Un jour enfin, ô jour trois fois heureux! comme il s'approchait d'un petit lac perdu au milieu de ces agrestes solitudes, il aperçut, à travers le feuillage des aunes et des trembles, deux femmes assises sur le bord de l'eau. Valentin reconnut Élodie et devina madame de Longpré. C'était en effet madame de Longpré et sa fille. Tout en devisant, la mère caressait sur ses genoux un de ces abominables roquets de race anglaise qui font les délices des douairières ; Élodie essayait de détacher, avec le manche de son ombrelle, les fleurs de nénufar qui étoilaient le cristal de l'onde. Elle avait déposé près d'elle son chapeau de paille à larges bords ; nu-tête, les cheveux au vent, on eût dit la naïade du petit lac sur le bord duquel elle était assise.

Debout, muet, immobile, caché par le rideau des aunes et des trembles, Valentin attachait sur Élodie un regard fascinateur.

— Puissances célestes ! se disait-il dans un élan d'exaltation solitaire ; fluides mystérieux, effluves de l'âme ! invisibles courants de la volonté ! faites que cette blanche et blonde créature, en se penchant pour détacher les fleurs de nénufar, tombe dans l'eau et coure le risque de se noyer, comme l'Ophélia de Shakespeare ! Envoyez-lui le vertige ! permettez que son pied glisse ! souffrez que l'abîme l'attire ! qu'il me soit donné de me jeter à la nage pour la sauver ! que je puisse disputer son beau corps aux tritons s'efforçant de l'entraîner au fond de leurs grottes humides ! qu'il me soit accordé de le déposer sur le rivage comme un lis brisé, mais qui doit se relever et refleurir au souffle des zéphyrs caressants !

Il était écrit là-haut que Valentin, en ce jour fortuné, sauverait d'une mort certaine un être adoré, dont l'existence était presque indispensable au bonheur de madame de Longpré. La Providence avait décrété que ce jeune homme s'introduirait dans la famille d'Élodie, grâce à un incident tellement romanesque, bizarre, inattendu, que Valentin lui-même n'eût pas osé le prévoir.

Il arriva que Zamore (c'était le nom du chien que caressait madame de Longpré), agacé au delà de toute expression par les grenouilles qui gambadaient entre les joncs de l'étang, eut la fantaisie de leur donner la chasse. Au moment où madame de Longpré s'y attendait le moins, le roquet malavisé prit son élan et alla tomber comme un aérolithe, au milieu du peuple batracien. Le fluide magnétique s'était trompé d'adresse. Ce fut un plongeon formidable : Zamore disparut tout entier dans la vase. A ce lamentable spectacle, madame de Longpré se leva comme une poupée à ressort, en jetant des cris désespérés. Élodie elle-même se démenait comme une âme en peine. Que faire? quel parti prendre? Aveuglé par ses longues soies et ses longues oreilles, le malheureux Zamore se débattait inutilement dans la fange. Vainement madame de Longpré s'efforçait de lui tendre une main secourable : Zamore était trop loin, ou, ce qui revenait absolument au même, madame de Longpré avait le bras trop court. Il y eut un instant où Zamore allongea son museau désolé au-dessus du gouffre prêt à le dévorer, et tourna vers madame de Longpré un regard où se peignait toute sa détresse.

Madame de Longpré n'y tint plus.

— Zamore se noie, s'écria-t-elle d'une voix déchirante, Zamore se meurt ! N'est-il personne ici pour sauver la vie de Zamore ?

A ce cri, parti d'une âme aux abois, Valentin ne put se défendre d'une vive émotion. Ce n'était pas précisément l'occasion qu'il avait rêvée ; il sentit bien se révolter en lui l'instinct de l'héroïsme, la poésie des grands dévouements. Toutefois il n'hésita plus, en songeant qu'en fin de compte c'était un moyen comme un autre de gagner ses entrées sous le toit de la bien-aimée.

— C'est moi, s'écria-t-il en sortant comme un dieu de sa cachette, c'est moi qui sauverai Zamore !

— Qui que vous soyez, jeune inconnu, comptez sur

ma reconnaissance, s'écria madame de Longpré tendant vers lui deux bras suppliants.

— La mienne vous est à jamais acquise, dit à son tour Élodie qui rougit et baissa les yeux en reconnaissant son danseur.

— Je réponds de la vie de Zamore, ajouta Valentin avec une noble assurance.

Il avait mesuré d'un coup d'œil le danger de la position. La position était critique, le danger imminent. Il n'y avait pas une minute à perdre. Comme un chirurgien qui se prépare à faire une opération, Valentin relève ses manchettes; puis, offrant à l'amour le sacrifice de ses bottes vernies, il s'avance résolûment à travers les joncs, tandis que, sur la levée, madame de Longpré et sa fille le suivent d'un regard éperdu où éclatent tour à tour l'espérance et le désespoir. Un instant, Valentin hésite; la terre va manquer sous ses pas ; il hésite, il s'arrête, incertain et troublé. Quelle situation ! D'un côté, deux femmes éplorées qui l'encouragent du geste et de la voix; de l'autre, Zamore qui a compris qu'on s'occupe de son salut, et qui pousse de petits jappements en signe de gratitude. Non, Valentin ne trahira pas l'espoir qu'il a fait naître dans le sein de ces trois créatures! Il a répondu de la vie de Zamore ; il sauvera Zamore à tout prix ! Au risque de s'enfoncer dans la vase jusqu'à la ceinture, il va mener à bonne fin son entreprise, quand tout à coup, ô bienfait du sort! secours inespéré de la Providence qui montre son doigt jusque dans les moindres choses ! il aperçoit à fleur d'eau un pavé sur lequel il peut poser le pied. Il s'empare de ce point d'appui, penche son corps en avant; étend un bras qui semble, par un miracle de la volonté, s'allonger outre mesure et prendre des proportions fantastiques. Enfin, par un suprême effort, il saisit l'oreille du carlin qu'il enlève, qu'il brandit dans l'air, et qu'il jette, comme un trophée, sur la rive, tout souillé de boue, tout dégoûtant de fange, mais vivant, mais sauvé.

Pendant que madame de Longpré lavait Zamore dans l'eau claire et limpide de l'étang, Élodie exprimait de son mieux sa reconnaissance à Valentin.

— J'accepte vos remercîments, répondit en souriant le jeune homme ; il y a des dévouements trop près du ridicule pour n'être pas voisins du sublime.

— Je ne pourrai plus voir Zamore sans me rappeler votre bonne action, ajouta Élodie en levant sur lui ses beaux yeux.

— Ce n'est pas Zamore que j'espérais disputer au trépas, répliqua Valentin ; Dieu m'est témoin que j'avais rêvé un dévouement plus doux et plus facile. Cependant, mademoiselle, puisque ce joli petit animal vous est cher, je m'estime heureux d'avoir pu vous le conserver.

C'était maintenant à madame de Longpré à complimenter Valentin. Elle le fit d'une façon bruyante et passionnée. Les vœux de Valentin eussent été exaucés, il eût sauvé les jours d'Élodie, que madame de Longpré ne se fût pas exprimée avec plus de chaleur et d'entraînement. Elle partit de là pour raconter l'histoire de Zamore ; elle passa en revue tous les traits d'esprit et d'intelligence de ce carlin vraiment surprenant, digne de figurer dans les annales des chiens célèbres. Il ne lui manquait que la parole, qui, Dieu merci, ne manquait pas à sa maîtresse. La bouche de madame de Longpré était une fontaine à jet continu, d'où les mots s'échappaient en flots abondants et pressés. Cependant la petite caravane avait rabattu du côté du village. Madame de Longpré parlait ; Élodie cueillait les fleurs du bois ou courait après les papillons ; Valentin la contemplait dans une adoration silencieuse ; Zamore se roulait sur l'herbe pour sécher ses longues soies encore humides. De temps en temps Valentin regardait avec un sentiment d'humiliation facile à comprendre cette affreuse bête qui allait servir de prologue au drame de sa destinée.

Arrivés sous la châtaigneraie :

— J'espère, monsieur, dit madame de Longpré, que vous voudrez bien venir vous reposer à la maison. En apprenant le service signalé que vous m'avez rendu, M. de Longpré ne me pardonnerait pas de vous avoir laissé partir. Peut-être aussi vous en voudrait-il à vous-même de vous être dérobé aux témoignages de sa gratitude. Enfin, monsieur, vous ne refuserez pas de nous faire connaître le nom du sauveur de notre cher Zamore.

Aux sollicitations verbales de sa mère, Élodie ajouta les muettes sollicitations de son regard.

— Madame, répondit Valentin, le service que je vous ai rendu ne vaut pas un remercîment. C'est un bonheur pour moi d'avoir pu arracher à la mort un chien d'un esprit si fin, d'une intelligence si rare. Je fuis le monde, et n'ai pas de raisons pour l'aimer. Mon nom est inconnu et ne vous apprendra rien. Toutefois, madame, puisque vous le permettez, j'aurai l'honneur de présenter mes respects à M. de Longpré. Je ne partirai pas sans avoir profité d'une hospitalité offerte avec tant de grâce et de bienveillance.

Madame de Longpré venait de s'arrêter devant la porte d'un ermitage assez mondain, situé sur le plateau de la colline et dominant tout le pays. A vrai dire, ce n'était pas le château que Valentin avait rêvé ; cependant, avec son toit d'ardoise, sa façade grise et ses volets verts, la maison qu'habitaient les Longpré ne pouvait pas être aux yeux de Valentin, une déception trop amère. L'intérieur ne manquait pas d'élégance. Le jardin, bien tenu, avait trois arpents et s'ouvrait sur la châtaigneraie. Des pampres et des chèvrefeuilles tapissaient les murs de la cour.

C'était un nid fort convenable pour Élodie, la blanche colombe. Des fenêtres d'un salon fraîchement décoré, le regard plongeait dans la plus belle vallée du monde, errait sur les coteaux de Luciennes, et s'arrêtait à l'horizon devant l'aqueduc de Marly, qui fait de ce paysage un tableau du Poussin, d'après la campagne de Rome.

M. de Longpré, en veste de planteur, était occupé à écheniller les arbustes de son jardin. Décidément Zamore était passé dans cette famille à l'état de fétiche, car, à peine instruit de ce qui venait d'arriver, M. de Longpré accourut tout essoufflé dans le salon, demandant à voir Zamore et son sauveur. Il couvrit son chien de caresses et remercia Valentin avec effusion. Les choses ne devaient pas en rester là. Bientôt un serviteur parut, apportant un plateau chargé de fruits et de rafraîchissements. Valentin, assis sur un divan, contemplait avec émotion la scène patriarcale qu'il avait sous les yeux ; il examinait tour à tour la face réjouie de M. de Longpré, le frais embonpoint de sa femme, la grâce d'Élodie penchée avec amour sur le dos du fauteuil où se tenait son père, la quiétude de Zamore, pelotonné en boule sur un coussin, et il se disait :

— Qu'il est donc vrai, mon Dieu, que la vie est une chose étrange ! quel abîme de mystères ! quel enchaînement de circonstances qui déjouent toutes les prévisions ! Voilà des gens heureux, un intérieur paisible, des parents chéris, une fille adorée. Voilà des cœurs simples, des âmes primitives où n'ont jamais grondé les orages de la passion. Eh bien ! avant que l'automne ait jauni la feuille des bois, la foudre, éclatant dans un ciel d'azur, aura dévasté toutes ces existences, aujourd'hui si tranquilles. Avant que le raisin de ces treilles ait achevé de mûrir, cette belle Élodie, si calme, si sereine, se sera enfuie du foyer paternel, et ces deux époux, comme le roi de Thulé, boiront leurs larmes dans leur verre. Tout cela, parce qu'il a plu au hasard de me conduire à un bal champêtre où devait venir Élodie, et sur le bord d'un étang où Zamore allait se noyer !

IV

Valentin vivait depuis deux mois dans l'intimité de la famille de Longpré. Ses plans stratégiques étaient en pleine voie d'exécution ; tout lui souriait, tout lui présageait le succès de son entreprise. Sans doute, au début de la campagne, il avait éprouvé quelques désenchantements ; la campagne s'était ouverte sous des auspices moins brillants qu'il ne l'avait d'abord espéré. Au lieu de sauver Élodie, il avait sauvé Zamore ; au lieu de s'introduire poétiquement dans un château à tourelles et à clochetons, il s'était introduit de la façon la plus vulgaire dans une maison bourgeoise, à façade grise et à volets verts. M. de Longpré n'était pas la plus fine fleur de l'aristocratie; sa femme se rapprochait de la noblesse moins par ses manières que par ses prétentions. Leurs aïeux se perdaient dans une nuit si profonde, qu'il était impossible d'en découvrir un seul. En revanche, Élodie avait réalisé tous les rêves, toutes les espérances de Valentin : elle avait tenu magnifiquement toutes ses promesses.

Non, jamais créature plus idéale n'avait posé le pied sur la terre. Était-ce une fille des hommes? N'était-ce pas plutôt un ange descendu sur notre planète pour lui montrer un échantillon du personnel des célestes régions? Son cœur était tout sentiment, son âme toute affection. Ses grands yeux bleus, constamment tournés vers le ciel, semblaient chercher la patrie absente. Bien qu'il dînât fréquemment chez M. de Longpré, Valentin ne se souvenait pas d'avoir vu cette charmante fille manger autre chose qu'un peu de crème, et quelques biscuits qu'elle grignotait quand elle était en appétit. Chez elle, les sentiments les plus calmes, les affections les plus paisibles prenaient aussitôt tous les caractères de la passion. Un jour, en présence de Valentin, madame de Longpré s'étant avisée de dire que c'était la loi de la nature que les mères mourussent avant leurs enfants, Élodie fondit en pleurs, et l'on eut bien de la peine à l'apaiser.

Elle tenait à la fois du lis et de la sensitive. Elle avait des larmes pour tous les malheurs ; elle s'attendrissait sur la destinée des petits oiseaux tombés de leur nid. Une après-midi, en se promenant avec sa mère et Valentin, elle trouva, près de la Fontaine-aux-Prêtres, un perdreau blessé par le plomb d'un chasseur ; elle le prit, le couvrit de baisers, et l'emporta vivant à la maison. Le soir, à dîner, on servit sur la table un magnifique perdreau rouge. Par un de ces pressentiments dont les natures éthérées sont seules susceptibles, Élodie reconnut, sous sa cuirasse de lard rissolé, le blessé qu'elle avait recueilli quelques heures auparavant. C'était lui ! M. de Longpré avait jugé à propos de le faire mettre à la broche, et, par un raffinement de cruauté digne du comte de Vergy, il en offrit une aile à sa fille. Élodie pâlit, se leva, et se retira dans sa chambre, après avoir échangé avec Valentin un regard où leurs âmes s'étaient comprises.

C'est ainsi que l'exquise sensibilité de cette aimable personne se révélait jusque dans les circonstances les plus insignifiantes. Lorsqu'elle parlait d'Oscar à Valentin, c'était avec tant d'exaltation que Valentin ne pouvait s'empêcher d'en ressentir autant de joie que de jalousie. Quels sublimes concerts n'éveillerait pas l'amour dans une âme qui savait prêter de pareils accents à la tendresse fraternelle ! Que serait donc l'amante si telle était la sœur !

Élodie aimait avec la même exaltation les bois, les champs, les prés, les ruisselets coulant sous le velours des mousses, les nuages blancs et roses se jouant dans le ciel comme une troupe folâtre de cygnes et de flammants. Le chant du grillon la plongeait dans de ravissantes extases ; elle tombait en contemplation devant un brin de folle avoine. Son cœur, comme un vase trop plein, débordait sur la nature entière.

Cependant Valentin suivait strictement la ligne de conduite qu'il s'était tracée d'avance ; il préparait peu à peu la mine qui devait éclater plus tard. Dès les premiers jours, dans ses entretiens avec les Longpré, il avait laissé tomber quelques paroles pleines de mystères. Il s'étudiait à donner à sa physionomie je ne sais quoi de sombre et de funeste ; il eût voulu pouvoir imprimer sur son front le cachet de la fatalité. Parfois, au milieu de la conversation, il s'interrompait tout à coup et tombait dans un morne silence. Un jour que madame de Longpré l'interrogeait sur ses parents, pour toute réponse il se leva brusquement et alla faire un tour de jardin. De loin en loin, il attachait sur Élodie un regard satanique où se trahissaient en même temps la passion et le désespoir. En un mot, il essayait d'offrir à cette honnête famille le spectacle d'un homme comme il faut, se débattant sous le poids de la malédiction divine.

Les Longpré avaient bien commencé par se tenir sur la réserve et témoigner quelque défiance ; mais, soit que Valentin, au milieu de ces étrangetés, laissât percer les bonnes qualités que lui avait octroyées le ciel, soit que Zamore, dont la santé n'avait jamais été si florissante, disposât le cœur de ses maîtres à l'indulgence, toujours est-il que ces braves gens n'avaient pas tardé à montrer à leur jeune ami autant d'empressement et d'aménité que le premier jour. Oscar lui-même, qui poussait de temps en temps une pointe à la Celles-Saint-Cloud, et venait, sous ces frais ombrages, oublier pendant quelques heures les fatigues du noble métier des armes, Oscar, après avoir débuté par observer Valentin d'assez mauvais œil, avait fini par le voir sans déplaisir et lui serrait volontiers la main. Faut-il le dire ? Zamore, l'ingrat Zamore était, de toute la famille, le seul qui ne fît pas un bon accueil à son sauveur. Du plus loin qu'il l'apercevait, il montrait les dents et se hérissait comme un porc-épic. On eût dit que Zamore, digne émule du chien de Montargis, avait le pressentiment des sinistres projets que nourrissait cet hôte ténébreux.

Tout était prêt pour une explosion ; il ne restait qu'à mettre le feu aux poudres. Quelques jours encore, et la famille de Longpré sautait comme la sainte-barbe d'un navire à trois-ponts.

Déjà, dans les trop rares entrevues que leur avait ménagées le hasard, Élodie et Valentin avaient échangé le chaste aveu de leur flamme mutuelle. Dans ces entretiens, que dis-je? dans ces divins cantiques où deux âmes célébraient à l'envi les premières amours, Valentin n'avait pas trouvé Élodie au-dessous de ses ambitions. Cependant il se demandait avec effroi si la passion de la jeune héroïne ne faiblirait pas dans la dernière épreuve à laquelle il allait la soumettre, épreuve terrible devant laquelle Valentin lui-même reculait.

Un soir qu'il errait à l'entrée du village, sur le théâtre de la fête où il avait rencontré Élodie pour la première fois, Valentin aperçut, aux lueurs du crépuscule, M. et madame de Longpré qui gravissaient le coteau de Luciennes, accompagnés seulement de Zamore : il en conclut naturellement qu'Élodie était au logis. Quelques instants après, il se glissait furtivement dans la maison.

Assise dans l'embrasure d'une fenêtre du salon, mademoiselle de Longpré se tenait accoudée sur l'appui de la croisée ouverte. Valentin s'arrêta sur le seuil pour la contempler, puis il alla s'asseoir auprès d'elle.

Ils restèrent longtemps silencieux, noyant leurs âmes dans un regard profond comme la mer. Deux larmes d'amour et de bonheur brillaient aux longs cils d'Élodie ; elles tracèrent sur ses joues deux sillons humides, et roulèrent sur son tablier de moire comme deux diamants.

— Élodie, vous m'aimez, dit enfin Valentin d'un air sombre; vous m'aimez, je le crois. Je vous aime, vous le croyez aussi. Ah ! le sort peut déchaîner sur nous toutes ses tempêtes et toutes ses colères, quel que soit son acharnement à nous poursuivre, il ne fera pas, ô mon Dieu ! que nous en arrivions jamais à douter l'un de l'autre. Élodie, vous me suivrez partout, sans hésiter, sans demander où je vous mène. Cependant, j'ai pensé qu'avant de vous associer à ma destinée, il était de mon devoir, de mon honneur, de ma loyauté, de vous en dérouler la trame. Malheureuse enfant, savez-vous qui je suis ?

— Je sais que je vous aime, répondit Élodie.

— Ne vous êtes-vous jamais préoccupée de la tristesse de mon visage ? Votre regard n'a-t-il jamais essayé de percer les nuages amoncelés sur mon front ? Malgré mes efforts pour déguiser le deuil de ma pensée, ne m'est-il jamais échappé devant vous un de ces mots sinistres qui brillent comme l'éclair et annoncent la foudre ?

— Parfois je croyais comprendre que vous n'êtes pas heureux, et je vous en aimais davantage.

— Pas heureux, Élodie ! Vous avez cru comprendre que je ne suis pas heureux ! Je suis maudit. Vous voyez devant vous un de ces êtres qui traînent le désespoir après eux. Comment sauriez-vous qui je suis, si je ne le sais pas moi-même ? Mon malheur est aussi vieux que moi. La fatalité m'a reçu dans ses bras et m'a bercé tout enfant sur son sein. Vous souvient-il d'un jour où votre mère m'interrogeait sur ma famille ? Hélas ! que pouvais-je répondre ? Je pris le parti de m'enfuir dans votre jardin, où j'arrosai le gazon de mes larmes. J'ai grandi dans l'abandon ; en grandissant, j'ai compris que j'étais au ban de la société. Vainement je me suis efforcé de conquérir une place au soleil ; des haines mystérieuses, inexplicables, s'agitant dans l'ombre, me ferment toutes les avenues. J'ignore d'où je viens, je ne sais pas davantage où je vais. Maintenant, Élodie, c'est à vous de décider du parti qu'il vous reste à prendre ; quelle que soit votre décision, je l'accepte d'avance.

— Mon Dieu, soyez béni ! s'écria Élodie dans un

transport de pieuse reconnaissance. Je n'avais pas quinze ans, que déjà mon rêve était d'aimer un être misérable et proscrit; car, Valentin, nous autres, jeunes filles, nous sommes toutes ainsi : le malheur est le filet où se prennent nos âmes. Mon ambition était de m'attacher à un arbuste battu par les autans, ployé par l'orage, découronné par le feu du ciel, et de le voir se relever et reverdir au souffle de mon amour. Encore une fois, soyez béni, mon Dieu ! Vous vous relèverez, Valentin. Vous êtes pauvre, je suis riche ; vous n'avez pas de famille, je vous donnerai la mienne.

— Oh ! la naïve enfant ! s'écria Valentin avec un funèbre sourire; oh ! l'âme confiante et crédule, qui s'imagine que ses parents vont ouvrir leur maison et accorder la main de leur fille au premier malheureux qui passe !

— Mes parents sont bons, ils m'adorent et ne veulent que mon bonheur : hésiteront-ils à vous donner ma main, quand ils sauront que vous avez ma foi ?

— Et pourtant, s'ils me la refusaient ! s'écria Valentin avec égarement ; si ces parents barbares ne voulaient pas d'un gendre maudit et funeste, traînant le malheur après lui ! si ces cœurs de bronze ne se laissaient amollir ni par vos pleurs ni par mes prières ! Enfin, si votre père, comme l'ange au glaive flamboyant, me chassait de l'Éden où j'ai goûté la vie, s'il me défendait d'en repasser le seuil, alors que feriez-vous ?

— Ce que je ferais, Valentin ? Vous demandez ce que je ferais ? murmura Élodie d'une voix tremblante, éperdue.

Elle hésitait : certes, il y avait de quoi.

Le moment était solennel. Pâle, muet, immobile, Valentin attendait, dans une indicible anxiété, la réponse qui allait décider de son avenir, ruiner ou couronner ses espérances.

Comme l'oiseau fasciné par l'œil du basilic, Élodie se laissa tomber entre les bras de son amant.

— Que feriez-vous? répéta Valentin, qui voulait une réponse plus catégorique.

— Je vous suivrais, dit la jeune fille.

— Pour moi, pauvre, déshérité, sans nom, sans amis, sans foyer, vous quitteriez le toit de vos pères, la société où vous régnez, toutes les joies que le monde envie? Dites-vous bien que je ne suis peut-être que le fils d'un pêcheur ou d'un contrebandier.

— Je quitterais avec joie le ciel pour vous suivre au fond des enfers.

Valentin tomba aux pieds d'Élodie, et attacha sur elle un de ces regards extatiques donnés par Raphael et par le Pérugin aux saints agenouillés devant la Madone.

— Soyez bénie, jeune ange, dit-il en lui prenant la main. Brise du désert, fleur de la solitude, soyez bénie! Dans trois jours au plus tard je verrai vos parents. S'ils repoussent mes vœux, comme c'est probable, eh bien! nous partirons ensemble. Votre jardin s'ouvre sur la châtaigneraie: ce soir, en vous quittant, je prendrai l'empreinte de la serrure...

— C'est inutile, répliqua Élodie, la clef est toujours sur la porte.

— Imprudence, folie dont nous profiterons! Par une nuit noire, sans lune et sans étoiles, une chaise de poste vous attendra à l'entrée du bois. J'aurai des armes.

— Que le ciel nous protége! s'écria Élodie. Où irons-nous?

— Où Dieu nous conduira.

Les jappements de Zamore interrompirent cet amoureux duo.

Valentin s'esquiva par le jardin, et gagna les hautes futaies du Butard, où il passa une partie de la nuit à se promener, fou de joie, ivre de bonheur.

Il avait donc enfin rencontré la passion vraie, la passion sincère, la passion éloquente! Ils existaient donc ailleurs que dans les livres, ces magnifiques entraînements de l'amour que rien ne saurait arrêter, ces irrésistibles dévouements qui ne reculent devant aucun obstacle! Les romans avaient donc raison : le chevalier de Sainte-Amarante n'avait donc pas trompé son élève! Valentin nageait en pleine intrigue, en plein drame, en pleine équipée.

Sa bonne et loyale nature, que les travers de son esprit n'avaient pu complétement altérer, lui conseilla de ne pas pousser plus loin l'aventure.

— A quoi bon, se disait-il, porter la honte et la désolation dans une famille honnête, qui m'a accueilli comme un fils? De quel droit irais-je sacrifier à la soif de l'inconnu la paix et la sérénité de ces cœurs simples et bons? Malheureux, si tu veux apaiser la soif dévorante qui brûle tes entrailles, cherche des sources moins pures! Les choses n'iront pas plus loin, c'est vous que j'atteste, astres d'argent, ombrages séculaires! Je voulais éprouver Élodie ; l'amour de cette enfant est sorti vainqueur de l'épreuve. C'en est assez, je suis content. Demain, j'irai trouver M. de Longpré; je me ferai connaître; je lui dirai que je suis le neveu de M. Fléchambault, et que je veux épouser sa fille. Quel coup de théâtre! Pour Élodie, quelle surprise et quelle fête! Je jouirai de leur bonheur, de leur étonnement. Quant à mon oncle, en voyant Élodie, il me pardonnera sans peine d'avoir pu oublier Louisanne.

Le lendemain, à la brune, Valentin partit de Bougival dans ces pieuses dispositions. Il monta la côte de la Celles-Saint-Cloud, traversa le village et pénétra dans l'enclos des Longpré. Bien que la soirée fût peu avancée, il faisait déjà nuit ; le ciel était chargé de nuages. Sous la fenêtre du salon, que n'éclairaient ni lampes ni bougies, Valentin s'assit dans l'ombre, sur un banc à demi caché par des touffes de chèvrefeuille et de clématite. Il avait le cœur ému, cela se conçoit ; demander une fille en mariage n'est pas une petite affaire, et je comprends fort bien que l'ennui d'en passer par là ait décidé bon nombre de gens à vieillir dans le célibat.

Précisément en cet instant, un entretien assez animé venait de s'engager dans le salon, où la famille entière se trouvait réunie, sans en excepter Oscar. Les croisées étaient ouvertes ; Valentin pouvait entendre tout ce qu'on disait. A peine assis, il allait se lever et s'éloigner par discrétion ; quelques paroles étranges éveillèrent sa curiosité : il resta. J'en eusse fait autant à sa place.

Or, voici ce qu'entendit le neveu de M. Fléchambault.

— J'y suis décidée, disait Élodie, la cérémonie aura lieu ici même, à la Celles-Saint-Cloud. Je ne tiens pas à me marier en grande pompe ; ce que je veux, c'est que toutes ces péronnelles du village et des environs soient témoins de mon bonheur et en sèchent de dépit. Ont-elles assez répété que je ne ferais jamais qu'un sot mariage ? Une heure après la bénédiction nuptiale, elles me verront monter en calèche de voyage et partir pour mes terres. Es-tu sûr, Oscar, qu'il n'y a pas de château ?

— L'habitation est belle, répondit Oscar ; je sais plus d'un château qui ne la vaut pas.

— C'est égal, reprit Élodie, cela fait bien de dire qu'on part pour son château.

— Pardieu ! s'écria Oscar, qui t'empêchera de le dire ?

— Je le dirai, répliqua la blanche colombe.

— Tête et sang ! se disait sur son banc Valentin, qui sentait une sueur froide couler le long de ses tempes ; je suis joué ! je suis trahi ! Hier, elle consentait à s'enfuir avec moi, et quand, touché de tant d'amour, je venais mettre ma fortune à ses pieds, je découvre qu'elle est parjure. Quelle complication imprévue ! Que va-t-il se passer ? quel drame se prépare ? quel dénoûment assigner désormais à cette formidable aventure ? Ah ! tu mourras, perfide amante ; tu mourras, mais, avant de mourir, tu verras mon rival percé de mille coups !

L'entretien se poursuivait dans le salon : Valentin prêta une oreille avide.

— Ainsi, mon enfant, dit M. de Longpré d'un ton de doux reproche, tu partiras une heure après la bénédiction nuptiale. Tu t'ennuies donc dans ta famille ? Tu as donc hâte de nous quitter ?

— Tenez, papa, répondit la blonde fille d'une voix brève que Valentin eut peine à reconnaître, pour ne rien dissimuler, j'ai de la campagne par-dessus la tête : ces bois, ces prés, ces châtaigniers m'obsèdent. J'ai hâte de partir, ne fût-ce que pour échapper aux regards de cet éternel aqueduc qui a toujours ses yeux braqués sur moi. Si mon mari s'imagine que nous allons vivre dans nos terres comme deux bergers d'Arcadie, il se trompe ; la vie des champs n'est pas mon fait.

— Vous voyagerez, dit Oscar ; vous irez aux eaux : l'été à Bade, et l'hiver à Paris.

— Aux eaux! en Suisse! en Italie! s'écria madame de Longpré avec enthousiasme. Et dire que nous avons été sur le point de congédier un si riche parti! Moi du moins, ajouta-t-elle d'une voix où perçait l'orgueil d'un esprit satisfait de sa pénétration, je n'ai pas attendu les révélations d'Oscar pour rendre justice à ce mystérieux étranger. Rappelez-vous que dès le premier jour je l'ai défendu contre vous tous, surtout contre Élodie, qui voulait que, sans plus tarder, on lui signifiât son congé.

— Écoutez donc, maman, répondit avec aigreur le bel ange aux yeux bleus : vous eût-il été agréable de voir votre fille se compromettre pour un aventurier sans feu ni lieu? J'en conviens, c'est moi qui ai la première éveillé vos soupçons et votre défiance. Je n'ai fait en ceci que prendre votre rôle; vous avez pris le mien.

— Avant d'aller aux renseignements, ajouta madame de Longpré, j'étais sûre, mon cœur me disait que ce jeune inconnu ne pouvait être qu'un homme comme il faut. Une seule chose m'étonne et m'afflige.

— Quoi donc, maman?

— Il n'a pas d'aïeux.

— Nous l'anoblirons, répliqua Élodie. Avez-vous pensé que je consentirais à m'entendre appeler madame Valentin? Votre fille sera comtesse des Cormiers.

— Mais, mon enfant, dit M. de Longpré d'un ton affectueux et grave, espères-tu trouver le bonheur dans une union formée sous de si étranges auspices? Ce jeune Valentin m'inquiète. Il est le neveu de M. Fléchambault; pour pouvoir lui laisser tout son bien, son oncle ne s'est pas marié ; la propriété des Cormiers, située sur le bord de la Sèvres nantaise, rapporte, bon an mal an, quarante mille livres. Comment se fait-il que ce jeune homme se soit avisé de jouer avec nous un si triste jeu? pourquoi s'enfuyait-il quand on lui parlait de son père? pourquoi ces grands airs sombres qui ne le quittaient pas et qui m'ennuyaient à périr? pourquoi ces longs regards désespérés qu'il jetait parfois sur nous tous et qui me glaçaient d'épouvante? Ce n'est pas ainsi que je m'y suis pris pour me faire aimer de ta mère.

— Mon Dieu, papa, répondit la belle enfant d'un ton impatient, je vous ai déjà expliqué tout cela. C'est une petite comédie dont il est bien aisé de saisir, de démêler et de rassembler tous les détails. Ce M. Valentin est un original qui a dû lire beaucoup de romans, cela se devine à son langage. Il a voulu m'éprouver et se sentir aimé pour lui-même. Il n'a pas compris qu'en agissant ainsi, il allait précisément contre le but qu'il se proposait; car, s'il eût réussi, ce n'est pas lui que j'aimerais, mais le personnage qu'il a joué. Pour mener jusqu'au bout l'aventure, demain, dans deux jours au plus tard, il viendra vous demander ma main; n'allez pas la lui refuser. Il vous dira qu'il est maudit, que la fatalité le poursuit. Ayez l'air de croire tout ce qu'il vous dira, et lorsque enfin il vous aura tout dit, pressez-le dans vos bras et appelez-le votre fils. Respectez son incognito, ménagez-lui la joie de vous apprendre qu'il est le neveu de M. Fléchambault.

— Tout cela est bel et bon, répliqua M. de Longpré : je persiste à dire que le caractère de ce garçon ne m'offre pour mon Élodie aucune garantie de bonheur.

— Ventrebleu! s'écria Oscar, Élodie a cent fois raison. A la mort de son oncle, qui, Dieu merci, n'est pas éternel, mons Valentin aura quarante mille livres de rente; c'est plus qu'il n'en faut pour excuser tous les travers. A qui le devrons-nous, ma charmante, ce merle blanc, ce cygne noir qui s'appelle un mari millionnaire?

Qui l'aura mis dans notre cage, ce bel oiseau, devenu si rare que les jeunes filles en parlent comme du phénix et se demandent avec effroi si l'espèce n'en est pas tout à fait perdue? En butte aux soupçons les plus légitimes, Valentin allait être congédié comme un visiteur importun; moi-même, je l'avoue, je me disposais à le pousser par les épaules et à l'envoyer soupirer plus loin, quand tout à coup je me ravise et suspends l'arrêt de proscription prêt à frapper le sauveur de Zamore. Mieux vaut recevoir quelques jours de plus un aventurier que de s'exposer à mettre le calife de Bagdad à la porte. Je vais, je viens, je m'informe. Je sens se développer en moi l'odorat du chien de chasse. Je suis mon beau ténébreux à la trace; je découvre enfin qu'il est le neveu de M. Fléchambault. Fléchambault! A ce nom je dresse les oreilles. Je me souviens qu'étant à Nantes, en garnison, j'ai visité la propriété d'un riche armateur de ce nom. J'écris au capitaine Renard : je le lâche sur Fléchambault. Plus de doute, le seigneur des Cormiers est l'oncle de notre Valentin; nous allions chasser un prince! Voilà ce qu'a fait Oscar pour sa sœur Élodie. Élodie ne sera pas ingrate; que fera-t-elle pour son frère Oscar?

— Rien, répliqua sèchement Élodie.

— Rien, ma charmante? c'est bien peu, dit Oscar.

— C'est assez, reprit Élodie. Maître Oscar, ce n'est pas d'aujourd'hui seulement que je t'observe et te vois venir. Tu es un mange-tout, un bourreau d'argent. Tu as dissipé dans les tripots et les tabagies les économies de la famille; tu as joué, bu et fumé ma dot.

— C'est une calomnie, s'écria le jeune dragon.

— C'est la vérité, repartit Élodie avec assurance. Depuis qu'il s'agit pour moi d'un riche mariage, tu te berces du doux espoir que je payerai les dettes de garnison et te permettrai de marauder sur mes terres. N'y compte pas, mon bel officier !

— Va, dit Oscar, tu n'as pas de cœur. Je plains ton mari.

— Et moi, ta femme, si toutefois tu peux en rencontrer une.

Valentin en savait assez.

Il se leva sans bruit, et s'éloigna à pas de loup.

Comme il allait franchir le seuil de l'enclos, il aperçut Zamore qui rôdait par là ; d'un coup de pied il l'envoya sauter à vingt pas, et s'enfuit, comme s'il avait eu tous les démons de l'enfer à ses trousses.

Le lendemain, dans la matinée, Élodie reçut un billet ainsi conçu :

« Mademoiselle,

« Je m'exile, je pars pour ne plus revenir. Vous me suivriez sans hésitation, je le sais ; vous vous attacheriez avec joie, comme une liane, à mon malheur. Mais pourrais-je, sans un monstrueux égoïsme, vous entraîner avec moi dans l'abîme ? Beau lis, continuez de fleurir dans les régions sereines, loin de la foudre et des tempêtes que je vais affronter de nouveau. J'ai respiré le parfum de vos pétales embaumés, et je reprends, en vous bénissant, le chemin désolé de la solitude éternelle.

« Valentin.

« *P. S.* Conservez, pour l'amour de moi, ce brin de clématite ; je l'ai cueilli hier soir, entre neuf et dix heures, sous les fenêtres de votre salon, en vous disant dans mon cœur un suprême adieu. »

V

La leçon était bonne; Valentin n'en profita pas. Il continua de courir après les aventures; les aventures continuèrent de courir devant lui, d'un pied si prompt, comme Atalante, qu'il ne put en saisir la queue d'une. Tout se dérobait, tout s'amoindrissait, tout avortait sous sa main. Les avenues les plus sombres, les carrefours les plus ténébreux s'inondaient de lumières aussitôt qu'il y mettait le pied. Les événements qui se présentaient à lui sous le jour le plus romanesque aboutissaient infailliblement au dénoûment le plus vulgaire. Ce qu'il prenait de loin pour les choses les plus extravagantes n'était de près que des bâtons flottants. Un essai d'adultère faillit le conduire en police correctionnelle; ce ne fut pas sans peine qu'on étouffa l'affaire. Il avait compté sur des rencontres héroïques; il se battit, et passa trois mois en prison. Une autre fois, n'ayant pu réussir à rassembler deux témoins, à cause de la loi sur le duel, il offrit à son adversaire de jouer leur vie à pile ou face : le perdant devait se brûler la cervelle. Médiocrement flatté de la proposition, l'adversaire pensa qu'il en coûterait moins de jouer un déjeûner aux *Frères Provençaux*. Valentin perdit la partie, et, au lieu de deux témoins qu'il n'avait pu réunir, il en trouva trop aisément huit. Son partenaire n'en amena que six. Le repas fut joyeux et ne coûta guère que cent francs par tête; ils s'embrassèrent tous au dessert. Valentin paya, et comprit que s'il se battait souvent, c'en était fait, au bout de quelques mois, de la fortune de M. Fléchambault. Le reste à l'avenant. Roman intime, roman passionné, roman d'intrigues, roman pastoral, tout lui échappait à la fois. Il ne poursuivait que des ombres et n'embrassait que des fantômes.

Vous avez été jeune, si vous ne l'êtes plus ; une fois au moins vous êtes allé au bal masqué de l'Opéra, dans l'espoir d'y rencontrer une intrigue et une aventure. En général, on se figure volontiers, à vingt ans, que les marquises et les duchesses s'échappent la nuit de leurs hôtels pour aller au bal masqué intriguer les jeunes gens qui arrivent de leur province. Quelle ne fut pas votre émotion en vous mêlant pour la première fois à cette multitude et bruyante et mystérieuse! Comme votre cœur palpitait à chaque domino, noir ou rose, qui passait à côté de vous! Cependant les heures s'écoulaient ; vous vous promeniez comme un hameçon à travers les flots de la foule, et pas une aventure ne mordait. Vous arriviez ainsi jusqu'à l'aube, écrasé de fatigue, de chaleur et d'ennui, mais retenu invinciblement par l'attente de l'inconnu. Enfin, quand le jour blafard faisait pâlir la clarté des bougies; quand le dernier masque avait disparu comme une apparition au premier chant du coq matinal, vous vous retiriez Gros-Jean comme devant, et retourniez, triste et grelottant, à votre chambre solitaire. Eh bien! tel vous étiez après cette nuit qui promettait de si charmants mystères, tel était Valentin après deux années de séjour à Paris.

On comprend maintenant pourquoi ce jeune homme n'était pas heureux. Vainement il jouissait de la santé la plus florissante; vainement il pouvait se dire chaque jour, à toute heure, qu'il était le neveu de M. Fléchambault; vainement il ne fumait que des cigares de la Havane et se sentait aimé de toutes les personnes qui le connaissaient; non, Valentin n'était pas heureux. Il ne pouvait l'être qu'à la condition de mettre la main sur un grand malheur. Son existence était grise et terne comme un portrait au daguerréotype. Vers les derniers temps, il promenait partout un visage morne et désenchanté. Quand ses amis le rencontraient, ils ne manquaient pas de lui dire : « Qu'avez-vous, Valentin, et que vous est-il arrivé? » Valentin ne répondait le plus souvent que par un pâle sourire. Hélas! il ne lui était rien arrivé, et c'était là ce qui le chagrinait.

Il eût été assez disposé à reconnaître que décidément les romans et le chevalier s'étaient joués de sa crédulité; il se préparait même à quitter Paris pour retourner aux Cormiers, auprès de son oncle, quand le malheur voulut qu'il se liât d'amitié avec un jeune homme qui devait achever de lui tourner la tête.

Rodolphe avait trente-deux ans, et n'en avouait que vingt-neuf. Il jouissait d'un joli patrimoine, et, bien qu'il eût des traits fort ordinaires, passait généralement pour beau, grâce à sa barbe noire et touffue, qui était en effet fort belle. La parole a été donnée à l'homme pour déguiser sa pensée, et la barbe pour déguiser son visage. Rodolphe appartenait à cette classe de gens à qui tout arrive, dont nous avons parlé plus haut. C'était, par-dessus tout, ce qu'on appelle communément un homme à bonnes fortunes. Il ignorait lui-même le nombre des femmes qu'il avait séduites et des maris qu'il avait trompés. Il eût rendu des points à Don Juan; M. de Richelieu ne lui allait pas au coude. Il n'était guère de ménage un peu huppé dans lequel il n'eût fait des siennes. Dans la rue où il demeurait, on avait fini par remarquer qu'il n'y avait plus que des ménages de garçons, tant était grande la terreur qu'il répandait autour de lui. Les mères et les époux frissonnaient quand ils se montrait à la promenade. Certes, à Paris et dans les départements, il avait incendié bien des cœurs, dévasté bien des existences. Partout où il était allé, il avait laissé derrière lui, comme Attila, des amas de ruines et des monceaux de cendres : mais c'était en Espagne et en Italie qu'il avait exercé le plus de ravages. Il avait passé comme une trombe à Cadix, à Séville, à Florence et à Rome. Il parlait volontiers, sans en être prié, de toutes les intrigues qu'il avait nouées, des aventures merveilleuses qui avaient signalé ses voyages. Valentin l'écoutait comme un oracle, et, tout en l'écoutant, il réfléchissait avec amertume sur l'inégalité des destinées humaines.

Un jour Rodolphe l'entraîna dans sa chambre à coucher, et, lui montrant un coffre de bois de cèdre :

— Voici, dit-il, le tabernacle de mes souvenirs ; c'est là que sont enfermés tous les poëmes de ma jeunesse.

A ces mots, il souleva le couvercle, et Valentin, plongeant dans le coffre un regard avide, aperçut, entassés pêle-mêle comme dans une tombe commune, des lettres de toutes les écritures, depuis la ronde jusqu'à l'anglaise ; des boucles de cheveux de toutes les nuances, depuis l'or jusqu'à l'ébène ; puis des bouquets de fleurs desséchées, des chapelets, des gants, des pantoufles de velours, des brodequins de satin turc, des portraits montés en médaillons, un poignard, des rubans, des rosettes de satin, une échelle de soie, une fiole mystérieuse et un mouchoir taché de sang. Valentin observait d'un œil d'envie toutes ces reliques ; le mouchoir taché de sang attirait surtout son attention jalouse. Rodolphe souriait dans sa barbe. Il prit le mouchoir du bout des doigts et le porta négligemment à ses lèvres.

— C'est le mouchoir de la comtesse Orsini, dit-il ;

après huit ans, il conserve encore le doux parfum de cette divine personne.

— Et ce sang, Rodolphe, et ce sang ? demanda Valentin d'une voix ardente.

— Pauvre Gina ! dit Rodolphe avec mélancolie. Elle était occupée à m'écrire ; son mari la surprit et lui plongea sa dague dans le sein. Avant d'expirer, elle m'envoya ce mouchoir, imbibé de ses larmes et trempé de son sang.

— Il paraît, dit Valentin, que le comte Orsini ne plaisantait pas.

— C'était un Corse, répliqua Rodolphe. Il a voulu me tuer, c'est moi qui l'ai tué.

— Vous l'avez tué ?

— Comme un lièvre. Il est enterré à Florence, dans le couvent de *San Marco*.

— Et cette échelle de soie ? demanda Valentin ; vous en êtes-vous servi ?

— Quelquefois à Séville, très-souvent à Cadix. En Espagne, l'échelle de soie est encore aujourd'hui l'escalier dérobé des amants.

— Et cette fiole ?

— C'est une fiole d'acide prussique. Il suffirait d'une goutte de ce breuvage pour foudroyer un hippopotame. Un soir, à Rome, je l'arrachai des mains de la Giuliani, qui menaçait de s'empoisonner.

— Et pourquoi la Giuliani menaçait-elle de s'empoisonner ?

— Parce qu'elle avait trouvé dans ma poche un gant qui n'allait ni à sa main ni à la mienne. Tenez, voilà ce gant ; il n'est pas en France une femme qui puisse seulement y glisser deux doigts. Pauvre Rosemonda ! qu'elle était belle ! Hélas ! elle est morte à vingt ans.

— De la poitrine? demanda Valentin.

— Non, c'est la Giuliani qui l'a tuée dans un féroce accès de jalousie.

— C'était donc une tigresse, cette Giuliani?

— C'était une Romaine. Ces petits accidents sont si communs à Rome, que c'est tout au plus si l'on en parle lorsqu'ils se présentent.

— Et ce poignard? demanda Valentin.

— Ça? dit Rodolphe, c'est le poignard que la marquise de Grijalva portait à sa jarretière, où je l'ai pris.

— Et ces pantoufles de velours incarnat?

— Ces pantoufles, mon bon ami, ont servi de nids aux deux plus jolis petits pieds qui aient jamais trotté sur le pavé de Paris. C'est la baronne de Champrémy qui les oublia un matin dans ma chambre. Une heure après, je vis entrer chez moi le baron, qui revenait de la campagne. Tout en causant, il aperçut sur le tapis les deux pantoufles qui se prélassaient sans défiance et d'un air si doux, si heureux, si câlin, que j'en avais le cœur navré. Par Dieu! dit le baron, il me semble que je reconnais ces pantoufles. J'ai vu ces pantoufles quelque part. Où diable ai-je vu ces pantoufles? Mille millions de tonnerre! ajouta-t-il en bondissant comme un jaguar, je les ai vues aux pieds de ma femme! — Nous nous battîmes, et je tuai le baron.

— Têtebleu, s'écria Valentin, comme vous y allez! Le comte Orsini à Florence, le baron de Champrémy à Paris! Les deux font la paire, ce me semble.

— Oui, dit Rodolphe en caressant sa barbe, j'en ai tué ainsi quelques-uns.

— Et ces fleurs desséchées?

— Chaque année, le jour de ma fête, je reçois un bouquet qui m'arrive je ne sais d'où.

— Et ces chapelets? demanda Valentin ; ces brodequins de satin turc?

— Ces chapelets? Vous permettrez que je vous en taise l'histoire : respectons l'honneur des couvents. Quant à ces brodequins, ils étaient aux pieds de la Brambilla lorsqu'elle vint, par une nuit sombre, à notre premier rendez-vous. Au moment de les remettre : — Ils sont tout neufs, dit-elle, et n'ont marché que pour aller vers toi. Je ne veux pas qu'ils fassent un pas de plus, je te les donne.

— Je serais curieux de savoir comment la Brambilla retourna chez elle?

— En bas de soie, mon cher. Heureusement les chemins étaient secs et la nuit était noire.

— Toutes ces lettres sont sans doute des lettres d'amour ?

— Toutes, vous l'avez dit. Il y en a bien trois cents. Eh bien ! mon cher, toutes se ressemblent. On ne saurait croire combien est pauvre et borné le clavier de la passion et des sentiments. C'est toujours le même son, la même note ; toujours la même variation sur ce mot si court et si grand : « Je t'aime ! » Je pourrais pourtant vous montrer quelques-unes de ces épîtres, qui laissent assez loin derrière elles les lettres de Julie à Saint-Preux.

— Montrez, Rodolphe, montrez ! s'écria Valentin, qui en était réduit à vivre en marge des passions d'autrui.

Rodolphe ne se fit pas prier. Il lut à haute voix quelques lettres qui furent comme autant de brûlots attachés au cœur du neveu de M. Fléchambault. Quand Valentin se retira, il était retombé plus avant que jamais dans sa folie.

— Qu'il y a des gens heureux ! se disait-il, et que la destinée se montre ingrate dans la répartition de ses faveurs ! Voilà un homme dont la jeunesse a été saturée d'émotions. Il tue Orsini ; il tue Champrémy. Les baronnes oublient chez lui leurs pantoufles ; les comtesses, avant d'expirer, lui envoient des mouchoirs arrosés de leur sang. Il prend des poignards à la jarretière des marquises. Les abbesses, Dieu me pardonne ! lui font présent de leurs chapelets ; et la Brambilla, pour lui laisser ses brodequins, consent à retourner chez elle en bas à jour. Et que de portraits ! que de bouquets ! que de rosettes de rubans ! que de lettres pareilles à la tunique de Nessus ! Il a tout, et moi je n'ai rien. Il joue les premiers rôles dans le grand drame de la vie, et moi je ne suis qu'un misérable comparse, un personnage muet, un confident de tragédie. Le chevalier avait raison, les romans ne sont pas des imposteurs comme j'étais tenté de le croire. Est-il un roman de cape et d'épée plus bizarre, plus riche en incidents, plus invraisemblable que la vie de Rodolphe ? Le chevalier ne m'a pas trompé ; seulement, il y a des malheureux comme moi, condamnés à traîner, dans les sentiers battus, le boulet de l'impuissance, la carapace de la vulgarité.

Un jour qu'il exprimait à Rodolphe ses doléances, Rodolphe lui répondit :

— Vous auriez tort de vous décourager, mon cher Valentin. Vous êtes né pour les choses étranges, cela se devine à votre air. C'est ma conviction profonde, que vous êtes réservé aux aventures les plus surprenantes.

— C'était aussi la conviction du chevalier de Sainte-Amarante, dit Valentin en soupirant. C'est d'après ses conseils que je suis venu à Paris. A l'entendre, les aventures allaient partir sous mes pieds comme des compagnies de perdreaux. Voilà deux ans que je suis en chasse ;

je n'ai fait encore que tirer ma poudre aux mésanges.

— Je n'en suis pas surpris, Valentin. Le Paris, la France d'aujourd'hui ne sont plus le Paris et la France que le chevalier de Sainte-Amarante a connus. Depuis quelques années surtout, le caractère de notre nation s'est singulièrement altéré ; nous sommes devenus, comme nos voisins d'outre-Manche, un peuple essentiellement positif. Harcelés, traqués de toutes parts, l'amour et la poésie n'ont d'asile que dans l'imagination de nos écrivains, qui sont eux-mêmes des calculateurs éminents. Paris n'est plus qu'une boutique ; la France n'est plus qu'un comptoir. Les traficants en ont chassé toutes les folies chevaleresques, toutes les passions généreuses. Sans doute, en cherchant bien, on peut trouver par-ci par-là quelques fleurs à cueillir, quelques bons coups d'épée à donner ou à recevoir ; mais ces occasions deviennent de plus en plus rares. Moi qui vous parle, voilà trois mois que je vis dans une inaction à peu près complète ; je finirai par émigrer. Et vous-même, qu'attendez-vous ? Partez. L'Espagne et l'Italie vous appellent. C'est-là qu'il est beau de vivre, c'est là seulement que les femmes n'ont point encore désappris à aimer. Que faites-vous ici ? Allez suspendre l'échelle de soie aux balcons de l'Andalousie ! Allez sous les oliviers de la Toscane justifier les soupçons de quelque Florentin jaloux, ou, sous les pins de la ville éternelle, mettre aux prises, comme deux panthères, deux pâles Romaines aux yeux noirs !

— Ainsi, Rodolphe, vous me conseillez de partir pour l'Espagne ou pour l'Italie ?

— Ou pour la Corse : c'est encore un pays où il se passe des choses peu communes.

— Je voudrais savoir, dit Valentin, quelle est la ville

où vous sont arrivées les aventures les plus extraordinaires?

— Vous m'embarrassez fort, dit Rodolphe.

— Consultez vos souvenirs.

— Attendez.... C'est Cadix.... ou Séville. Non, c'est Rome, à moins que ce ne soit Florence. Je crois bien pourtant que c'est Rome.

— C'est à Rome que vous avez connu la Giuliani et la Brambilla?

— C'est à Rome. Vous ai-je dit que je fus mis au fort Saint-Ange, où je passai deux mois, pour avoir enlevé la maîtresse du cardinal Bamboccini?

— Le sort en est jeté! s'écria Valentin; dans huit jours je partirai pour Rome.

La veille de son départ, il alla faire ses adieux à Rodolphe.

— Serais-je indiscret, lui dit-il, en vous demandant quelques lettres de recommandation pour les belles dames, comtesses et marquises, que vous avez connues là-bas?

— J'avoue, mon cher, que vous me gênez, répliqua Rodolphe. La plupart des femmes que j'ai connues par là sont mortes de mort violente. La Giuliani est au couvent. Tout récemment la Brambilla, s'étant laissé dire que je voyageais en Orient, est allée à Civita-Vecchia s'embarquer pour Alexandrie. A l'heure où je vous parle, elle me cherche sur les bords du Nil. Vous plairait-il de me demander un service d'une nature moins délicate?

— Je pars, dit Valentin; nul ne saurait prévoir ce qui m'arrivera. Il est probable que je vais me trouver dans des positions difficiles. J'ai de bonnes armes; mais vous savez aussi bien que moi qu'on n'a pas toujours son poignard ou ses pistolets sous la main. Il me plairait donc d'emporter dans le chaton de cette bague quelques gouttes de la liqueur que vous m'avez montrée l'autre jour.

— Vous voulez de l'acide prussique?

— Précisément, répondit Valentin.

— C'est très-grave. Savez-vous que les Borgia n'ont rien inventé de plus prompt ni de plus terrible?

— Je le sais.

— Savez-vous que vous allez porter la foudre à votre doigt? Savez-vous qu'il suffit d'une gouttelette de ce poison....

— Je le sais, je le sais, dit Valentin interrompant Rodolphe; c'est pour cela que je souhaite d'en avoir.

— Puisque vous y tenez, mon cher, emportez le flacon; je vous le donne, bien convaincu d'ailleurs que vous n'en ferez point usage.

A ces mots, Rodolphe ouvrit l'arche de ses souvenirs et offrit à Valentin le flacon qu'il avait, quelques années auparavant, arraché des mains de la Giuliani. Valentin s'en saisit avec joie et le mit religieusement dans sa poche.

Il ne pouvait entrer dans sa pensée de quitter la France sans avoir embrassé son oncle. Avant de partir pour Rome, Valentin devait aller passer quelques jours aux Cormiers. C'était pour lui une fête plutôt qu'un devoir, car, malgré ses travers, il avait conservé pour M. Fléchambault une tendre affection. Rodolphe voulut accompagner son ami jusqu'à la diligence, et le mettre, comme on dit, en voiture. Comme ils se promenaient tous deux dans la cour des messageries, en attendant l'heure du départ, ils virent monter dans le coupé, où Valentin avait retenu sa place, une femme seule. Ils n'avaient pu distinguer ses traits, mais la jeunesse de sa taille, la fraîcheur de sa capote de voyage, l'élégante simplicité du reste de la toilette, la cambrure aristocratique d'un brodequin de coutil gris, la finesse d'une jambe entrevue sur le marchepied, avaient éveillé sur-le-champ l'imagination de Rodolphe et de Valentin.

— Si la troisième place n'est pas prise, je vous fais mon compliment, dit Rodolphe. C'est madame de Kergoulas, qui va rejoindre son mari dans ses terres. Je viens de lire son nom sur le livre des voyageurs. Je ne la connais pas, mais je jurerais qu'elle est belle. Dieu sait maintenant où vous vous arrêterez! Que de rencontres charmantes, que de jolis prologues, que de premiers chapitres se sont ainsi faits en voiture! Voilà pourquoi j'aime tant les voyages. Ce fut dans la malle de Paris à Bordeaux que je vis pour la première fois madame de La Rochefrite : je descendis à son château, près de Poitiers, et j'y passai six semaines, que je n'oublierai de ma vie.

Les chevaux hennissaient ; le postillon était sur son siége, et la troisième place, ô bonheur! restait vide. Le cœur ému d'un vague espoir, Valentin, après avoir embrassé Rodolphe, escaladait gaiement le coupé, quand madame de Kergoulas tourna vers lui son visage encadré dans une capote rose. Dieux immortels! une vieille Anglaise! Ses faux cheveux, ses dents trop vraies attestaient son âge et son origine. Valentin fit un bond en arrière, et grimpa sur l'impériale avec l'agilité d'un chat que poursuit un boule-dogue irrité.

La diligence roulait depuis près d'une heure sur la route poudreuse. Au tournant du chemin, Valentin découvrit, à l'horizon, Paris qui s'abîmait peu à peu dans la brume du soir, comme un navire submergé dont on ne voit plus que les mâts. En songeant à toutes les espérances qu'il avait effeuillées dans ce gouffre, à toutes les illusions qu'il avait données à dévorer à ce minotaure, il ne put retenir un mouvement de haine et de colère.

— Adieu, et sois maudite, s'écria-t-il dans son âme ulcérée, ville infâme, qui n'as plus au cœur qu'une passion vivante, la fureur d'accumuler! Trois pièces d'argent sur un champ de boue, voilà tes armoiries. Sois maudite, société avachie et cupide, d'où se sont retirés la jeunesse, l'héroïsme et l'amour, et qui as érigé en tribunal d'honneur la police correctionnelle! Des exploits, des huissiers, voilà tes cartels et tes hérauts d'armes. Sois trois fois maudit, repaire immonde, où l'on ne sait plus ni aimer ni haïr, où les ingénues tiennent l'emploi des grandes coquettes, où les amis se déchirent, où les ennemis s'embrassent, où l'on peut voir, assis et dînant à la même table, les insulteurs et les insultés de la veille! Je pars, je vais chercher sous d'autres cieux des rivages où l'on se sente vivre, une terre où l'on ne meure pas de tristesse, d'ennui et de dégoût.

VI

Si ce fut une grande joie pour M. Fléchambault de serrer Valentin sur son cœur, ce n'en fut pas une moins vive pour Valentin de presser M. Fléchambault dans ses bras. Ils se tinrent longtemps embrassés, tandis que les serviteurs s'empressaient à l'envi autour de leur jeune maître, qu'ils avaient vu grandir et que tous aimaient. Tous fêtèrent le retour de l'enfant prodigue aux

Cormiers. M. Fléchambault ne se doutait pas des nouveaux projets de son neveu ; il était convaincu que Valentin rentrait au nid pour ne plus le quitter, et le digne homme exprimait avec effusion le bonheur qu'il en ressentait.

— Te voilà ! c'est donc toi ! Je vais donc te garder ! disait-il en le couvant des yeux ; j'espère que tu en as fini avec les orages du cœur et les drames de la passion. Ce vieux fou de Sainte-Amarante ne te tournera plus la cervelle ; il est mort la semaine dernière. Que la terre lui soit légère ! Il t'a légué huit cents volumes, qui m'ont été expédiés dans une voiture à bœufs. On les a portés au grenier ; les rats en feront justice. Sais-tu bien que ces trois années de navigation ne t'ont pas nui ? Oui, tu as l'air plus mâle et plus fier ; je crois même que tu as grandi. Cher enfant, vivante image de ma bien-aimée sœur, viens là, que je t'embrasse encore ! Tu as appris par mes lettres les nouvelles vicissitudes qu'a essuyées ce pauvre Varembon. Dieu merci, tout est réparé. Varembon va partir, s'il n'est déjà parti. Tu liras ses dernières lettres. Louisanne est plus charmante, plus belle que jamais. Vous n'aurez rien perdu pour attendre. Quelle douce existence nous allons mener tous ensemble dans le fond de cette vallée !

Valentin n'eut pas le courage d'égorger sur l'heure les illusions de M. Fléchambault ; son cœur lui conseillait d'attendre, de ménager son oncle et de le préparer peu à peu au coup terrible qu'il devait lui porter. D'ailleurs, l'influence des lieux longtemps aimés avait réveillé en lui, sans qu'il s'en doutât, des idées plus saines, des sentiments plus conformes à sa nature primitive. Cette influence ne dura guère. Un mois à peine s'était écoulé depuis son retour, que Valentin ressentait de nouveau les atteintes de ce violent besoin d'aventures et d'émotions qu'il n'avait pu satisfaire jusque-là. De même qu'il avait hésité quand il s'était agi de son premier départ, de même il hésitait devant la pensée d'affliger l'excellent homme qui lui avait servi de père ; mais de toutes les exigences, celles de l'imagination sont les plus impérieuses ; cette fois comme toujours, l'imagination l'emporta. Un soir, après bien des détours, Valentin finit par avouer à M. Fléchambault qu'il était décidé à partir pour Rome.

M. Fléchambault faillit tomber à la renverse. Valentin se fût avisé de vouloir partir pour le Congo, pour la Chine, pour la Laponie, pour les îles Marquises, que M. Fléchambault n'eût pas été frappé d'une plus profonde stupeur. Il fut foudroyé, c'est le mot.

— A Rome ! s'écria-t-il en prenant sa tête à deux mains ; à Rome ! Il veut aller à Rome ! Il n'y a pas un mois qu'il est de retour, et le voilà qui demande à partir pour Rome !

— Qu'y a-t-il là, mon oncle, qui puisse vous étonner ? répondit Valentin. Les voyages ne sont-ils pas le complément de toute éducation un peu libérale ? Que sait-il, le jeune homme qui n'a pas voyagé ?

— Mon neveu, tel n'a jamais quitté son village, qui en sait plus long que bien des gens revenant des contrées lointaines ; tel a fait seulement le tour de son cœur, qui a visité plus de pays que s'il eût fait deux fois le tour du globe.

— Voyons, mon oncle, écoutez-moi ; soyez juste, vous qui êtes si bon. Que trouvez-vous d'exorbitant à ce qu'un jeune homme, qui n'a rien de mieux à faire, ait la fantaisie d'explorer la patrie des arts ? J'aime les arts ; le goût m'en est venu à Paris. Si je parlais d'aller en

Abyssinie, à la découverte des sources du Nil, je comprendrais votre étonnement; votre indignation serait légitime. Mais en Italie, mais à Rome! mon oncle, vous n'y songez pas.

— Mais, malheureux, songe toi-même que Varembon et sa fille sont sur le point de revenir en France! J'allais t'écrire pour te rappeler, lorsque tu es arrivé. Varembon doit être parti; tu as lu sa dernière lettre. A l'heure où nous parlons, il débarque peut-être à Saint-Nazaire. Il est peut-être à Nantes. Peut-être est-il avec Louisanne sur le chemin qui conduit aux Cormiers.

— Bah! dit Valentin, M. Varembon se moque de nous.

— Apprenez, mon neveu, que Varembon ne s'est jamais moqué de personne, répliqua vertement M. Fléchambault, qui n'entendait pas raillerie là-dessus.

— Que diable! mon oncle, il y a tantôt dix ans que M. Varembon parle de son prochain retour. Depuis dix ans, il ne s'arrête pas de voiture à la grille, je n'entends pas les chiens aboyer dans la cour, que je ne m'écrie aussitôt : Voici M. Varembon! Depuis dix ans, je ne m'endors pas sans me dire : Allons, demain peut-être verrai-je M. Varembon. Quelle a été votre première objection à mon départ pour Paris? — Varembon est sur le point de revenir. Il va partir, il part, il est parti! n'est-ce pas lui qui frappe à la porte? — Trois années se sont écoulées, et M. Varembon n'est pas revenu.

— Il est certain que Varembon s'est fait attendre un peu, dit M. Fléchambault en hochant la tête; c'est qu'une fois dans les affaires, en sort qui peut, n'en sort pas qui veut.

— Vous voyez donc bien, mon cher oncle, qu'il n'y a pas de raison pour que M. Varembon et sa fille ne viennent jamais s'établir aux Cormiers. C'est vous que j'en fais juge, est-il équitable que ma jeunesse se passe à les attendre? Dois-je rester pareil à un sphinx de granit, accroupi dans le sable, jusqu'à ce qu'il plaise à M. Varembon de me rendre la vie, le mouvement et la liberté? Dois-je fermer les yeux comme la Belle-au-Bois-dormant, jusqu'à ce qu'il convienne à mademoiselle Louisanne de venir me réveiller? Mon bon oncle, laissez-vous convaincre. Je suis bien décidé, d'ailleurs, à ne rien faire qui puisse vous affliger. Si je souhaite d'aller à Rome, c'est uniquement à cause de vous.

— A cause de moi! s'écria M. Fléchambault. C'est à cause de moi que tu souhaites d'aller à Rome?

— Sans doute. Est-il pour un oncle rien de plus flatteur que de pouvoir se dire : Mon neveu foule la cendre des héros ; quand il lui plaît, il monte au Capitole ; il s'assied sur les ruines du palais des Césars ; il se baigne dans le Tibre ; il se promène au Forum ; il passe où les maîtres du monde ont passé? Ne serez-vous pas bien aise de recevoir des lettres au timbre de la ville éternelle, et de les montrer à vos voisins en disant : Voici ce que m'écrit de Rome Valentin? Quoi! s'écrieront-ils, M. Valentin est à Rome! A-t-il vu le pape? A-t-il baisé la mule du Saint-Père? Et que de merveilles n'aurai-je pas à vous raconter au retour! Quelle provision de souvenirs! Que d'entretiens intarissables! comme elles vous sembleront courtes, les longues soirées d'hiver! Je vous parlerai du Colisée, des fresques du Vatican, de l'Apollon du Belvédère. Vous penserez, en m'écoutant, que, si je suis le plus fortuné des neveux, il y a des oncles plus malheureux que vous.

— Laisse-moi donc tranquille! s'écria M. Fléchambault secrètement touché. Attends, pour voyager, que tu sois marié; tu partiras avec ta femme.

— Voyage-t-on lorsqu'on est marié? L'Hymen est casanier de sa nature, et ne quitte pas volontiers ses babouches. D'ailleurs, quand me marierai-je? M. Varembon ne revient pas.

— J'avoue, répondit tristement M. Fléchambault, oui, j'avoue que Varembon aurait pu mettre plus d'empressement à venir retrouver son vieil ami. Écoute, Valentin, je te demande encore un mois. Si, dans un mois, Varembon n'est pas revenu, eh bien! tu partiras pour Rome.

Non-seulement Valentin était résolu à ne pas épouser Louisanne, mais encore depuis longtemps il ne croyait plus à ce mariage et ne s'en préoccupait même pas. Pour ne point contrarier son oncle, il laissait aux années le soin de dénouer sans tiraillement un lien si peu gênant. Les dernières lettres de M. Varembon n'étaient ni plus formelles ni plus explicites que toutes celles qu'il avait écrites déjà. En les relisant avec attention, Valentin avait cru même y remarquer certains tours ambigus qui achevaient de le rassurer. Il comprenait fort bien que Louisanne ne désirât pas plus que lui cette union; il ne cherchait pas d'autre explication aux atermoiements de son père. Il était clair pour lui que M. Fléchambault, grâce à son cœur d'or, jouait dans tout ceci un rôle de dupe. Valentin ne pensa donc pas s'engager beaucoup en accordant le délai d'un mois que demandait son oncle. Il chassa, courut le pays, fit quelques pieux pèlerinages au castel désert d'où s'était envolée l'âme du chevalier de Sainte-Amarante; enfin, pour tuer le temps moins encore que pour ne pas perdre l'habitude et le goût de la belle littérature, il fureta dans le grenier des Cormiers, et découvrit quelques romans empruntés à l'Italie moderne, qui ajoutèrent leurs promesses à celles du beau Rodolphe.

Les jours fuyaient à tire-d'ailes. Valentin était gai comme un pinson, M. Fléchambault triste comme un hibou. Une semaine encore, et le mois d'attente expirait. Valentin s'occupait déjà des préparatifs de son départ, tandis que M. Fléchambault montait à sa tour pour voir si Varembon et sa fille n'arrivaient pas.

— Eh bien! mon oncle, lui disait un soir Valentin, commencez-vous à désespérer du retour de M. Varembon? Comprenez-vous enfin que M. Varembon se trouve bien à la Nouvelle-Orléans, et qu'il n'a nulle envie de revenir en France? Avais-je tort l'autre jour, quand je vous disais que M. Varembon se moquait de nous? Je ne lui en veux pas, seulement je m'étonne que vous ayez attendu jusqu'ici pour savoir à quoi vous en tenir sur la valeur de ses promesses. C'est qu'avec l'esprit d'un sage, vous avez, mon cher oncle, le cœur d'un enfant.

— Tais-toi, Valentin, tais-toi, répondit M. Fléchambault. Voilà trente ans et plus que j'aime Varembon. Je l'aime comme un frère, et je crois en lui comme en Dieu. Si c'est une illusion, respecte-la; si c'est un rêve, ne m'éveille pas.

— Je suis convaincu, reprit Valentin, que, de son côté, M. Varembon vous aime beaucoup là-bas; mais que voulez-vous, mon cher oncle? On se quitte avec désespoir, on doit se retrouver avec bonheur; les années s'écoulent, on finit par découvrir de part et d'autre qu'il est plus aisé de se passer d'ami que de chausses. Il y a quinze ans au moins que M. Varembon est établi à la Nouvelle-Orléans. Il est tout simple qu'au bout de quinze ans, il ait des relations, des intérêts qui le retiennent, des liens, des habitudes qu'il ne veut pas, qu'il ne peut pas briser. Voulez-vous connaître ma pensée tout entière? Je parierais que Louisanne est mariée, et que son père ne sait comment s'y prendre pour vous annoncer cette nouvelle.

— Louisanne mariée! Louisanne parjure! Louisanne infidèle! s'écria le bon Fléchambault; non, non, c'est impossible; ce serait une indignité.

— Pourquoi donc, mon cher oncle, pourquoi serait-ce une indignité? répliqua Valentin en souriant. Louisanne avait cinq ans, j'en avais huit, quand nous nous sommes séparés. Les serments échangés à cet âge ne sauraient engager bien sérieusement l'avenir. En général, les mariages projetés de si loin n'ont pas chance d'aller à l'église. Que Louisanne m'ait oublié, qu'elle se soit mariée selon son cœur, sans tenir compte de son premier fiancé, ce n'est pas moi qui voudrais la blâmer. Si l'occasion se fût présentée, il est probable que j'aurais fait comme elle, sans mériter pour cela les noms de parjure et de traître.

Obligé de reconnaître que son neveu pouvait avoir raison, M. Fléchambault se taisait et baissait la tête. Il voyait s'éloigner, décroître et disparaître la rive où fleurissait l'espoir de ses vieux ans. Valentin triomphait en secret.

— Cher oncle, ne vous attristez pas, dit-il en l'embrassant. Quinze années d'expérience vous ont démontré qu'on peut vivre sans M. Varembon. Quant à sa fille, il faudra bien que nous nous passions d'elle, puisqu'elle s'est passée de nous. Dieu merci, il ne manque pas en France de jeunes filles à marier, et si belle, si charmante qu'elle soit, Louisanne n'est pas unique sous le ciel. Vous voulez des petits enfants pour égayer votre vieillesse ; vous en aurez, mon oncle, et beaucoup. Je vous promets toute une colonie de petits Valentin. Vous me rendrez d'ailleurs cette justice, ajouta-t-il en bon apôtre, qu'il n'a pas dépendu de moi que vos vœux ne fussent exaucés. Ai-je assez longtemps attendu ? ai-je assez veillé sur mon cœur pour pouvoir l'offrir tout entier à la femme que vous m'aviez choisie ? Ce n'est pas ma faute si Louisanne n'en a pas voulu. Pour vous plaire, j'aurais épousé la reine de Tombouctou.

— Non, non, c'est impossible, s'écria M. Fléchambault, se parlant à lui-même comme pour dissiper les fantômes d'un mauvais rêve, Varembon ne s'est pas joué de notre vieille amitié ; Louisanne n'est pas infidèle. Je croirai que les petits pois mûrissent à la Saint-Sylvestre, avant de croire que Varembon ait trahi ses engagements. Valentin se trompe : Valentin outrage Louisanne et son père. En quelle époque vivons-nous. juste Dieu ! Le doute s'est emparé des jeunes âmes, et la foi n'habite plus que le cœur des vieillards.

Ainsi, M. Fléchambault essayait de se rassurer ; mais on voyait bien à son air que le brave homme était moins tranquille qu'il n'aurait voulu le paraître. Il allait, venait, prêtait l'oreille à tous les bruits, montait à sa tour, braquait sa longue-vue sur le chemin de Nantes aux Cormiers : Varembon n'arrivait pas. Valentin se frottait les mains et achevait gaiement ses préparatifs de voyage. Il avait emporté de Paris une magnifique collection de dagues et de poignards. Sa boîte de pistolets reposait au fond de sa malle. Son passe-port était en règle ; son portefeuille était garni de lettres de crédit, contre lesquelles il avait échangé les dernières libéralités de son oncle. Quelques jours encore, Valentin embrassait son oncle et partait.

Un matin, il était dans sa chambre, seul et rêvant à toutes les histoires que Rodolphe lui avait racontées. Il voyait passer devant lui les blanches ombres de la Rosemonda et de la comtesse Orsini, et, se rappelant tour à tour les aventures de la Giuliani, de la Brambilla et de la maîtresse du cardinal Bamboccini, il craignait, comme Alexandre, que Rodolphe ne lui eût laissé rien à faire. Tout à coup la porte de la chambre s'ouvrit avec fracas, et M. Fléchambault se précipita dans l'appartement, dont il fit deux ou trois fois le tour, en se livrant à une foule d'excentricités que n'expliquaient suffisamment ni son âge ni son caractère. Il dansait, pirouettait, gambadait, criait et chantait. Valentin, qui n'avait jamais vu son oncle dans un tel délire, l'observait avec stupeur.

— Mon oncle, qu'avez-vous? disait-il en courant après lui. Mon oncle, que se passe-t-il? Bien certainement vous êtes fou, mon cher oncle. Apprenez-moi du moins si c'est de joie ou de désespoir.

— C'est de joie! s'écria enfin M. Fléchambault se jetant, comme un lion, sur Valentin, qu'il faillit étouffer dans ses embrassements. Je disais bien que c'était impossible! Ils arrivent, ils sont arrivés! Défais ta malle; tu ne partiras pas.

— Ils sont arrivés! où sont-ils? demanda Valentin, pâle comme la mort. Les avez-vous vus? leur avez-vous parlé?

— Ils sont à Nantes. Demain, dans deux jours au plus tard, ils seront ici. Avant un an, nous aurons un baptême aux Cormiers.

— A Nantes! Ils sont à Nantes! En êtes-vous bien sûr? s'écria Valentin, qui promenait sur son oncle un regard étrange.

— Cher enfant! dit M. Fléchambault attendri jusqu'aux larmes... Il ne peut croire à son bonheur. Il pâlit, il ploie, il chancelle sous le poids de sa félicité. Cette heure fortunée, si longtemps attendue, il refuse de croire qu'elle ait enfin sonné. Tiens, lis! ajouta-t-il.

Et il tendit à Valentin une lettre qu'il venait de recevoir.

Cette lettre était ainsi conçue :

« Je ne suis plus séparé de toi que par quelques
« lieues, cher ami. Si Louisanne ne se ressentait pas des
« fatigues de la traversée, qui a été longue et pénible,
« je serais déjà dans tes bras. Fléchambault, je vais
« donc te revoir ! je vais donc te presser sur ce cœur
« où l'amitié n'a pas vieilli d'un jour ! Et ce jeune Va-
« lentin, que je me plais depuis si longtemps à nommer
« mon fils, je vais donc aussi l'embrasser ! Est-ce vrai?
« n'est-ce pas un rêve ? Nous sommes descendus à l'hô-
« tel de France ; je vois de ma fenêtre la place, les rues,
« le théâtre où nous avons mêlé et confondu les émo-
« tions de notre jeunesse. Je te cherche des yeux ; je
« crois te reconnaître dans chaque indifférent qui passe.
« Si l'on frappe à ma porte, je me lève en disant : C'est
« lui ! Il me semble que quelque chose a dû t'apprendre
« que je suis ici. Dans deux jours, je serai près de toi.
« Je veux te présenter ma fille dans tout l'éclat de sa
« beauté. Prépare-toi à tomber à genoux devant elle. Je
« reviendrais pauvre comme Job, tu trouverais encore,
« en la voyant, que je reviens plus riche que Crésus.
« Entre nous, Fléchambault, ton neveu est un heureux
« drôle. Deux jours, deux jours encore ! Pense que dans
« deux jours nous serons réunis pour ne plus nous quit-

« ter, et que nous ne formerons désormais qu'une seule
« et même famille.

« VAREMBON. »

Quelques lignes d'une écriture plus fine et plus déliée étaient tracées au bas de ce billet.

« Je ne veux pas laisser partir cette lettre sans vous
« dire que je suis heureuse de me sentir si près de
« vous, ami de mon père. J'ai appris de bonne heure à
« vous bénir et à vous aimer. D'où vient donc qu'à pré-
« sent j'hésite et suis toute tremblante ? D'où vient que
« je voudrais reculer le moment où vos bras s'ouvri-
« ront pour me recevoir ? Je sais que la tendresse de
« mon père se plaît à me parer de perfections que je
« n'ai pas. Je me rassure pourtant : je me dis que, puis-
« que je vous aime avec son cœur, vous me verrez peut-
« être avec ses yeux.

« LOUISANNE. »

— Qu'en penses-tu ? s'écria M. Fléchambault après que Valentin eut achevé de lire. Douteras-tu encore de ton bonheur ? Avais-je tort quand j'affirmais que la fille de Varembon était restée fidèle à son serment ? Pendant que tu l'accusais dans un accès de folle jalousie, ingrat, elle accourait vers toi ! Et sais-tu rien de plus délicieux que les quelques lignes qu'elle a tracées au bas de cette lettre ? Que d'élégance dans l'expression ! dans la pensée, que d'exquise délicatesse ! On croit lire madame de Sévigné.

— Je n'aime pas l'écriture de mademoiselle Louisanne, répondit sèchement Valentin.

— Tu es bien difficile, répliqua M. Fléchambault ; c'est peint, c'est moulé par la main des grâces. D'ailleurs, qu'y a-t-il de commun entre l'écriture des gens et leur figure ou leur caractère ?

— Entre l'écriture des gens et leur caractère, il y a, mon cher oncle, plus de rapports que vous ne paraissez le croire, repartit gravement Valentin. Il y a des écritures naïves, des écritures cauteleuses, des écritures franches, des écritures dissimulées. Il faut dire de l'écriture ce que Buffon a dit du style : c'est l'homme.

— Eh bien ! quel diable d'homme es-tu, toi, dont l'écriture est illisible? ajouta M. Fléchambault.

— Toujours est-il, mon cher oncle, que l'écriture de mademoiselle Louisanne ne m'inspire aucune confiance. Il y a, dans sa façon de fermer les O, quelque chose de mystérieux, qui ne me plaît pas. Observez le crochet de ses S, vous y découvrirez l'indice d'une âme remplie de détours.

— C'est trop fort. Comment! l'autre jour, pour me plaire, tu étais prêt à te marier avec la reine de Tombouctou, et voilà qu'à cette heure, tu t'arrêtes à de pareilles vétilles, quand il s'agit d'une créature jeune et belle comme le printemps! Je soutiens d'ailleurs que son écriture est charmante : c'est de l'anglaise la plus pure, et je t'en souhaite une semblable.

— *Puisque je vous aime avec son cœur, vous me verrez peut-être avec ses yeux.* Je trouve cela horriblement prétentieux, dit Valentin. C'est d'une précieuse, ou je ne m'y connais pas.

— Moi, riposta M. Fléchambault, je trouve cela très-joliment tourné.

— Ce n'est pas mon avis.

— C'est le mien.

— Les sentiments vrais s'expriment plus simplement.

— La simplicité ne s'effarouche pas d'un peu de grâce et de coquetterie.

— Si j'ai bonne mémoire, mademoiselle Varembon est blonde, et je hais les blondes, ajouta Valentin, qui se souvenait sans doute d'Élodie.

— Voilà tantôt seize ans que tu n'as vu Louisanne : ses cheveux ont eu tout le temps de brunir.

— Non, non. Je me souviens très-bien que ses cheveux étaient d'un blond fade qui ne brunit jamais. Je connais cette nuance ; elle est inexorable.

— Je te dis que ses cheveux sont devenus bruns.

— Soyez sûr qu'ils sont restés blonds.

— J'aime les blondes, moi ! s'écria M. Fléchambault c'est mon goût.

— Ce n'est pas le mien.

— Les anges sont blonds.

— Bon ! dit Valentin, vous en avez vu ?

— Oui, mon neveu, j'en ai vu un.

— Un ange blond ?

— Comme les blés à la moisson. Lève les yeux et vois toi-même.

Le regard du jeune homme obéit machinalement au doigt de M. Fléchambault, et s'arrêta sur un portrait de femme, blonde en effet comme une gerbe d'épis mûrs. Valentin se tut : c'était le portrait de sa mère.

— Enfin, mon oncle, reprit-il après quelques instants de silence, qu'elle ait des cheveux d'or ou d'ébène, il ne m'est pas démontré que mademoiselle Louisanne soit enchantée du mari que vous lui destinez. Avant de disposer de sa main, peut-être conviendrait-il d'attendre que son cœur eût parlé. Qui vous répond, qui vous assure que cette jeune personne m'aimera ? Le chevalier de Sainte-Amarante, envers qui vous avez été trop sévère, exprimait un jour devant moi une pensée pleine de justesse et de profondeur. Le cœur humain, me disait-il, est jaloux de sa liberté. Il veut choisir lui-même, et n'entend pas qu'on choisisse pour lui. Il hait ce qu'on offre à son amour ; il aime ce qu'on désigne à sa haine.

— Il te débitait là de jolies maximes, ton chevalier de Sainte-Amarante ! Il paraît que vous aviez ensemble des entretiens d'une haute philosophie. Ne me parle jamais de ce vieil insensé.

— Sous la frivolité d'Alcibiade, il cachait la raison et la sagesse de Socrate, répliqua Valentin d'un ton doctoral. Remarquez déjà, mon cher oncle, qu'il n'est pas question de moi dans les quelques lignes que mademoiselle Louisanne vous a écrites ; mon nom ne s'y trouve pas une fois ; pas une phrase à mon adresse, pas un mot, pas même une allusion. C'est clair, elle me hait ; je le savais déjà.

A ces mots, un éclair de joie illumina le front de M. Fléchambault.

— Bien ! bien ! s'écria-t-il gaiement, de la jalousie, du dépit... Et moi qui ne devinais pas ! Ah ! Valentin, tu l'aimes, cette belle Louisanne ; ta passion s'est trahie. Le divin Racine a toujours raison : les feux mal couverts n'en éclatent que mieux. Enfant, comment n'as-tu pas vu que ces lignes, tracées par la main de Louisanne, ne s'adressent qu'à toi ? Comment n'as-tu pas compris que, tandis que sa main écrivait au vieil oncle, c'est au neveu que son cœur parlait tout bas ? Ton nom n'est pas dans ce billet, et tu en conclus que ta fiancée te hait. Moi, j'en conclus qu'elle t'adore. Ce qu'il y a de charmant dans ce bout de lettre, c'est précisément que ton nom ne s'y trouve pas. Louisanne, Valentin, chers enfants, vous vous adorez. Béni soit le jour où mes vœux sont comblés ! Béni soit Dieu qui me rend Varembon !

Dans mes bras, mon neveu! Va, va, rassure-toi : Louisanne ne te hait pas.

Le bonhomme nageait dans un océan de délices. On sait que Valentin aimait son oncle d'une affection toute filiale. On sait aussi que les écarts de son imagination n'avaient pas complétement altéré le fond de sa bonne et honnête nature. Il sentit que l'heure était venue pour lui de s'acquitter. Il prit vaillamment son parti et s'offrit en holocauste au bonheur de M. Fléchambault.

— Que mon oncle soit heureux, se dit-il, j'épouserai la fille de M. Varembon.

Et, par un suprême effort, il imposa silence aux rêves de son âme.

On pense bien que M. Fléchambault n'était pas homme à rester aux Cormiers quand il savait Varembon à Nantes. Impatient et joyeux comme un amant qui court à son premier rendez-vous, il partit dans la matinée, après avoir confié à Valentin le soin de tout préparer pour l'installation de leurs hôtes.

Une heure après le départ de son oncle, Valentin se promenait triste et pensif, sur le bord de la Sèvres. Que se passait-il dans son cœur? Il n'est pas besoin de le dire.

VII

Racontons maintenant ce qui se passait à Nantes le 15 juillet 1839, dans l'appartement N° 5 de l'hôtel de France, entre quatre et cinq heures de l'après-midi.

Une jeune fille, belle comme le jour, est à demi couchée sur un divan : c'est Louisanne. Un nuage de mousseline des Indes enveloppe tout entier son corps souple et charmant. Une de ses mains sert d'appui à sa tête penchée, tandis que l'autre joue négligemment avec un éventail découpé dans une feuille de bananier. La grâce réside sur son front; au fond de son regard, on voit la sérénité de son âme. La gaieté, cette santé des jeunes cœurs, anime ses traits, où respirent la bonté et la bienveillance.

Assis dans l'embrasure d'une fenêtre, M. Varembon fume, en vrai nabab, une longue pipe à bouquin d'ambre, et se plaît à suivre des yeux la fumée blanche et odorante qui flotte comme une auréole au-dessus des cheveux de sa fille. Il n'est pas beau et n'a jamais dû l'être; mais son visage exprime, en même temps que la franchise et la loyauté, la béatitude d'un homme dont la fortune est faite, et qui trouve que tout est pour le mieux dans le meilleur des mondes possibles. De loin en loin, le père et la fille échangent quelques paroles affectueuses. Tout à fait remise des fatigues de la traversée, Louisanne est prête à partir. M. Varembon prétend qu'elle est encore un peu languissante. Il veut que la fleur qu'il rapporte des rives du Mississipi ne soit vue aux Cormiers que dans tout son éclat. Mais, quoi donc? le nabab a pâli; le tuyau de jasmin échappe de ses doigts. Un pas précipité vient d'ébranler le corridor. Après seize ans d'absence, le nabab a reconnu ce pas. Il se lève, la porte s'ouvre. Fléchambault! Varembon! Mon frère! mon ami!... Laissons ces vieux compagnons mêler leur joie et leurs embrassements.

Heureux les amis qui peuvent, au déclin de l'âge, après une longue séparation, se retrouver ainsi! Ils sont l'un pour l'autre le poëme vivant de leurs belles années, un écho du passé, un gai reflet du printemps qui n'est plus ; en s'embrassant, c'est leur jeunesse qu'ils embrassent.

Louisanne s'était levée et les contemplait avec attendrissement. Quand M. Fléchambault, après s'être arraché des bras qui l'étreignaient, vit cette jeune et belle créature, il fut sur le point de prendre au mot la lettre de M. Varembon et de s'agenouiller devant elle. Louisanne s'avança vers lui, la main tendue et la bouche souriante; M. Fléchambault la pressa sur son sein.

Par un privilége assez rare, M. Varembon avait pu chanter sur tous les tons les perfections de sa fille sans encourir les reproches qu'on est trop souvent en droit d'adresser à l'aveuglement de l'amour paternel. Louisanne en disait plus par sa seule présence que toutes les lettres de son père. Le portrait pâlissait devant le modèle.

A la grâce, à la beauté, elle unissait les dons les plus précieux du cœur et de l'intelligence. L'âme ne démentait pas son enveloppe; la liqueur était digne du vase qui la contenait.

Comme la plupart des jeunes filles qui ont eu le malheur de perdre leur mère avant l'âge, Louisanne avait grandi en pleine réalité. Elle avait compris et pratiqué de bonne heure le culte du devoir. A seize ans elle gouvernait déjà la maison de son père. Ces soins d'administration domestique, trop souvent funestes à la grâce et à l'élégance, n'avaient terni chez elle aucun des charmes de la jeunesse; seulement elle en avait retiré une raison précoce, et ce chaste aplomb, cette virginale assurance qui sied à l'autorité d'une jeune reine.

J'ai parlé de la gaieté qui animait ses traits : c'était la gaieté naturelle qui naît d'un esprit bien fait et d'un cœur honnête. Elle avait tout à la fois beaucoup de finesse et beaucoup de droiture, le caractère ferme, l'humeur enjouée et l'âme tendre.

Elle aimait son père d'une affection passionnée. Elle l'avait vu plus d'une fois aux prises avec la mauvaise fortune; elle avait assisté à ces luttes acharnées, silencieuses, à ces angoisses dévorantes dont les commerçants ont seuls le secret; elle savait tout ce qu'il y avait en lui d'énergie, de courage et d'inflexible probité.

On n'a pas oublié que M. Fléchambault avait sauvé M. Varembon de la honte et du désespoir; Louisanne, en grandissant, s'était habituée à les confondre tous deux dans un même sentiment de tendresse et de gratitude. Après avoir commencé par se prêter à leurs projets, elle avait fini par s'associer à leurs espérances. Pour l'amener là sans efforts, il eût suffi de lui laisser entrevoir que son mariage avec Valentin assurerait le bonheur des deux amis; mais, par un de ces contrastes où se complaît la nature humaine, pendant que Valentin se détachait de Louisanne et la prenait en secrète aversion, Louisanne s'était sentie doucement attirée vers ce jeune homme. En s'éveillant, son imagination avait saisi cet aliment tout prêt; ses rêves s'étaient abattus, comme une volée de colombes, sur le rameau qui leur était offert. Ainsi, après avoir germé silencieusement dans son cœur, la pensée du devoir s'était épanouie peu à peu en une fleur charmante, et cette fleur, c'était l'amour. Les lettres de M. Fléchambault, toutes à la louange de son neveu, n'avaient pas peu contribué à développer dans l'âme de la jeune fille ce sentiment, vague d'abord, mystérieux, à peine défini. Il est si doux, si facile d'ailleurs d'aimer ce qu'on ne connaît pas!

L'entretien, on peut le croire, se prolongea fort avant

dans la nuit. Que de questions échangées coup sur coup, et n'attendant pas la réponse ! Que de phrases tombant dru comme grêle, et commençant toutes par ces trois mots : « Te souviens-tu ? » Que de discours interrompus par une brusque pression de main, par un sourire, par une larme ! Que d'heureux jours évoqués avec mélancolie ! Que de déboires, de vicissitudes, passés en revue avec une folle gaieté ! Puis on allait des souvenirs aux espérances. Que de beaux rêves tout près de se réaliser ! Que de joies, de félicités sur lesquelles on n'avait plus qu'à étendre la main ! Louisanne se taisait ; mais une aimable rougeur colorait son visage. Les deux amis l'observaient en souriant.

M. Fléchambault, qui ne voulait pas, aux yeux de M. Varembon, avoir l'air d'un pauvre devant un riche qui compte son or, faisait blanc de son neveu, racontait de lui des merveilles, et ne se gênait pas pour donner à entendre que, si Valentin était un fortuné garçon, Louisanne n'était pas une fille par trop à plaindre. A l'en croire, Valentin eût été l'enfant du miracle. Trois années de séjour à Paris avaient complété son éducation et mis le comble à tous ses mérites. Et comme il aimait sa fiancée, le neveu de M. Fléchambault ! Comme il soupirait après le jour sept fois béni qui devait couronner sa flamme ! Louisanne se taisait ; mais son sein ému soulevait la gaze qui l'emprisonnait, et M. Varembon ne se sentait pas d'aise d'avoir en perspective un gendre si accompli, le modèle, la perle des gendres.

Le lendemain, dans la matinée, ils partirent tous trois pour les Cormiers. Pendant que Louisanne, la tête à la portière de la voiture, admirait le paysage qui se déroulait sous ses yeux, les méandres de la Sèvres, Clisson, ses tours, ses créneaux, ses ombrages, M. Fléchambault et M. Varembon continuaient l'entretien de la veille.

— Ainsi, mon vieil ami, disait M. Varembon, tu m'assures que Valentin aime ma chère Louisanne? Ton neveu se fait une fête d'épouser ma fille? Cette union lui promet le bonheur. J'ai craint plus d'une fois, je l'avoue, que son cœur, fatigué d'attendre, ne se décourageât.

— Valentin n'aime pas Louisanne, il l'adore, répliqua M. Fléchambault. Ce n'est pas de l'amour, c'est de la passion qu'il éprouve pour elle. Le croirais-tu ? Il est jaloux, oui, jaloux comme un tigre. Dans son impatience, il accusait ta fille, il la croyait mariée, il voulait s'expatrier. Et si tu avais vu son trouble, sa pâleur, en apprenant que vous étiez à Nantes ! J'ai craint un instant qu'il ne succombât à l'excès de sa joie. J'aurais voulu aussi que tu le visses, lisant le billet de Louisanne et cherchant dans ces quelques lignes son nom qui ne s'y trouve pas. — Louisanne me hait, j'en étais sûr ! Elle me hait, je le savais déjà ! —Si je ne l'eusse retenu, il se jetait par la fenêtre.

— C'est de l'amour, c'est de la passion, ajouta M. Varembon avec le ton d'un fin connaisseur. Que sera-ce donc quand il aura revu Louisanne?

— Ne m'en parle pas ; j'en frissonne. Ce sera un volcan en pleine éruption.

— Tant mieux, Fléchambault, tant mieux ! Le mariage jettera de l'eau sur tout cela, s'écria M. Varembon. Il faut reconnaître, mon vieil ami, que nous avons joué de bonheur ; nous sommes servis à souhait. Ces deux enfants pouvaient, sans nous consulter et sans être coupables, disposer de leur cœur, réduire nos projets à néant. Remercions Dieu qui nous a aidés à les attirer l'un vers l'autre.

— J'aurais bien voulu voir, dit M. Fléchambault, que mon neveu s'avisât de ne pas aimer ta fille !

— L'amour ne se commande pas.

— La fille de mon vieil ami ! La fille de Varembon !

— Il pouvait faire un autre choix.

— Impossible, impossible ! Tu ne connais pas Valentin ; tu ne sais pas dans quels principes il a été élevé. J'avais répondu, je m'étais engagé pour lui ; il serait mort plutôt que de laisser protester la signature de son oncle.

— Je ne voudrais pas qu'il épousât Louisanne uniquement par devoir et par probité, pour faire honneur à ta signature.

— Je te répète qu'il l'adore. Te peindrai-je son désespoir quand tu partis pour la Nouvelle-Orléans? Il n'avait que huit ans alors, et déjà l'amour lui tenait au cœur. Depuis, j'ai vu cet amour grandir comme les jeunes peupliers de mes prairies.

— Je dois dire que je ne reçus pas sans effroi la nouvelle de son départ pour Paris. Te l'avouerai-je, Fléchambault? Je te blâmai tout bas d'y avoir consenti. Je tremblais que Valentin, entraîné par les séductions de la moderne Babylone, ne se détachât de ma fille, et ne perdît, avec son innocence, le goût des joies honnêtes que nous lui promettions.

— Ah ! bien oui ! Veux-tu connaître la manière dont il vivait dans Babylone? Sa correspondance est là pour attester l'emploi de son temps. La saine littérature, les arts, les fortes études, les séances publiques de l'Académie, les cours de la Sorbonne, du collége de France, remplissaient toutes ses journées. Le soir, il voyait un monde choisi ; assis, le plus souvent, dans une stalle du Théâtre-Français, il se pâmait en écoutant les vers inimitables du grand Corneille ou du divin Racine. Je veux que tu lises ses lettres ; tu en seras surpris, édifié et charmé.

— Décidément, mon vieil ami, ton neveu est un puits de perfections.

— Valentin n'est pas seulement mon neveu, répliqua M. Fléchambault avec un sentiment d'orgueil bien légitime : il est aussi mon élève. C'est moi qui ai dirigé son éducation.

Tout en admirant le paysage, Louisanne saisissait au vol quelques mots de cet entretien, qui la plongeaient dans une douce ivresse. La voiture suivait, au galop des chevaux, un des verts sentiers qui longent le cours de la Sèvres. Le ciel était pur, l'eau limpide. L'imagination de Louisanne s'égarait en rêves enchantés. Les bouvreuils et les fauvettes chantaient sur son passage, pour lui souhaiter la bienvenue ; les liserons se penchaient sur les haies pour la regarder ; les menthes embaumaient l'air qu'elle respirait. Tout était fête autour d'elle comme dans son cœur; tout lui parlait de bonheur et d'amour.

Cependant les chevaux venaient de s'arrêter devant le perron des Cormiers. M. Fléchambault introduisit Louisanne et son père dans le salon, puis il alla chercher Valentin qui faisait sans doute un peu de toilette pour se présenter avec avantage.

VIII

Le principal ornement de la pièce où M. Fléchambault venait de laisser ses hôtes était un beau portrait en pied, peint à l'huile, et représentant un joli jeune homme en costume de chasse. M. Varembon se frottait les mains en le regardant, et Louisanne, de son côté, l'examinait avec émotion, car tous deux supposaient, avec raison, que c'était le portrait du jeune Valentin.

— Eh bien ! comment le trouves-tu ?

— Il a l'air doux et bon, mon père.

— C'est, par ma foi, un charmant cavalier. Le regard fin et caressant, la taille élancée, la main belle..... Je le reconnais, c'est bien lui. A huit ans il avait déjà cette physionomie franche et ouverte. Comme c'est peint ! On jurerait que ces yeux vous observent, que cette bouche va s'ouvrir et parler. Bonjour, mon gendre ! Je crois qu'il a souri. Conviens, ma chère, que tu auras un gentil mari.

— C'est vous, mon père, ajouta Louisanne, c'est vous qui m'aurez appris à l'aimer.

Ils en étaient là de leurs réflexions, quand tout à coup une trombe, un tourbillon, un ouragan se précipita dans le salon sous les traits de M. Fléchambault. Était-ce lui, grand Dieu ? Était-ce bien notre Fléchambault, le Nestor des armateurs, l'ami de Varembon, le patriarche des Cormiers, le Fléchambault que nous avons connu ? Blême, défait, les yeux hagards, les cheveux hérissés comme la barbe de Calchas, les lèvres pâles et tremblantes, il alla tomber dans un fauteuil où il s'affaissa sur lui-même. Louisanne et son père, tous les deux aux abois, l'accablaient de questions et ne pouvaient lui arracher un mot. Il n'eût pas été le meilleur des hommes qu'il eût encore fait peine à voir.

Enfin, l'œil égaré, la voix éteinte, la poitrine gonflée de soupirs :

— Louisanne, Varembon, dit-il, partez, retournez à la Nouvelle-Orléans, ne restez pas un instant de plus sous un toit déshonoré ; hâtez-vous de quitter une maison maudite. Allez-vous-en, fuyez, prenez la poste. Je vous ai attirés dans un guet-apens, vous êtes dans un coupe-gorge. Je suis tué, je suis mort, je suis assassiné : mon traître de neveu m'a plongé un poignard dans le sein !

— Ah ! mon Dieu ! s'écrièrent à la fois Varembon et Louisanne éperdus.

Et, sous le jabot immaculé de M. Fléchambault, ils s'évertuaient à chercher une goutte de sang, la trace d'une égratignure.

— Ah ça, mon vieil ami, perds-tu la tête ? demanda M. Varembon ; tu n'es pas plus assassiné que moi.

— Nous sommes tous assassinés ! s'écria M. Fléchambault éclatant en sanglots. C'est ce vieux scélérat de Sainte-Amarante qui a fait tout le mal ; c'est lui qui nous égorge tous !

— Mais, sac à papier ! jusqu'à présent nous nous portons tous bien, s'écria M. Varembon, qui se palpait de la tête aux pieds. Je ne suis pas assassiné ; si je l'étais, je le sentirais. On n'égorge pas les gens sans qu'ils éprouvent quelque chose d'inusité. Où est-il, ce Sainte-Amarante ? Où perche-t-il ? Je vais le trouver. Je n'ai pas peur de lui. Je le verrai, je lui parlerai.

— Voilà deux mois qu'il est mort de la goutte.

— Mais Valentin ? demanda Louisanne.

— Oui, Valentin ? répéta M. Varembon.

— Valentin est à Rome ! s'écria M. Fléchambault.

Le père et la fille échangèrent un regard consterné, qui pouvait se traduire ainsi : Décidément nous sommes descendus dans une maison de fous.

— Voyons, mon vieil ami, reviens à toi, et tâchons de parler raison, dit M. Varembon d'un ton affectueux. Tu cries comme un blaireau qu'on écorche ; ton neveu t'a plongé un poignard dans le sein. Or, Valentin est à Rome ; il est vrai qu'hier il était aux Cormiers. Puis, c'est Sainte-Amarante qui nous égorge tous : or, depuis deux mois, Sainte-Amarante ne peut plus égorger personne. Tu vois bien, Fléchambault, que tu n'as pas le sens commun. Tu divagues. Calme-toi, reprends tes esprits, mets de l'ordre dans tes idées, et raconte-nous ce qui se passe ici. Si j'en juge par tes impressions, il se passe d'étranges choses.

Par un geste désespéré, M. Fléchambault tira de la poche de son habit une lettre qu'il tendit d'un air tragique à son ami.

— Voici, dit-il, le trait mortel que mon neveu, à la façon des Parthes, m'a décoché en s'enfuyant.

Puis il reprit l'attitude d'un homme surpris par l'explosion d'une mine et qui s'attend à recevoir un quartier de roc sur la nuque.

— Il a une jolie écriture, ton neveu! s'écria, au bout de quelques instants, M. Varembon écarquillant les yeux ; je regrette qu'il ne soit pas ici pour recevoir mon compliment. L'écriture se perd, Fléchambault ; c'est un art qui s'en va ; la jeunesse de nos jours, qui ne respecte rien, en fait fi. Que deviendra la tenue des livres? Vois si tu peux déchiffrer ce grimoire, ajouta-t-il en tendant à Louisanne la lettre de Valentin.

En donnant à la femme l'instinct de la curiosité, Dieu a pensé qu'il était de sa justice et de sa bonté de lui donner en même temps les moyens de le satisfaire. Entre autres dons, il lui a octroyé celui de pouvoir lire à première vue les écritures les plus indéchiffrables.

Quand l'amour s'en mêle, cette aptitude prend chez les filles d'Ève des proportions miraculeuses ; il n'est pas de vierge, n'ayant lu jusque-là que son missel, qui n'épelle tout couramment les hiéroglyphes de l'homme qu'elle aime. Louisanne, sans hésiter, lut ce qui suit à haute et intelligible voix :

« Pardonnez-moi, mon cher oncle, le chagrin que
« je vais vous donner. Mon cœur se brise en y son-
« geant ; mais j'ai beau me dire que je fais une action
« infâme, que vous êtes le meilleur des oncles, que je
« suis le plus ingrat des neveux ; j'ai beau m'appli-
« quer les noms les plus odieux, me révolter, m'indi-
« gner, m'exaspérer contre moi-même, c'est plus fort
« que moi, il faut que je parte. Voilà six ans passés que
« je hais mademoiselle Louisanne. Le chevalier de
« Sainte-Amarante, qui connaissait à fond tous les
« mystères du cœur humain, vous eût expliqué cela
« beaucoup mieux que je ne pourrais le faire. Toujours
« est-il que je la hais et que j'aimerais mieux me noyer
« dans la Sèvres que de consentir à l'épouser ja-
« mais.

« Et pourtant le ciel m'est témoin que, ce matin
« encore, pour vous être agréable, j'étais prêt à me sa-
« crifier. Le sort en est jeté, je l'épouserai, me disais-
« je. En vue de votre bonheur, je me sentais capable
« de tout. Hélas ! vous n'étiez pas à Nantes, que déjà
« ma résolution faiblissait : j'avais trop présumé de mes
« forces et de mon courage. Nul de nous n'échappe à
« sa destinée ; bien fou est celui qui prétend résister à
« la fatalité qui l'entraîne. Le mariage n'est pas mon
« fait. Mon âme, avide d'émotions, a besoin de liberté.
« Je vais demander à l'Italie ce que la France me re-
« fuse. Je pars ; adieu, mon oncle, mon père, mon

« ami. Si je ne me retenais, je tremperais ce papier de
« mes larmes. Je veux ménager votre sensibilité. Pré-
« sentez mes respects à M. Varembon, mes excuses à
« mademoiselle Louisanne, qui, en arrivant aux Cor-
« miers, sera, soyez en sûr, secrètement charmée d'ap-
« prendre que j'en suis parti. Le chevalier de Sainte-
« Amarante vous eût débité là-dessus une foule de
« maximes pleines d'esprit, de grâce et de sens. La voi-
« ture de Poitiers m'attend au relais de Mortagne. Je
« n'ai que le temps de vous embrasser à la hâte, de
« vous dire que partout et toujours je serai, comme
« par le passé,

  « Votre affectionné neveu,

  « VALENTIN. »

« *P. S.* Ne soyez pas en peine de moi. Grâce à votre
« générosité, je puis aller jusqu'au bout du monde.
« Quand mes ressources seront épuisées, je tirerai sur
« vous des lettres de change qui vous seront présentées
« fidèlement au jour de l'échéance. »

Après avoir achevé avec un imperturbable sang-froid la lecture de cette épître, Louisanne partit d'un éclat de rire si bruyant, si frais, si perlé, qu'on eût dit un concert de canaris chantant à plein gosier dans une volière. Debout au milieu du salon, les bras croisés sur sa poitrine, dans l'attitude silencieuse d'un tyran de mélodrame, M. Varembon tenait sous son regard l'infortuné Fléchambault palpitant comme un perdreau sous l'œil magnétique d'un vautour. Louisanne riait toujours, de ce rire effréné qui touche à la souffrance et qui va jusqu'aux pleurs.

Voyant que sa fille prenait ainsi la chose, M. Varembon fit comme elle et se mit à rire à gorge déployée. Il courait dans la chambre en se tordant les côtes, tandis que Louisanne, qui avait fini par se jeter sur un divan, se roulait sur les coussins comme une jeune chatte en gaieté. M. Fléchambault, relevant timidement la tête, les observait tous deux d'un air effaré. Il ne riait pas; son visage abattu, son maintien piteux, exprimaient suffisamment le martyre qu'il endurait.

Louisanne comprit la première tout ce qui devait se passer dans le cœur du pauvre oncle. Elle courut à lui, s'agenouilla sur le tapis, devant le fauteuil où il était assis, et lui prenant les mains :

— Ne vous désolez pas, mon ami, dit-elle d'une voix caressante. Votre neveu me hait, il ne veut pas de moi pour sa femme; sans doute, c'est un malheur; mais il faudra bien que je m'en console. J'ai la conviction qu'en apprenant à me connaître, M. Valentin comprendra qu'il s'est trompé, et que, sans être digne de son amour, je ne méritais pas sa haine. De grâce, ne vous affligez pas. Qu'y a-t-il de changé à nos projets d'existence en commun? Mon père a-t-il cessé d'être votre ami, votre frère? Aujourd'hui comme hier, ne suis-je plus votre fille chérie, votre enfant bien-aimé?

— Mieux que cela, soyez ma femme, soyez madame Fléchambault! s'écria le vieil oncle dans un transport d'enthousiasme. Je suis encore vert et mon cœur a vingt ans. Marions-nous, vengeons-nous! Qu'à son retour, mon coquin de neveu trouve aux Cormiers une nuée de petits cousins; qu'il enrage en vous voyant si belle, et que mon héritage lui passe sous le nez.

M. Varembon se tenait les flancs; Louisanne se mordait les lèvres.

— Non, mon ami, non, dit-elle en souriant. Je reconnais tout ce qu'il y a de délicatesse, d'abnégation et de désintéressement dans l'offre que vous me faites; mais je ne saurais accepter votre sacrifice.

— Ne faites pas de cérémonies, répliqua M. Fléchambault ; j'ai toujours eu du goût pour le mariage.

— Moi, reprit Louisanne, je ne suis pas pressée de me marier. Vivons ensemble dans cette fraîche vallée. A tout prendre, le bonheur et l'hymen peuvent se passer l'un de l'autre. M. Valentin ne sera pas toujours absent, et peut-être finira-t-il par vouloir de moi pour sa sœur.

M. Fléchambault l'attira sur son cœur, et tendit la main à M. Varembon, qui la serra chaleureusement.

— Sans rancune, mon vieil ami ! Permets-moi seulement de te dire que tu me la donnais belle avec l'amour de ton neveu, sa passion et sa jalousie. Il n'y a pas deux heures que tu me le représentais comme un tigre, comme un volcan en pleine éruption. Si tu ne l'eusses retenu, il se jetait par la croisée. C'était sans doute pour se sauver plus vite.

— C'est Sainte-Amarante qui a tout perdu, dit en soupirant M. Fléchambault.

— Parlons donc de Sainte-Amarante ! dit en riant M. Varembon.

— Oui, répéta gaiement Louisanne, parlons de Sainte-Amarante ; car jusqu'à présent je ne comprends rien à cette aventure, si ce n'est que M. Valentin me hait et qu'il est parti pour aller le dire à Rome.

M. Fléchambault parla de Sainte-Amarante. Il raconta de quelle façon Valentin avait fait connaissance avec le damné chevalier. Puis il dit le changement qui dès lors s'était opéré dans l'humeur et le caractère de son neveu, son départ pour Paris, son retour aux Cormiers, sa résolution de partir de nouveau, toute l'histoire de ce jeune égaré, dans laquelle il voyait clair enfin, grâce au dernier incident qui venait de lui ouvrir les yeux.

M. Varembon, qui n'avait jamais lu de romans, écoutait, bouche béante, tombait de son haut à chaque phrase, se frottait les yeux et pensait rêver.

Louisanne, de son côté, n'était pas médiocrement surprise. Tout en prêtant l'oreille aux confidences de M. Fléchambault, elle tournait de temps en temps un regard furtif vers le portrait de Valentin, et ce regard disait : Vraiment, c'est grand dommage !

IX

M. Varembon devait rester avec sa fille chez M. Fléchambault en attendant qu'il eût trouvé, dans le voisinage des Cormiers, une propriété à vendre et qui leur convînt. Marier leurs enfants, vieillir l'un près de l'autre au sein du luxe et de l'abondance, n'était pas le seul espoir que les deux amis se fussent promis de réaliser. Ce n'était pas uniquement en vue d'une satisfaction égoïste qu'ils avaient cherché et conquis l'opulence. L'amitié qui ne repose que sur une communauté d'intérêts est fragile et périssable ; la vertu seule est le ciment des âmes. La richesse n'était à leurs yeux qu'un levier, un instrument pour faire le bien. Ils pensaient avec raison que fortune oblige, et que posséder c'est devoir. Grouper autour d'eux des hommes de bonne volonté, encourager l'agriculture, honorer, relever ce grand art, le premier de tous, fonder au centre de leurs domaines une petite colonie dont ils seraient les bienfaiteurs, tel était le but vers lequel ils allaient diriger leurs communs efforts. Toutefois, il faut bien reconnaître que la fuite de Valentin venait de jeter une teinte sombre sur cette riante perspective. Sans doute, ainsi que l'avait dit Louisanne, rien n'était changé à leurs projets d'existence en commun : cependant ils convenaient tous trois, sans oser se faire part de leurs réflexions, que ce n'était plus la même chose, et que leur rêve mutilé ne battait désormais que d'une aile.

On peut se faire aisément une idée de la honte et de la confusion de M. Fléchambault. Pour me servir d'une expression vulgaire, le pauvre homme ne savait trop sur quel pied danser. Il avait beau se mettre en quatre pour rendre le séjour des Cormiers agréable à ses hôtes; il avait beau leur montrer le pays, raconter à Louisanne les chroniques de Tiffauges et de Clisson, il ressemblait assez à cette maîtresse de maison qui remplaçait par une anecdote le rôti qui manquait sur la table. M. Varembon continuait de faire bonne contenance, mais il ne riait plus comme le premier jour. Il souffrait dans ses espérances trahies; il souffrait, dans son orgueil, de l'outrage fait à sa fille, et, bien qu'il se fît une loi d'épargner M. Fléchambault, il ne pouvait s'empêcher de lui lancer de temps en temps quelque brocard à l'adresse de son neveu. Le malheureux oncle se taisait, de grosses larmes roulaient dans ses yeux. C'était alors que Louisanne redoublait autour de lui d'empressement, de grâce et de tendresse, pour guérir la blessure que son père avait faite, souvent sans le vouloir.

Louisanne souffrait, elle aussi ; sous l'égalité, sous la gaieté de son humeur, il y avait quelque chose qui se plaignait en elle, peut-être à son insu. Valentin lui manquait comme une habitude. Louisanne se sentait inquiète comme un oiseau qui cherche et ne trouve plus son nid. Certes, en arrivant aux Cormiers, ce n'était pas de la passion qu'elle éprouvait pour ce jeune homme ; mais elle avait, dès l'âge le plus tendre, accoutumé son cœur à l'aimer ; elle avait fait de lui le confident de ses pensées secrètes ; c'avait été le côté poétique et charmant de ses jeunes années. On lui avait dit que Valentin l'aimait, elle avait cru sans peine tout ce qu'on lui disait. Comment donc n'eût-elle pas souffert en découvrant qu'elle s'était trompée, en reconnaissant qu'elle avait bâti sur le sable, en voyant s'envoler la chimère qu'elle avait si longtemps caressée ? Toute illusion brisée laisse à sa place une blessure. Elle avait commencé par rire franchement de la fuite de son fiancé, parfois encore elle en riait volontiers quand l'occasion se présentait ; mais, sans se le dire, sans se l'avouer peut-être, elle s'en affligeait tout bas.

Chose étrange, et pourtant facile à prévoir pour tous ceux qui ont observé les caprices du cœur humain, la haine de Valentin, loin d'éteindre l'amour de Louisanne, n'avait été pour lui qu'un aliment de plus. Cet amour, qui n'était, en arrivant aux Cormiers, qu'un sentiment calme et serein, devint, au bout de quelques jours, une obsession de tous les instants. Il me hait ; pourquoi me hait-il ? Telle était la question que Louisanne ne se lassait pas de s'adresser sans pouvoir jamais y répondre. Ajoutez qu'autour d'elle tout l'entretenait de l'absent. Fermiers et serviteurs lui chantaient à l'envi les louanges de leur jeune maître. Dans la maison qu'elle habitait, Valentin avait laissé partout l'empreinte de ses pas, la trace de ses habitudes ; il n'était pas un coin de ce domaine qui n'eût gardé comme un écho de son enfance ou de sa jeunesse.

Tout en le maudissant, M. Fléchambault n'avait pas cessé d'exalter les mérites de son neveu. Il s'attendrissait en parlant de lui, et, bien qu'il racontât toujours la même histoire, Louisanne ne s'ennuyait pas de l'écouter. Le soir, pendant que M. Varembon fumait sur le perron sa longue pipe à bouquin d'ambre, elle l'entrainait sur le bord de la Sèvres, et là, tous deux causaient de Valentin. Une fois sur ce chapitre, le bon oncle ne tarissait pas. Lorsque enfin il était au bout de ses litanies : C'est Sainte-Amarante qui a tout perdu ! ajoutait-il en soupirant, et, demi-rêveuse, demi-souriante, Louisanne soupirait, elle aussi, mais si doucement, qu'on eût dit la plainte du vent dans les aulnes.

Malgré les explications et les commentaires de M. Fléchambault, Louisanne, il faut le dire, n'avait d'abord compris que peu de chose à la maladie du jeune Valentin. Comment cet esprit simple et droit, qui n'avait jamais dévié, aurait-il pu, de prime abord, s'initier à de pareils égarements ? M. Varembon, qui n'y allait pas par quatre chemins, tenait pour fou à lier le neveu de son vieil ami ; bon gré, mal gré, M. Fléchambault ne paraissait pas éloigné de partager ce sentiment, et Louisanne aurait fini peut-être par se ranger à leur avis, si le hasard n'eût pris soin, en l'éclairant, de la disposer à l'indulgence.

Louisanne se plaisait à visiter l'appartement qu'avait occupé Valentin. Elle éprouvait un plaisir d'enfant à voir, à toucher les objets au milieu desquels il avait vécu, à deviner son caractère dans l'arrangement et jusque dans le désordre de ses meubles et de ses livres ; car nous laissons quelque chose de nous-mêmes dans les lieux que nous avons habités ; pour un esprit délicat et pénétrant, l'absent n'est jamais parti tout entier.

Un jour, il lui tomba sous la main un volume à fermoirs, relié en cuir de Russie, et qu'avait sans doute oublié Valentin dans la précipitation du départ. Elle l'ouvrit, autant par distraction que par curiosité ; chaque page était couverte d'une écriture qu'elle reconnut aussitôt.

Prenez une liste de cent mille noms; si le vôtre s'y trouve, il vous saute aux yeux le premier. C'est ce qui arriva pour Louisanne. A peine eut-elle tourné les feuillets que son nom s'en détacha en caractères lumineux et la frappa subitement au visage comme un éclair. Elle se hâta de fermer le livre et de le remettre à sa place. Puis, sous prétexte de respirer le parfum qui s'exhalait de la reliure, elle le reprit, l'ouvrit, le ferma de nouveau ; bref, elle l'emporta dans les bois. Connaissez-vous beaucoup de jeunes filles qui n'en eussent point fait autant?

Ce volume, écrit tout entier de la main de notre héros, n'était ni plus ni moins que le journal de sa vie, depuis sa rencontre avec le chevalier de Sainte-Amarante jusqu'à son départ de Paris. En le commençant, Valentin comptait écrire une Odyssée. C'était tout à la fois l'histoire de ses rêves et de ses déceptions, le procès-verbal de ses sentiments, un recueil de maximes dans le goût des beaux esprits du dix-septième et du dix-huitième siècle. L'analyse y tenait la place des incidents. Voici quelques fragments qui pourront donner une idée de l'ensemble :

— D'où vient le trouble qui m'agite? J'ai passé la journée dans les bois, triste, rêveur, inquiet, et pourtant enivré d'un bonheur sans nom, d'un bonheur sans objet. Je rentre, je suis seul et je pleure. Qu'ai-je donc ? Il a suffi d'un livre, d'un roman, du premier que j'ai lu, pour éveiller la vie qui dormait dans mon sein. Hier encore, mes rêves se trouvaient à l'aise dans cette vallée ; aujourd'hui, je crains que le monde ne soit trop étroit pour les contenir.

— Je suis descendu au fond de mon cœur. Le chevalier de Sainte-Amarante a dit vrai : je hais Louisanne. Louisanne doit me haïr par la raison qui fait que je la hais. Ce sont les Capulet et les Montaigu qui font les Juliette et les Roméo. L'amour naît de l'obstacle et grandit dans la lutte. Il ressemble aux plantes sauvages qui croissent dans le roc, fleurissent sous les assauts du vent, et qui, transplantées dans un vallon, exposées à l'haleine des tièdes brises, languissent, se fanent et meurent.

— Les choses n'ont de prix que par les difficultés qui nous en séparent. Je ne prendrais pas une rose dans un jardin ; mais j'irais chercher une fleur sur la cime des Alpes, dût cette fleur être sans grâce et sans parfum.

— Si je savais ce qui se passe dans les étoiles, je ne penserais pas à les regarder.

— Il est un livre sans lequel les touristes anglais ne sauraient faire un pas : c'est le *Guide du voyageur*. Si quelque chose pouvait m'inspirer le dégoût des voyages, ce serait à coup sûr ce pâle itinéraire où rien n'est omis, où tout est noté, indiqué, tarifé, avec une impitoyable exactitude. Le touriste anglais en fait ses délices ; il le consulte, il l'étudie, il le médite. Chaque matin, avant de partir, il lui demande avec respect le programme de la journée. Son admiration est prête pour telle heure et son appétit pour telle autre. Il va où son guide lui dit d'aller, il s'arrête où son guide lui dit de s'arrêter, il descend à l'auberge où son guide lui dit de descendre. Il serait désolé de rencontrer sur sa route une surprise que son guide aurait négligé de lui signaler. Je sais bon nombre de mes compatriotes qui vivent à la façon dont les Anglais voyagent. Est-ce vivre ? est-ce voyager ?

— Le seul but que l'homme doive se proposer ici-bas, c'est de n'en point avoir. Où vais-je ? Gardez-vous bien de me l'apprendre ; je m'assiérais sur le bord du chemin et refuserais de faire un pas de plus.

— La passion est l'âme du monde. Supprimez-la, vous supprimez la vie, de même que vous arrêtez une pendule quand vous en brisez le ressort. Je ne crois pas être plus immoral que beaucoup de moralistes de profession ; seulement je dis que lorsqu'il n'y aura plus de maris trompés, de jeunes filles séduites, de jeunes gens faisant ce qu'on est convenu d'appeler des sottises, on pourra jeter un linceul sur le cadavre de l'humanité.

— De toutes les institutions, le mariage est la plus contraire aux instincts de l'homme. Il ne peut pas y avoir de ménages heureux ; si par hasard il en existait un, ce serait une monstruosité, une infraction aux lois de la nature, qui a voulu que le cœur humain fût ondoyant, mobile et divers.

— Où vous cachez-vous, où faut-il vous chercher, poétiques figures, âmes de feu, brûlantes héroïnes ? N'est-il plus sur la terre une de vos compagnes pour m'emporter ou pour me suivre dans la région des tempêtes ? Je me demande si les romans et le chevalier ne seraient pas des fourbes et des imposteurs. Qu'ai-je rencontré jusqu'ici pour satisfaire le besoin d'émotions qu'ils ont allumé dans mon cœur ? Un chien qui se noyait et que j'ai sauvé de la mort : une ingénue qui se disait éprise de ma pauvreté, et consentait à s'enfuir avec moi, parfaitement renseignée d'ailleurs sur la fortune de mon oncle. Massacre et sang ! suis-je marqué du sceau de la vulgarité ? Dois-je assister au spectacle de la vie sans me mêler au jeu des acteurs, comme ces divinités de l'Égypte à demi enfouies dans le sable, et qui, depuis des siècles, voient passer devant elles les caravanes du désert ?

— Je viens de lire *Don Quichotte*. Je suis de l'avis de Saint-Évremond, c'est le livre que j'aimerais le mieux avoir fait. Les bourgeois ont, en général, une prédilection décidée pour cette œuvre, parce qu'ils y voient une satire ingénieuse des sentiments poétiques et chevaleresques. En ceci, comme en bien des choses, les bourgeois se trompent grossièrement. C'est au contraire la satire la plus sanglante qu'on ait pu faire de la société lâche et stupide dont ils sont les représentants. Don Quichotte est le plus noble, le plus généreux, le plus charmant, le plus adorable des héros. Extravagant ? tant pis pour la sagesse. Fou ? sa folie humilie la raison. Repose en paix, dernier des preux ! Pour servir une dame digne de ton amour, tu fus obligé de la tirer de ton propre cœur. Pour te mesurer avec des champions dignes de ta vaillance, tu te vis réduit à combattre les fantômes sortis de ton cerveau. Ton malheur fut de vivre dans un temps où déjà, comme dans le nôtre, il n'y avait plus de Dulcinée, de chevaliers, ni de géants.

— Il y a deux choses dont tout le monde parle à son aise comme de biens vulgaires, à la portée de tous. Il semble que, pour les saisir, il suffise d'étendre la main, et que rien ne soit plus aisé que d'en jouir. Je ne pense pas cependant qu'il y ait en France cent personnes qui puissent se flatter de les avoir conquises et de les posséder. Le reste ne les connaît que par ouï-dire ou n'en étreint qu'une imparfaite image. Les pommes d'or des Hespérides étaient d'un accès moins ardu, et pourtant il fallut un demi-dieu pour les cueillir. Ces deux choses, dont tout le monde parle sans les comprendre, est-il besoin de les nommer ? C'est l'amour, c'est la liberté.

— Toi, qui prétends aimer, commence par t'oublier toi-même : tu aimeras alors, fusses-tu le dernier des hommes. Toi, qui veux être libre, commence par affranchir ta pensée et ton cœur : tu seras libre alors, fusses-tu dans les fers.

— Comme Achille, demandons aux dieux des jours remplis plutôt que de longs jours. On peut mourir vieux à vingt ans ; on peut mourir centenaire et n'avoir pas vécu.

— Il en est de la vie comme du bal masqué : personne n'y voudrait rester sans un vague espoir de je ne sais quoi.

— Que Rodolphe est heureux ! sa jeunesse est un livre écrit à toutes les pages ; la mienne est un cahier de papier blanc où la destinée refuse obstinément de tracer quelques lignes. Tout est pour lui, drames, romans, aventures, mystères ; pour moi, le silence, l'immobilité du tombeau ! Si je me tuais? C'est le plus sûr moyen de faire quelque chose qu'on n'a pas fait la veille et qu'on ne fera pas le lendemain.

— Rodolphe a raison : la France n'est plus qu'un pays de marchands. La patrie de l'honneur et des grandes passions s'est transformée en un vaste comptoir. Aujourd'hui, Bayard et Duguesclin seraient banquiers ou garçons de caisse. Les traficans se sont vengés ; ils ont repris possession du temple d'où le Christ les avait chassés. Qui me retient sur cette terre déshéritée ? Partons; allons chercher de fortunés rivages où respirent encore la poésie, la jeunesse et l'amour.

Malgré la modestie de ses désirs, malgré le calme de ses pensées, Louisanne n'appartenait cependant pas à cette famille d'intelligences pour qui le monde finit à l'horizon, et qui n'aperçoivent ou ne rêvent rien hors de la sphère où elles ont vécu jusque-là. Elle avait au contraire cette raison ailée qui s'élève sans efforts aux plus hautes régions. Elle unissait au jugement le plus droit toutes les grâces de l'imagination, au sentiment le plus net de la réalité le sentiment le plus exquis de la poésie.

Loin de se sentir révoltée par l'étrangeté de ces confidences, elle y trouva un attrait singulier. Dans ce fouillis d'erreurs, de paradoxes et d'extravagances, elle sut démêler ce qu'il y avait de vrai, de jeune, de charmant. En descendant au fond de l'âme de Valentin, elle y découvrait des trésors dont M. Fléchambault lui-même ne se doutait pas. Tout en reconnaissant la folie de ce jeune homme, elle en saisissait le côté généreux, poétique et chevaleresque. Il y avait dans tout cela quelque chose qui l'attristait, et qui pourtant ne lui déplaisait pas. Parfois, elle s'irritait de voir cette aimable et douce nature détournée de sa voie, tant de précieuses qualités gaspillées et jetées au vent ; parfois aussi elle se surprenait à sourire, comme sourit une jeune mère aux étourderies de son fils. Tantôt elle fermait le livre avec un geste de dépit, tantôt elle appliquait ses lèvres sur une page qui parlait à son cœur. Il y avait des instants où elle repoussait Valentin avec colère ; il y en avait d'autres où elle le rappelait avec bonté. Ainsi, au lieu d'affaiblir sa tendresse, ces révélations ne réussirent qu'à l'entretenir, à la fortifier. Quand elle était seule dans le grand salon des Cormiers, pendant que son père et M. Fléchambault couraient les environs et visitaient les domaines à vendre, elle passait de longues heures à regarder le portrait de l'absent.

— Pourquoi donc êtes-vous parti ? disait-elle. Pourquoi donc avez-vous refusé de me voir ? Savez-vous que vous êtes méchant ? Avec votre air si bon, si doux, si caressant, comment vous êtes-vous décidé à désoler les êtres qui vous aiment ? Vous me haïssez : peut-être en me voyant eussiez-vous senti diminuer votre haine. Le bonheur que vous allez chercher au loin, peut-être l'eussiez-vous trouvé près de moi. Vous voulez des romans, des drames, des aventures ; le calme vous fatigue et vous appelez la tempête. Puissent vos vœux n'être pas exaucés ! Puissiez-vous ne regretter jamais les biens que vous avez quittés ! Mais, s'il en arrive autrement, si vous les rencontrez enfin, ces orages au-devant desquels vous courez follement, un jour si vous êtes brisé par la foudre que vous provoquez, revenez alors, mon ami, venez vous reposer sur nos cœurs qui n'auront pas cessé de vous chérir.

Pourtant il ne faudrait pas croire que le caractère de Louisanne tournât à la mélancolie. Ses accès de tristresse étaient rares ; sa bonne et franche gaieté reprenait bientôt le dessus. Louisanne était la joie du logis. Votre neveu me hait ; eh bien ! tant pis pour lui ! disait-elle en riant à M. Fléchambault, qui finissait par rire avec elle. Elle avait pour l'égayer, pour le consoler, mille coquetteries. M. Fléchambault pensait à renouveler l'offre de sa main. Dans cette affaire, il voyait surtout une chose : il avait répondu pour Valentin, et Valentin ayant manqué à ses engagements, il était de son honneur à lui de les tenir. Un jour, il s'en ouvrit sérieu=

sement à M. Varembon, qui lui dit : Tu es fou. Comment ! ne vois-tu pas que si tu épousais ma fille, tu deviendrais mon gendre, et qu'à partir du moment où tu serais mon gendre, je serais ton beau-père ? Cela se peut-il ? M. Fléchambault resta cloué par cet argument.

Pour compléter ses études sur Valentin, Louisanne voulut connaître quelques-unes des poétiques héroïnes qui lui avaient enlevé son fiancé, qu'elle appelait à bon droit ses rivales, et que M. Fléchambault avait logées peu galamment dans son grenier. La plupart de ces dames ne laissèrent pas de l'intéresser. Louisanne se demandait ce que deviennent, après la saison des aventures, toutes ces brûlantes créatures qui n'ont su être ni épouses ni mères. L'histoire de la belle marquise de Miraflor, si lâchement abandonnée par l'infâme Clochebourde, lui parut des plus plaisantes. Deux ou trois romans la charmèrent par la vérité des sentiments, la finesse d'observation, la sobriété des incidents. En somme, elle ne goûta que médiocrement ces lectures. Les peintures du monde qu'elle y trouva lui rendirent plus chère la retraite embaumée où elle avait résolu de vivre ; tout au rebours de Valentin, elle acheva de puiser dans ces récits violents la conviction que le bonheur habite les régions paisibles.

La promenade, les entretiens familiers, les pèlerinages aux châteaux en ruines, remplissaient les journées oisives. Ce coin de terre que la Sèvres arrose est véritablement enchanté. C'est le plus frais asile qu'aient jamais pu rêver le bonheur et l'amour. M. Fléchambault en faisait les honneurs à Louisanne avec une courtoisie digne des plus beaux temps de la galanterie française.

Un jour qu'ils erraient dans les environs de Tiffauges,

ils eurent la fantaisie de visiter le petit castel où s'était endormi de son dernier sommeil le chevalier de Sainte-Amarante. Tout y respirait l'abandon. Assise sur le pas de la porte, comme l'image de la Solitude, une vieille femme filait sa quenouille de chanvre, en chantant d'une voix dolente un air du pays. Les poules, les oisons, les canards qui égayaient autrefois la cour, semblaient plongés dans une morne tristesse, comme s'ils eussent compris qu'ils n'auraient jamais le suprême honneur de paraître sur la table du chevalier. En revanche, les ronces, les orties, les bardanes affichaient avec insolence le luxe de leur végétation. Sur le perron, et le long des murs, les lézards se chauffaient au soleil. Dans le jardin, quelques scabieuses fleurissaient en signe de deuil. Le manoir avait conservé sa physionomie rêveuse. Des touffes de giroflées jaunes calfeutraient les crevasses de la façade. A l'intérieur, rien n'était changé. Le paravent de cuir de Hollande se tenait debout à la même place; seulement l'enceinte était vide. Quelques volumes oubliés s'élevaient çà et là sur le parquet et formaient des monticules de poussière. Quant aux araignées, elles filaient leurs toiles absolument comme si le chevalier eût encore été vivant. M. Varembon et M. Fléchambault firent l'oraison funèbre du défunt, dans le goût des imprécations de Camille. L'un lui demandait compte du bonheur de sa fille; l'autre lui redemandait son neveu, comme Auguste ses légions à Varus. Louisanne observait avec mélancolie cette demeure où Valentin avait désappris à l'aimer.

Cependant tout espoir n'était pas encore perdu. On savait, par un ancien armateur de Marseille, que Valentin n'avait pas quitté la France. Il voyageait dans le Midi. M. Fléchambault encombrait de ses lettres le bureau poste restante de toutes les villes où son neveu était présumé devoir s'arrêter. Tous les genres d'éloquence enseignés par la rhétorique se trouvaient réunis dans ces épîtres, les plus belles, les plus touchantes qu'ait jamais écrites un oncle aux abois. M. Fléchambault s'y montrait tour à tour suppliant comme la mère de Coriolan, foudroyant comme Démosthènes. Dans toutes, il portait jusqu'aux nues la grâce, la beauté de Louisanne. Tantôt il appelait Valentin à mains jointes ; tantôt il le sommait d'accourir, sous peine d'être maudit, et, qui pis est, déshérité. Il paraissait difficile que ce jeune homme résistât aux prières de cet oncle éloquent et désespéré. M. Fléchambault ne doutait pas qu'il ne s'empressât de rentrer au bercail ; il en donnait l'assurance à ses hôtes. La tête est folle, mais le cœur est bon, disait-il. Déjà les deux amis discutaient la façon dont ils recevraient Valentin. M. Fléchambault inclinait naturellement à la miséricorde ; M. Varembon insistait pour qu'on l'accueillît avec une réserve pleine de dignité. Louisanne était d'avis que tout le monde l'embrassât.

Non, vous ne présumiez pas trop du cœur de votre neveu, ô le plus estimable, ô le meilleur des oncles que la terre ait porté ! Valentin, malgré ses folies, était un digne et honnête garçon, incapable, j'aime à le croire, de résister aux supplications de son vieil ami. Malheureusement dans toutes les villes où il s'arrêta, la pensée ne lui vint pas d'entrer à la poste aux lettres. Il ne comptait recevoir de nouvelles qu'en Italie.

Un beau matin, le facteur rural remit à M. Fléchambault un pli au timbre d'Arles. Valentin rassurait tendrement son bon oncle ; il continuait de jouir d'une santé parfaite ; il bravait impunément les flèches du soleil et les brusques attaques de ce coupe-jarret qu'on nomme le mistral ; il s'était fait, sans trop de peine, à la cuisine du Midi. Après une dissertation sur les antiquités d'Arles, et quelques phrases obligées sur la beauté des Arlésiennes, il présentait ses respects à M. Varembon, ses hommages à mademoiselle Louisanne, et terminait en annonçant qu'il n'écrirait plus que de Rome, où il devait passer l'hiver.

Ce fut le coup de grâce. M. Fléchambault ne s'en releva pas. L'abattement, le désespoir de cet excellent homme que rien ne pouvait plus égayer ni distraire, fut pour Louisanne un chagrin réel, le premier qu'elle eût ressenti. A tout ce qu'elle essayait encore de lui dire pour le réconforter, il ne répondait le plus souvent qu'en secouant tristement la tête. Ce n'était pas seulement ses espérances déçues, ses projets renversés, que pleurait M. Fléchambault. Il s'inquiétait avec raison de la destinée de son neveu. Il se disait qu'à force de chercher des aventures, Valentin finirait par en rencontrer. Il avait toujours présent à la mémoire Don Quichotte rentrant chez lui roué de coups, meurtri, moulu, brisé, broyé, n'en pouvant plus ; il se demandait avec effroi si Valentin reviendrait au logis en meilleur état que le chevalier de la Manche.

M. Varembon se consola par l'acquisition d'une magnifique propriété qui commençait à la limite des Corniers et s'étendait jusqu'aux alentours de Tiffauges, sur les deux rives de la Sèvres. Un château seigneurial ne était le centre, et, pour ainsi dire, le point de ralliement.

— Tu seras là comme une reine, disait M. Varembon à Louisanne, en lui montrant son petit royaume.

— Oui, mon père, comme une reine, répliqua Louisanne, qui s'ennuyait déjà.

X

La lettre d'adieu de Valentin, cette lettre que M. Fléchambault comparait si ingénieusement à la flèche des Parthes, nous dispense de raconter les luttes, les combats qui s'étaient engagés dans le cœur de ce jeune homme après le départ de son oncle pour Nantes.

Pendant qu'il se promenait sur le bord de la Sèvres, Valentin avait cru entendre, dans le bruit du vent, des voix jeunes et fraîches qui se raillaient de sa résolution ; il avait cru voir, à travers le feuillage bleuâtre des saules, les ombres de la Giuliani et de la Brambilla, qui l'attiraient en souriant. Moins résigné que le fils d'Abraham, il s'était enfui pour échapper au sacrifice. Sa fuite n'avait pas été sans remords; toutefois, au bout de vingt-quatre heures, il s'était senti léger comme un jeune Mohican qui a réussi à briser ses liens au moment où un gros d'Iroquois se préparaient à le mettre à la broche.

La saison était brûlante. Une fois à Avignon, Valentin reconnut que ce qu'il avait pris jusque-là pour le soleil n'en était qu'une froide et pâle imitation. Il s'était laissé dire qu'à cette époque de l'année Rome n'est, à proprement parler, qu'une solitude embrasée, pareille au désert de Sahara : il résolut donc de ne s'embarquer pour Civita-Vecchia que dans les premiers jours de septembre, et de parcourir, en attendant, une partie du Midi de la France. Pour ne rien cacher, un mystérieux attrait le retenait sur cette terre qui fut le berceau des troubadours, que les poëtes ont chantée, où croissent les oliviers.

Il songeait avec ivresse à toutes les passions qui dévaient s'allumer à ce soleil de flamme, bouillonner et s'épandre comme la lave d'un volcan. Peut-être espérait-il trouver sous l'azur foncé de ce beau ciel ce qu'il avait cherché vainement sous le plafond de papier brouillard qui s'appelle le ciel à Paris. Il croyait naïvement que, sur les bords du Rhône, il en est de l'amour comme de la vendange, il se figurait volontiers que les cœurs n'y sont pas moins chauds que les vins. Et puis, ainsi que l'avait dit Rodolphe, les voyages ont de si délicieux hasards !

Voilà donc Valentin battant la Provence en tous sens. S'il ne rencontra pas d'aventures, il trouva force poussière sur son chemin. A Vaucluse, il faillit être dévoré par les moustiques. Ce petit accident acheva de l'exaspérer contre Pétrarque et contre Laure, qu'il n'avait jamais aimés. On comprendra sans peine que ce couple d'amoureux transis, l'un confit en sonnets et l'autre en dévotion, ne dût sourire que médiocrement à l'imagination de notre héros. Valentin se sauva en les chargeant de malédictions.

A Nîmes, les Arènes lui donnèrent un avant-goût du Colisée : s'étant avisé de monter à la Tour-Magne, il prit une courbature qui le mit pour huit jours au lit.

A Arles, il s'était vanté, en écrivant à son oncle, de braver impunément les flèches du Phœbus et la cuisine du Midi. La vengeance ne se fit pas attendre. Le lendemain, Phœbus le traita comme un fils de Niobé. Comme il suivait à la dérobée une jeune Arlésienne qu'il se flattait d'avoir fascinée d'un regard, et qui ne l'avait pas seulement remarqué, Valentin reçut en plein visage un coup de soleil qui l'obligea de garder la chambre. Dès qu'il fut guéri, il s'empressa de gagner Marseille, où il pensa mourir d'une bouillabaisse.

Ce fut le onze septembre, à quatre heures du soir, qu'il mit le pied sur le pont du *Sésostris*, un des paquebots de l'État, faisant le service de la Méditerranée. La machine chauffait ; déjà les matelots levaient l'ancre ; les embarcations se pressaient autour du navire. Arrivé un des premiers, Valentin observait tour à tour les passagers qui montaient à bord. C'étaient des prêtres arméniens, des artistes barbus et chevelus, des diplomates se rendant à leur poste, de jeunes époux allant en Italie savourer les douceurs de la lune de miel, puis une foule d'Anglais et de vieilles Anglaises ressemblant toutes à madame de Kergoulas, qui s'abattaient sur le bâtiment comme une nuée de mouettes et de pingoins.

Le vent soufflait de terre ; la mer était paisible. Le *Sésostris* offrait toutes les recherches du luxe, permettait toutes les jouissances du bien-être. Le capitaine avait les manières d'un gentilhomme, ses lieutenants la courtoisie qui est de tradition chez les officiers de notre marine. A part les Anglais et les vieilles Anglaises, tout promettait à Valentin une agréable traversée ; mais, grâce à son idée fixe, ce malheureux jeune homme ne savait profiter d'aucun des biens qu'il avait sous la main.

Parmi les figures qui l'entouraient, il n'en avait pas découvert une seule où son cœur pût se prendre, son imagination s'accrocher. Pas une probabilité d'aventure ! pas une chance d'incident ! pas même une tempête en perspective ! Le vent, la mer, l'équipage et les passagers, tout était au calme plat. Valentin se rongeait les poings : le roman maritime lui échappait comme les autres.

Le soleil avait disparu depuis longtemps de l'horizon. La lune, pleine et radieuse, suspendue au zénith, inondait de clarté l'immensité des flots. La Méditerranée était unie comme un miroir ; seulement, çà et là, la crête argentée d'une vague invisible scintillait sur la nappe d'azur comme un bouquet d'étoiles tombé du firmament. Le *Sésostris* filait six nœuds à l'heure ; ses roues formidables lançaient des étincelles, et semblaient tourner dans la braise liquide. Le pont était désert ; on n'entendait que le pas mesuré de l'officier de quart. De tous les passagers, Valentin veillait seul. Appuyé sur le bastingage, il songeait avec amertume à l'acharnement de sa destinée.

— A coup sûr, se disait-il, en m'embarquant à Marseille pour Civita-Vecchia, je n'espérais pas rencontrer de pirates à combattre, monter à l'abordage et tuer de ma main une demi-douzaine de mécréants. Je ne comptais pas davantage éveiller, pendant la traversée, une de ces passions terribles qu'un regard suffit à allumer, et que la vie tout entière ne suffit pas à éteindre. Je sais trop bien que de pareils bonheurs ne sont pas faits pour moi. Cependant, sort jaloux, ne pouvais-tu me ménager un de ces poétiques prologues dont Rodolphe me parlait un jour, ou tout au moins un ouragan qui brisât les deux roues du navire et jetât mon corps inanimé sur une plage hospitalière ! Là, peut-être, une sœur d'Haïdée eût disputé mes lèvres aux baisers glacés de la mort. Sort cruel, je pensais que ta rage, assouvie sur le continent, ne me poursuivrait pas jusque dans l'empire de Neptune. Je me trompais. Ce n'était pas assez pour toi de m'avoir promené, comme un commis voyageur, d'un bout de la France à l'autre ; il faut maintenant que j'aille de Marseille à Rome comme un bourgeois de la rue Charlot va le dimanche de Paris à Saint-Cloud. Entrailles du Christ ! si je jetais une de ces vieilles Anglaises à la mer? Cela me distrairait un peu.

Il en était là de son monologue, quand tout à coup une voix jeune et triste murmura doucement :

— Mon Dieu, la belle nuit!

Ce fut comme un soupir, comme une note mélodieuse qui s'éteignit dans l'harmonie des flots.

Valentin tressaillit et tourna la tête : à quelques pas de lui, une femme se tenait accoudée sur le bastingage, dans une attitude pensive et recueillie. Son profil, d'une pureté irréprochable, se détachait sur le bleu du ciel. La main qui soutenait son front se perdait à demi sous les boucles de son épaisse et brune chevelure. Son regard plongeait tour à tour dans les profondeurs de la mer et dans les profondeurs des plaines étoilées. Malgré la tristesse empreinte sur sa physionomie, elle paraissait être dans tout l'éclat de la jeunesse et de la beauté. Tout révélait en elle une fleur du Midi. Il y avait jusque dans sa mélancolie quelque chose d'ardent, de passionné qui ne se trouve pas chez les filles du Nord. Un filet de soie rouge était négligemment jeté sur ses cheveux. Des bracelets de toutes formes s'enroulaient autour de son bras. Une robe d'un goût sévère dessinait toute l'élégance de sa taille. Valentin se demandait avec émotion d'où venait cette mystérieuse créature qu'il n'avait pas encore aperçue. Rien qu'à la façon dont elle avait prononcé ces simples paroles : *Mon Dieu, la belle nuit!* Valentin avait pressenti des abîmes de poésie.

La situation n'était pas vulgaire et pouvait devenir romanesque. De semblables occasions étaient trop rares dans la vie de notre héros pour qu'il ne s'empressât pas de les saisir. Il avait déjà préparé, pour engager l'entretien, une phrase des plus éloquentes, où respirait la fleur du sentiment, et dont l'effet lui paraissait certain. Seulement, comment s'y prendre pour attirer l'attention de la jeune femme, qui s'enfonçait de plus en plus dans sa contemplation solitaire ? Par quel détour ingénieux, par quelle ruse délicate lui montrer qu'il y avait près d'elle un témoin de sa rêverie? Valentin se recueillit un instant; quand il leva les yeux, l'apparition s'était évanouie.

Dans la pénurie d'émotions où vivait le neveu de M. Fléchambault, les incidents les plus insignifiants prenaient aussitôt des proportions épiques. Il faut avouer, d'ailleurs, que cette apparition sur le pont d'un navire, au milieu de la nuit, eût pu donner l'éveil à une imagination moins prompte à s'émouvoir que celle de notre ami. La jeune femme avait, en s'éloignant, laissé tomber son mouchoir sur le pont; Valentin le ramassa, l'examina au clair de la lune, et fut d'avis que la garniture de valenciennes n'ôtait rien au prestige du gracieux fantôme, non plus que la couronne de comtesse qui surmontait le chiffre brodé sur un des coins. Il finit par le porter à ses lèvres, et s'enivra du parfum qui s'en exhalait : parfum sans nom qu'une femme jeune et belle attache à tous les objets de sa toilette.

Le lendemain, au point du jour, Valentin, qui avait dormi, roulé dans son manteau, à la belle étoile, se promenait sur le tillac. Il attendait avec impatience, non pas le lever du soleil, mais le lever des passagères qui sommeillaient encore dans les cabines. Il vit paraître successivement toutes les figures qu'il avait remarquées la veille; son regard chercha vainement la seule qu'il eût voulu trouver. Il espérait qu'elle se montrerait au déjeûner; ce dernier espoir fut déçu. De guerre lasse, il prit le parti de s'adresser à la femme de chambre attachée au service des passagères. C'était une fille de la Provence, à la hanche forte, à la jambe vigoureuse, au minois éveillé et mutin.

— Mon enfant, dit Valentin en lui glissant dans la main une pièce d'or, qu'elle mit sans façon dans sa poche, il se passe ici d'étranges choses.

— Quoi donc, monsieur?

— Parmi les dames que vous servez, n'y en a-t-il pas une, jeune, belle, élégante, qui se cache à tous les regards? Ne vous troublez pas, ma chère. Dites-moi tout; je suis incapable d'abuser d'une confidence.

— Eh! pourquoi voulez-vous que je me trouble? répliqua hardiment la Provençale avec le plus pur accent de son pays. Il y a, au n° 3 des premières places, une jeune dame qui voyage avec son mari, le comte de Pietranera. Ce sont des Corses.

— Des Corses! s'écria Valentin. Il y a des Corses à bord! Dites-moi, mon enfant, elle a l'air bien souffrant, la comtesse de Pietranera?

— C'est que probablement elle ne se porte pas très-bien.

— Elle paraît profondément triste?

— C'est que sans doute elle n'a pas de bonnes raisons pour être gaie.

— Et le comte? est-il jeune? est-il beau? Ont-ils l'air de s'aimer? N'avez-vous pas surpris dans leurs regards, dans leurs gestes, dans leur attitude...?

— Ah! mon joli monsieur, vous m'en demandez trop long. On m'appelle de tous côtés, et je n'ai pas le temps de bavarder.

— Un mot, encore un mot! s'écria Valentin en la retenant; où vont-ils? où débarquent-ils?

— Peut-être à Livourne, peut-être à Civita-Vecchia:

peut-être iront-ils jusqu'à Naples. Ça dépendra de la santé de la comtesse. Voilà du moins ce que m'ont dit leurs gens.

A ces mots, la brave fille planta là Valentin, qui ne regrettait pas ses vingt francs.

— Des Corses! se disait-il ; un ménage corse, ici, près de moi, à deux pas !

XI

Valentin savait par Rodolphe et par ses lectures que la Corse est un coin de terre privilégié où rien ne se passe comme dans les autres pays ; il retrouvait dans sa mémoire toutes les histoires de vengeance et de meurtre, d'amour et de jalousie auxquels cette île farouche a servi de théâtre. Le comte Orsini, ce mari sanguinaire qui avait tué sa femme et que Rodolphe avait tué, était Corse. Quelle étrange coïncidence! l'aventure de Rodolphe avait fini par un mouchoir; c'était par un mouchoir que commençait l'aventure de Valentin ; car, soit folie, soit pressentiment, Valentin ne doutait pas qu'il ne fût enfin sur la trace d'une aventure. Il avait à peine entrevu la comtesse ; mais l'attitude brisée de cette belle créature, la pâleur de son front, l'ardente mélancolie de son regard, le soupir qui s'était exhalé de son sein dans le silence de la nuit, tout avait révélé au muet témoin de sa rêverie un cœur dévasté, une âme incomprise, une destinée sillonnée par la foudre. Jeune ou vieux, beau ou laid, le comte de Pietranera était évidemment un tyran jaloux, qui tenait sa femme en charte privée et savourait la joie de la sentir mourir à petit feu. A coup sûr, il y avait là les éléments d'un drame, d'un roman ; comment les mettre en jeu ? telle était la question. Valentin s'agitait dans son impuissance, quand le sort, qu'il avait outragé la veille, vint généreusement à son aide.

Parmi les passagers qui occupaient modestement l'avant du *Sésostris*, il y avait des artistes napolitains, bohémiens de l'art, artistes en plein vent, qui retournaient dans leur patrie après avoir exploité les rues et les places publiques des principales villes de France. Ils sollicitèrent et obtinrent sans peine l'autorisation de donner un petit concert sur l'arrière. Les instruments furent tirés des étuis de serge, et la troupe nomade passa triomphalement de la proue à la poupe. Sans doute, ce n'étaient pas des virtuoses de premier ordre, et pourtant je ne pense pas que jamais concert ait été si charmant. Accourus aux premiers accords, les passagers formaient çà et là des groupes pittoresques. Assis sur le pont, deux ou trois jeunes peintres traçaient sur leur album le portrait d'un prêtre arménien ou le croquis d'une vieille anglaise : des figures curieuses applaudissaient par un sourire à la fidélité du crayon. Cependant le chant des harpes se mariait au bruit de la mer, qui faisait l'accompagnement. Les flots étincelaient ; l'air était embaumé du parfum des côtes prochaines. Les dauphins, les marsouins cabriolaient autour du navire, qui s'avançait comme une citadelle flottante, d'où s'échappaient les mélodies des *Puritains* et de la *Norma*.

Valentin contemplait ce tableau. En tournant la tête, il reconnut à quelques pas de lui la comtesse de Pietranera. C'était elle ! Triste, rêveuse, languissante, mais d'une incomparable beauté, elle s'appuyait sur le bras du comte, qui expliquait par sa seule présence la mélancolie de sa femme. C'était certainement le plus vilain

Corse qui fût jamais sorti de son île. Il en avait fini depuis longtemps avec les grâces de la jeunesse. Une barbe touffue, panachée, d'une incroyable variété de nuances, ne laissait voir de son visage qu'un nez qui rappelait confusément le nez des races royales, et des yeux qui brillaient comme deux tisons dans un buisson d'épines. Gros et court, il était vêtu d'une redingote noire à brandebourgs, et portait des bottes molles sur un pantalon collant. Valentin l'examinait avec complaisance : c'était le mari qu'il lui fallait, c'était le monstre qu'il avait rêvé. Quant à la femme, il ne pouvait la souhaiter plus belle.

Il s'agissait d'entamer l'aventure. Tout autre que Valentin eût longtemps cherché un expédient ; mais lui, passé maître en rouéries de tout genre, il le trouva sans hésiter.

— Madame, dit-il, s'approchant furtivement de la comtesse de Pietranera, vous venez de laisser tomber votre mouchoir.

Et il présentait avec respect le mouchoir brodé de dentelle, qu'il avait ramassé la nuit sur le pont.

— Antonia, dit le comte, vous aviez donc deux mouchoirs, car j'en vois un à votre main?

Valentin comprit qu'il avait fait une sottise.

— Peut-être n'est-ce pas le mouchoir de madame, ajouta-t-il en balbutiant ; je me serai trompé.

— C'est pardieu bien un mouchoir de ma femme, s'écria le Corse en prenant vivement le mouchoir des mains de Valentin. Tenez, voilà son chiffre. Vous aviez donc deux mouchoirs, Antonia?

— C'est possible, je le crois, je ne sais, repartit d'un air distrait la comtesse, qui paraissait indifférente à tout ce qui se disait autour d'elle.

Valentin était sur des charbons ardents. Il venait d'allumer la jalousie du mari avant d'avoir éveillé l'amour de la femme. Cependant, l'affaire, quoique mal engagée, tourna mieux qu'il ne pouvait raisonnablement l'espérer. Humilié de l'échec qu'il avait essuyé, il allait s'éloigner : le comte le retint par une de ces questions banales qui sont, entre voyageurs, le prélude obligé de tous les entretiens. On peut croire que Valentin ne se fit pas prier pour répondre. Peu à peu la conversation s'anima; au bout d'une heure le comte de Pietranera et le neveu de M. Fléchambault causaient comme de vieux amis.

L'intimité va vite en voyage. Le comte avait d'ailleurs dans l'esprit et dans les manières une franchise, une rondeur à laquelle Valentin était loin de s'attendre. Il appartenait à cette classe de touristes expansifs qui croiraient manquer de politesse envers les gens s'ils ne les prenaient aussitôt pour confidents de leur vie tout entière. On eût dit, à l'entendre, le plus honnête homme du monde. Il raconta qu'il était immensément riche. Une succession à recueillir l'avait appelé de Corse en Provence. Il s'était embarqué à Marseille avec l'intention d'aller jusqu'à Naples, mais la santé de sa chère Antonia l'obligeait de changer son itinéraire : ils débarqueraient à Livourne, passeraient la fin de l'automne à Florence, puis de là ils iraient à Rome prendre leurs quartiers d'hiver. Il s'interrompait de temps en temps pour adresser à la comtesse quelques paroles affectueuses.

— Comment vous trouvez-vous, Antonia? Ce grand air ne vous fatigue pas? Soyez sûre, ma chère, qu'un peu de distraction vous fera du bien. Déjà vous êtes mieux, Antonia. Pourquoi vous obstiner à vivre dans la solitude ? Savez-vous qu'à la longue je passerais pour un mari jaloux ? Vous ne le voudriez pas ?

— Ah ça, se disait Valentin, est-ce que le comte de Pietranera ne serait qu'un mari comme les autres? Ce serait bien la peine d'être Corse et d'avoir une pareille barbe !

Toutefois, en observant le comte, plus d'une fois il avait cru voir ses petits yeux lancer de sinistres éclairs qui ne promettaient rien de bon. D'ailleurs, la comtesse était assez belle pour valoir à elle seule toute une aventure. Valentin ne manquait pas d'esprit ; le désir de plaire développa en lui des facultés qu'il ne se connaissait pas. Il parla tour à tour avec grâce, avec feu, avec gaieté, avec entraînement. Il jeta dans la conversation quelques-uns des paradoxes qui composaient le fond de son sac, et qu'il prenait sincèrement pour des vérités incontestables. Il soutint, par exemple, que, depuis la conquête d'Alger, la Méditerranée avait perdu toute sa poésie.

— Belle prouesse ! s'écria-t-il, et bien digne d'être célébrée par les cent voix de la renommée ! Autrefois, en allant de Marseille à Naples, on avait la chance de rencontrer quelques corsaires, de se battre, d'être fait prisonnier, de délivrer une belle captive. Grâce à cette maudite conquête, la Méditerranée n'est guère plus poétique aujourd'hui que la mare d'Auteuil ou l'étang de Ville-d'Avray.

Tout cela était dit d'une façon si plaisante, que le comte en riait aux éclats ; la comtesse elle-même ne pouvait parfois s'empêcher de sourire. Tout en parlant, Valentin attachait sur elle un regard sous lequel la jeune femme palpitait comme une colombe.

Ils passèrent ensemble le reste de la journée. Quelques heures encore, et le *Sésostris* arrivait en vue de Livourne. Avant de savoir où le comte et sa femme devaient débarquer, Valentin avait eu l'imprudence de déclarer qu'il allait à Rome. Comment revenir sur cette déclaration? Ce fut encore le comte de Pietranera qui le tira de ce mauvais pas.

— Pardieu! monsieur, s'écria-t-il, vous êtes un aimable compagnon, et c'est vraiment dommage que la santé de ma chère Antonia ne nous permette pas de pousser jusqu'à Rome. Il m'eût été doux de prolonger, de resserrer une intimité qui aura été bien courte, bien passagère, et à laquelle pourtant je ne penserai jamais sans regret.

— Vous êtes trop bon, monsieur le comte, répliqua Valentin en s'inclinant. Soyez persuadé que, de mon côté, je n'oublierai de ma vie une rencontre si charmante. Les hommes comme vous sont rares : ils laissent des souvenirs ineffaçables dans le cœur de tous ceux qui ont eu le bonheur de les approcher une fois.

— Je ne crois pas que personne en France ait plus d'imagination, plus d'esprit que vous n'en avez.

— Je ne pensais pas que la Corse vît fleurir des intelligences aussi élevées que la vôtre.

— Votre parole est étincelante comme les vagues au soleil.

— La vôtre, monsieur le comte, est profonde comme la mer.

— Antonia, s'écria le comte en se tournant vers sa femme, consultez vos forces, ma chère : vous sentez-vous le courage d'aller jusqu'à Civita-Vecchia ?

A ces mots, la comtesse frissonna et jeta sur son mari un regard suppliant.

— Si vous l'exigez, dit-elle, j'irai jusque-là ; mais

vous savez combien je suis souffrante et déjà fatiguée de la traversée.

— N'insistez pas, monsieur le comte, n'insistez pas, je vous en supplie, s'écria Valentin avec chaleur. Sans doute il m'en coûtera de vous quitter si tôt; mon cœur s'attriste en y songeant; mais je ne me pardonnerais pas d'avoir été pour madame la comtesse une occasion de fatigue et d'ennui. Voici le mauvais côté des voyages : on se rencontre, on se convient, on se prend d'affection l'un pour l'autre, et c'est alors qu'il faut se séparer.

— Eh bien ! répliqua le comte de Pietranera, pourquoi ne viendriez-vous pas à Florence ?

— Mon ami, vous êtes indiscret, s'écria vivement la jeune femme avec un mouvement d'effroi. Monsieur a sans doute des intérêts qui l'appellent à Rome ?

— Moi, madame, des intérêts ? repartit gaiement Valentin. On voit bien que je n'ai pas l'honneur d'être connu de vous. Si des intérêts m'appelaient à Rome, Rome serait la dernière ville du monde où je voulusse aller. Vous me demanderez ce que je vais y faire : je n'en sais rien, voilà pourquoi j'y vais. L'imprévu est mon maître ; ma règle est de n'en point avoir ; je ne relève que de ma fantaisie. Je me suis embarqué pour Civita-Vecchia ; c'est une raison pour moi de débarquer à Smyrne ou à Constantinople. Comme le nuage qui court dans le ciel, j'obéis au vent qui me pousse.

— Bravo ! voilà qui est parler ! s'écria le comte en tendant une main large et courte, dans laquelle il serra comme dans un étau la main fluette de Valentin. C'est entendu, vous venez à Florence. Nous y passerons d'heureux jours. Nous visiterons ensemble les musées. Je suis sûr que vous avez sur la peinture des idées originales qui me plairont. Antonia adore les arts, vous en causerez avec elle. N'est-ce pas, Antonia, que vous aimez les arts? Voyons, ma chère, égayez-vous un peu ; dites quelque chose à monsieur pour le décider à nous accompagner.

Antonia promena ses regards sur la mer, et ne répondit que par un sourire étrange.

— Allons, se dit en soupirant Valentin, je ne me suis pas trompé. Ce Corse était digne de naître à Brives-la-Gaillarde ; c'est la meilleure pâte de mari qui se soit jamais vue sous le ciel. Je reconnais là mon étoile. Toutes les fois que j'allonge le bras pour saisir la poésie, je mets la main sur la prose. Je crois courir après Othello, et j'attrappe Sganarelle. Que la fantaisie me prenne un jour d'aller chasser dans les déserts de l'Afrique ou dans les jungles de l'Inde, si par hasard je rencontre un tigre, il viendra me lécher les pieds. Heureusement la femme est jeune et belle ; elle est triste, je la consolerai.

En cet instant, le comte de Pietranera, qui n'avait pas cessé de fumer depuis le matin, descendit dans sa cabine pour prendre des cigares. Valentin se trouva seul avec la comtesse. Il se préparait à lui raconter de quelle façon il l'avait entrevue pour la première fois, à la lueur des étoiles, quand tout à coup la jeune femme se tourna brusquement vers lui, et d'une voix brève, ardente, saccadée :

— Monsieur, lui dit-elle, au nom de votre mère, au nom de votre sœur, au nom de tout ce que vous avez de plus cher au monde et de plus sacré, ne venez pas à Florence. Allez à Rome, à Naples, à Smyrne, allez partout où je ne serai pas. Partez lorsque j'arriverai. Fuyez-moi comme la mort. Croyez-moi et faites ce que je vous dis; il y va de vos jours. Si vous me suivez, vous êtes perdu; si vous aimez la vie, vous ne me reverrez jamais. Obéissez aveuglément, sans hésiter, sans demander pourquoi. Pas un mot, voici mon mari!

— Eh bien! Antonia, demanda le Corse, avez-vous décidé notre jeune ami?

— Oui, monsieur le comte, répliqua Valentin ; et puisque madame la comtesse veut bien le permettre, j'aurai l'honneur de passer avec vous la fin de l'automne à Florence.

A ces mots, le visage du comte s'épanouit, tandis que celui de la comtesse exprimait l'épouvante.

XII

Pour le coup, Valentin tenait une aventure. De tous les romans qu'il avait lus, en était-il un seul qui débutât d'une façon plus terrible, plus mystérieuse? Il n'aurait pas été décidé à s'attacher aux pas du comte de Pietranera, que les dernières paroles de la comtesse eussent suffi pour mettre un terme à son indécision. Qu'on se représente la joie d'un malheureux qui, après avoir poursuivi un quine pendant dix années de sa vie, voit un beau matin ses cinq numéros sortir de l'urne fatale, et l'on n'aura qu'une faible idée de l'ivresse dans laquelle nageait le cœur de notre héros. *Fuyez-moi comme la mort!* C'était plus qu'il n'en fallait pour suivre la comtesse de Pietranera jusqu'au bout du monde, quand bien même elle n'eût pas été éblouissante de grâce, de beauté, de jeunesse.

En entrant dans Florence, Valentin comprit que Rodolphe ne l'avait pas trompé. C'était le soir. Il se promena une partie de la nuit dans la ville, observant avec émotion les palais noirs et silencieux, semblables à des forteresses, les tours dont les créneaux se découpaient sur l'azur du ciel, les madones au coin des rues, les statues qui se dessinaient, à la clarté de la lune, comme de blanches ombres, sous les arceaux gothiques. Il se sentait en plein moyen âge. A chaque instant, il croyait voir des figures sinistres se glisser le long des murailles. Une fenêtre venait-elle à s'ouvrir, il attachait sur le balcon un regard avide et curieux. S'il entendait derrière lui le pas d'un bourgeois attardé, il serrait d'une main convulsive le manche du poignard qu'il avait dans sa poche.

De loin en loin, il s'arrêtait pour écouter les cloches des couvents qui s'appelaient et se répondaient dans le silence de la nuit. Sur la place de Sainte-Marie-Nouvelle, il rencontra une compagnie de pénitents noirs qui escortaient, à la lueur des torches, le corps d'une jeune fille. Le visage était découvert; le corps, vêtu de blanc, était entouré de guirlandes de fleurs. Valentin frissonna des pieds à la tête, et se demanda quel était ce mystère. C'était tout simplement des frères de la Miséricorde, qui conduisaient à la salle des morts une jeune fille moissonnée à seize ans. Oui, se disait Valentin s'abîmant dans ses réflexions, voilà bien la patrie des Guelfes et des Gibelins, la cité aux passions violentes. C'est le théâtre qui convient au drame où je vais me trouver mêlé.

Valentin était descendu dans un des premiers hôtels de la ville. Le comte de Pietranera avait loué un appartement sur le quai. Ils se voyaient tous les jours ; chaque jour resserrait le lien de leur intimité. Le comte de Pietranera ne pouvait plus faire un pas sans Valentin ;

il ne dînait pas de bon appétit s'il n'avait près de lui
Valentin assis à sa table. Il l'accablait d'amitiés et de
prévenances, et trouvait charmant tout ce qui sortait de
la bouche de ce jeune homme. Il ne voyait que par les
yeux du neveu de M. Fléchambault. Ils visitaient ensemble les musées, les églises. Ils allaient aux *caschines*
dans la même voiture; le soir, la Pergola les voyait dans
la même loge.

Valentin, à qui les paroles de la comtesse avaient
donné l'éveil, s'était d'abord tenu sur ses gardes, observant le comte avec défiance et se demandant où ce diable
d'homme voulait en venir; mais si parfois il avait cru
surprendre, sous son apparente bonhomie, les instincts
carnassiers du tigre et du chacal, plus souvent frappé
de la franchise de ses manières, il avait fini par s'affermir dans la pensée que ce Corse était la perle des
maris. Que signifiaient alors les paroles de la comtesse?
D'où viendrait le danger? D'où partirait le coup qui
menaçait sa vie?

De temps en temps le comte lui disait :

— Vous voyez, mon jeune ami, combien m'a chère
Antonia est triste. C'est une âme souffrante, une nature
mélancolique. Enfant, elle avait déjà ces dispositions à
la rêverie. La solitude ne lui vaut rien ; elle a besoin de
distractions.

Valentin n'eût pas mieux aimé que d'arracher Antonia à sa mélancolie. Malheureusement, plus le comte
se montrait affectueux et prévenant, plus Antonia se
montrait sévère, réservée, et se tenait sur le qui-vive.
Vainement Valentin déployait devant elle toutes les ressources de son esprit; à peine amenait-il quelquefois
sur ses lèvres un demi-sourire. Toutes les ruses qu'il
imaginait pour se ménager un tête-à-tête échouaient

contre une vigilance qui ne s'endormait jamais. Les regards de flamme sous lesquels il l'avait vue, à bord du *Sésostris*, pâlir et palpiter, ne trouvaient plus en elle qu'un marbre inanimé.

Il y avait pourtant des instants où cette jeune femme semblait oublier la réserve obstinée dans laquelle elle se renfermait. Ainsi que l'avait dit le comte, Antonia aimait les arts avec passion. Non pas qu'elle en eût fait l'étude de sa vie : en parlant des œuvres qu'elle préférait, elle montrait une grande inexpérience : mais elle avait ce goût sûr, cet instinct rapide, ce sentiment exquis de la beauté, que ne donnent pas toujours le savoir et la réflexion. La vue d'un beau tableau la plongeait en de naïfs enchantements, où se dévoilaient toutes les grâces de son esprit, tous les trésors de son imagination. On eût dit alors un papillon s'échappant de sa chrysalide. Elle savait trouver, pour exprimer son admiration, une richesse, un luxe d'images qui frappaient vivement Valentin.

Il faut le dire à la honte de notre jeune ami : il était en toutes choses d'une ignorance à peu près absolue. Il n'y avait de parfaitement développé en lui que le génie des aventures. Antonia lui ouvrit un monde nouveau. Elle l'entraîna dans son enthousiasme; elle l'initia au culte des chefs-d'œuvre. Le soir, quand l'entretien s'engageait sur les merveilles qu'ils avaient vues dans la journée, elle faisait trêve à ses habitudes de silence, et laissait sa pensée s'épanouir librement sur ses lèvres. Valentin s'enivrait du charme de sa voix et du charme de sa parole; en l'écoutant, il oubliait lui-même les préoccupations qui l'assiégeaient. Antonia, de son côté, paraissait se plaire à l'entendre. La discussion s'animait. Le comte, radieux, applaudissait à tout ce qu'ils disaient. Parfois, alors, Antonia avait des éclairs de gaieté ; parfois même elle allait jusqu'à se montrer prévenante, affable, presque familière ; mais tout à coup un nuage passait sur son front, ses beaux yeux se voilaient, son visage reprenait une expression froide et sévère. Elle se levait gravement, se mettait au piano, et ses doigts, courant sur le clavier, en tiraient des accents pleins d'une tristesse ineffable.

A coup sûr, il y avait un mystère au fond de cette destinée. Valentin cherchait vainement à le pénétrer.

Un jour qu'ils visitaient la galerie des *Offices*, le comte de Pietranera s'étant assis dans un fauteuil pour contempler à son aise la Vénus de Médicis, la comtesse, par un mouvement irréfléchi, prit le bras de Valentin, et tous deux continuèrent leur poétique excursion à travers les chefs-d'œuvre. Depuis leur arrivée à Florence, c'était la première fois qu'ils se trouvaient seuls ensemble. Valentin n'était pas homme à négliger une occasion si belle ; mais toutes les fois qu'il essayait d'amener l'entretien sur le terrain brûlant de la passion, Antonia l'arrêtait devant une toile d'André del Sarte, de Titien, ou de Raphaël, et l'obligeait impitoyablement à partager son admiration. Elle parlait avec tant de grâce, que Valentin, pour l'écouter, s'était résigné au silence ; seulement, lorsqu'il penchait sa tête près de la tête d'Antonia, étaient-ce les figures de Titien et de Raphaël qui troublaient son regard et mettaient son cœur en émoi ?

Ils étaient tous deux en extase devant un couronnement de la Vierge, peint sur un fond d'or par Beato Angelico, le peintre des visions célestes. Antonia, qui n'entendait rien aux écoles, s'était sentie tout d'abord attirée par ces maîtres naïfs, chez qui le sentiment religieux dissimule l'imperfection de l'art.

— Voyez, disait-elle à Valentin en s'appuyant avec abandon sur son bras, que d'amour, de respect et d'humilité dans cette Vierge qui s'incline devant son fils ! Elle est mère, mais son fils est Dieu. Que de majesté, et en même temps que de vénération dans l'attitude du Christ qui pose la couronne sur le front de la Vierge ! Il est Dieu, mais il fut homme, et la Vierge est sa mère. Et que de foi, que de béatitude sur toutes ces figures qui entourent le groupe divin ! N'entendez-vous pas le chant des séraphins ? N'avez-vous pas senti le frémissement de leurs ailes ? Nous ne sommes plus sur la terre ; nous sommes véritablement dans le ciel.

C'était aussi l'avis de Valentin. Il sentait à son bras le poids souple et léger d'un corps jeune et charmant. Son visage était si près de celui d'Antonia, que sa joue frissonnait sous l'haleine de la comtesse. Antonia ne se lassait pas d'admirer, quand tout à coup, en tournant la tête, elle aperçut le comte de Pietranera qui se tenait debout derrière eux. Elle tressaillit, quitta brusquement le bras de Valentin ; sa physionomie se glaça, et le reste de la journée Valentin ne put obtenir d'elle un mot, un regard, un sourire.

Bien que le comte se fût conduit en cette occasion avec une courtoisie parfaite, bien qu'il n'eût témoigné ni surprise, ni mauvaise humeur, ni mécontentement d'aucun genre, ce petit épisode rejeta cependant Valentin dans toutes ses incertitudes. Pourquoi donc la comtesse paraissait-elle se défier du comte ? Le comte était donc jaloux ? S'il était jaloux, comment se faisait-il qu'il eût attiré, qu'il attirât encore Valentin dans son intimité ? A toutes ces questions notre jeune ami ne savait que répondre. Il se répétait sans cesse les paroles de la comtesse : « Fuyez-moi comme la mort. Allez partout où je ne serai pas. Si vous me suivez, vous êtes perdu. Si vous aimez la vie, vous ne me reverrez jamais. » Et sa raison s'égarait dans les ténèbres.

Ils devaient passer la fin de l'automne à Florence, et ne partir pour Rome que dans les derniers jours de novembre. Un incident sur lequel ils n'avaient pas compté avança de quelques semaines l'époque de leur départ.

Valentin profitait des rares loisirs que lui laissait l'amitié du comte de Pietranera, pour étudier les mœurs et se mêler à la vie florentine. Il aimait surtout à errer la nuit par les rues désertes, seul, enveloppé de son manteau, prêtant l'oreille à tous les bruits, jetant çà et là des regards remplis de défiance. Plus d'une fois, la patrouille l'avait rencontré debout, immobile devant un vieux palais, dans une attitude sombre et méditative.

Dans tous les cercles où il s'était trouvé, l'étrangeté de ses discours avait obtenu un succès rapide. Ses paroles étaient citées et volaient de bouche en bouche. Il s'informait des duels et des meurtres de la saison, absolument comme il eût demandé le cours de la Bourse. Quel mari avait tué sa femme? Quelle femme avait égorgé son amant? Il parlait à tout propos de son bon poignard, qu'il avait toujours dans sa poche, et qu'il montrait volontiers aux gens. On avait cru d'abord qu'il voulait rire ; on s'était bientôt demandé s'il jouissait de toute sa raison.

Le jour même de son arrivée, il avait mis toute la douane en révolution. On se souvient qu'il avait emporté de Paris une magnifique collection de dagues et de pistolets. Les douaniers qui fouillaient sa malle lui ayant demandé ce qu'il comptait faire de toutes les armes qu'elle renfermait, Valentin avait répondu fièrement qu'il comptait s'en servir au besoin.

Peu de temps après, il avait jeté l'épouvante parmi les religieux du couvent de San-Marco. Il cherchait depuis une heure sur les pierres tumulaires du cloître le nom du comte Orsini, lorsqu'un groupe de moines vint à passer dans le préau.

— Mon père, dit-il à l'un d'eux en assez mauvais italien, pourriez-vous m'indiquer la tombe où repose le comte Orsini ?

— Le comte Orsini ? répliqua le religieux en se grattant l'oreille. Depuis combien de temps est-il mort ? Êtes-vous sûr qu'il soit enterré au couvent ?

— Je puis vous affirmer, mon père, que le comte Orsini est enterré au couvent de San-Marco. Je ne saurais préciser l'époque de sa mort. Voilà bien quelques années qu'il a rendu son âme à Dieu.

— Le comte Orsini ? répétèrent à la fois tous les moines en se grattant l'oreille.

— Pardieu ! s'écria Valentin, son histoire a dû faire assez de bruit dans Florence pour que vous ayez entendu parler de lui. Il s'agit de ce fameux comte Orsini qui, ayant acquis la preuve de l'infidélité de sa femme, lui plongea un poignard dans le sein ; le lendemain, il se battit en duel avec mon ami Rodolphe, qui le tua.

A ces mots, les moines se signèrent, rabattirent précipitamment leur capuchon jusque sur leur nez, et tout le troupeau prit la fuite comme s'ils eussent aperçu le diable.

Il n'y avait pas un mois que Valentin était à Florence, quand il reçut de la police un avis qui lui enjoignait de quitter la ville dans les vingt-quatre heures, et lui accordait trois jours pour sortir des États toscans. Ce fut un coup de massue. Il n'en coûtait guère à son cœur de quitter Florence et la Toscane; mais quitter Antonia, il ne pouvait y songer. Fort de sa conscience, il alla, sans plus tarder, chez le ministre de la police.

Il s'attendait à voir, dans une espèce d'antre, un personnage farouche, entouré de hideux sbires : il trouva, dans un salon doré, un homme d'une exquise urbanité, et qui l'accueillit avec toutes sortes d'égards.

— Monsieur, dit Valentin d'une voix émue, en montrant la lettre qu'il venait de recevoir, qu'avez-vous à me reprocher? Depuis près d'un mois que je suis à Florence, qu'ai-je fait pour mériter d'en être chassé comme un malfaiteur?

— Calmez-vous, monsieur, et veuillez vous asseoir, répliqua le ministre avec une politesse affectueuse. Je regrette d'être forcé d'user de rigueur envers vous. Notre police est éminemment paternelle et hospitalière. Elle est digne du nom qu'on lui donne; vous savez qu'on l'appelle le bon gouvernement.

— Expliquez-moi, monsieur, daignez m'apprendre pourquoi le bon gouvernement a cru devoir, en ma faveur, se départir de ses habitudes paternelles et hospitalières.

— Notre police, monsieur, est bien connue par son aménité. C'est la police qui convient à un peuple heureux et tranquille. Quoique vigilante, jamais on ne l'a vue tracassière, ombrageuse comme celle de nos voisins; aussi, dit-on avec raison que si la Toscane est le jardin de l'Italie, Florence est le salon de l'Europe. Tous les étrangers qui ont séjourné dans nos murs vous certifieront que le bon gouvernement...

— Je suis persuadé, monsieur, que le bon gouvernement a toutes les vertus, repartit Valentin avec un léger mouvement d'impatience. S'il me congédie, s'il me chasse, s'il me ferme du même coup le jardin de l'Italie et le salon de l'Europe, je ne doute pas que le bon gouvernement n'ait d'excellents motifs pour en agir ainsi. Seulement, je voudrais connaître ces motifs. Lorsqu'on a le malheur d'encourir la disgrâce d'un gouvernement si bon, si paternel, si hospitalier, si plein d'aménité, si parfait en un mot, vous conviendrez, monsieur, qu'il est permis de demander pourquoi. Encore une fois, qu'ai-je fait? Que me reprochez-vous?

— Croyez, monsieur, que lorsque le bon gouvernement en arrive à ces extrémités, il est bien malheureux ; son cœur saigne.

— Je le crois, monsieur, j'en suis sûr. Dans vingt-quatre heures j'aurai quitté Florence ; dans trois jours je serai sorti du grand-duché : mais, pour Dieu, que je sache, en partant, quels sont les méfaits que j'expie !

— Rassurez-vous, monsieur, le gouvernement vous tient pour un galant homme, et se plaît à reconnaître qu'il n'a rien à vous reprocher. Que vous dirai-je? Il y a dans la vie des nécessités douloureuses auxquelles nous devons nous soumettre. Vous voyagez seul : je m'étonne que votre famille n'ait point placé auprès de vous un parent, un ami, quelque personne de confiance.

— Il me semble, dit en riant Valentin, que je suis assez grand pour me passer d'un gouverneur.

— Sans doute ; mais votre santé exigeait peut-être...

— Ma santé! s'écria Valentin. Je n'ai jamais été malade, et je souhaite, monsieur le ministre, que vous vous portiez aussi bien que moi.

— En vérité ! vous n'avez jamais été malade? Vous n'avez jamais senti là quelque chose d'étrange?

— A la tête? Quelquefois, après avoir entendu une

tragédie, il m'est arrivé d'avoir une forte migraine ; je ne trouvais rien d'étrange à cela. Mais nous voilà bien loin de la question ; souffrez, monsieur, que je vous y ramène.

— Ainsi, monsieur, pendant votre séjour à Florence, vous n'avez pas eu occasion de consulter les médecins en renom de notre université? J'en suis fâché pour vous.

— Vous me permettrez, répliqua Valentin, de n'être pas de votre sentiment.

— Je me suis mal expliqué, ou vous ne m'avez pas compris. Les grands médecins, monsieur, sont toujours bons à consulter, alors même qu'on se porte bien. Il est plus aisé de prévenir le mal que de le guérir. Ne vous y trompez pas, notre université compte des hommes éminents. Je regrette sincèrement que vous n'ayez pas vu le docteur Punta, ou le docteur Buffalini. Buffalini est un grand docteur, mais qui doit tout à la science. Punta est né médecin comme on naît poëte : au savoir de Buffalini il joint l'instinct, le génie qui devine. Il est en médecine ce que fut en chirurgie votre Dupuytren. Dans un cas ordinaire, je pourrais hésiter entre Punta et Buffallini ; dans un cas embarrassant, je n'hésiterais point, j'appellerais Punta. Vous avez encore vingt-quatre heures à rester parmi nous. Croyez-moi, voyez Punta, à moins pourtant que vous ne préfériez vous adresser à Buffalini.

— De grâce, monsieur, laissons là Punta et Buffalini, s'écria Valentin, qui ouvrait de grands yeux. Prenez moins d'intérêt à ma santé. L'usage n'est pas de montrer tant de sollicitude aux gens que l'on met à la porte ; il est vrai que vous êtes le bon gouvernement. M'apprendrez-vous enfin pourquoi l'eau et le feu me sont interdits dans les États toscans ?

Comme Valentin achevait ces mots, un grand diable de laquais vint annoncer que le dîner était servi. Le ministre se leva ; Valentin, pâle de colère, tourmentait entre ses doigts les bords de son chapeau de feutre.

— Je suis désolé de vous quitter sitôt, dit le ministre en le reconduisant pas à pas vers la porte ; voici l'heure où j'appartiens à ma famille, c'est le seul moment de la journée que me laisse le soin des affaires.

— Encore un coup, monsieur, veuillez m'apprendre.....

— Je vous en prie, ne parlons plus de cela. Je vous répète que le gouvernement ne vous reproche rien, et vous tient pour un parfait gentilhomme.

— Je ne suis pas gentilhomme, mais il m'importe de savoir pourquoi vous me chassez comme un aventurier, répliqua Valentin se contenant à peine. Répondez, monsieur, qu'ai-je fait ? A-t-on parlé de mes duels et de mes amours ? Ai-je ensanglanté les dalles de vos places ? porté le trouble et le désordre dans une de vos maisons ? enlevé une de vos femmes ? allumé la colère de quelque Florentin jaloux ? Mon séjour à Florence a-t-il été signalé par un meurtre, une catastrophe ? Nous savons, Dieu merci, que de pareils drames ne sont pas rares dans cette ville. Est-ce pour m'être conduit en citoyen paisible que votre gouvernement me refuse le droit de séjour ?

— Là, là, ne nous emportons pas, ménageons cette jeune tête, dit le ministre de la police, en posant familièrement sa main sur le front de Valentin. Soyez bien convaincu, monsieur, que c'est un bonheur pour vous d'être obligé de quitter Florence. C'est un service que vous rend le gouvernement. La fin de l'automne est quelquefois brûlante en nos climats. Je suis surpris que votre famille ne vous ait pas envoyé de préférence dans le Nord de l'Europe. Peut-être feriez-vous bien cependant d'aller à Lucques achever la saison. Les eaux sont excellentes. Parlez-en à Punta ou à Buffalini.

— A coup sûr, cet homme est fou ! se disait Valentin en descendant l'escalier quatre à quatre.

— Il est fou, ce pauvre garçon ! disait le ministre à sa femme en mangeant tranquillement son risotto à la milanaise.

XIII

Comme il sortait de la police, Valentin aperçut le comte de Pietranera qui traversait la place du Grand-Duc.

— Savez-vous ce qu'il m'arrive? dit-il en l'abordant. Jetez les yeux sur ce papier : vous verrez comme on entend ici les devoirs de l'hospitalité.

— Voilà qui est étrange ! s'écria le comte après avoir pris connaissance du billet reçu par Valentin. C'est un congé en bonne forme. A quoi attribuez-vous cette mesure de rigueur ? Auriez-vous trempé dans quelque conspiration ?

— Moi ? répliqua Valentin. Je n'ai jamais conspiré et ne conspirerai de ma vie ; il y a déjà bien assez de gens qui s'en mêlent.

— Mais pourquoi vous renvoie-t-on ?

— Si vous pouviez me l'apprendre, monsieur le comte, vous m'obligeriez. Je sors de chez le ministre de la police. Il m'a parlé pendant une heure de Punta et de Buffalini ; quant à l'explication du congé qu'il me signifie, il m'a été absolument impossible d'en savoir le premier mot. Il y a là-dessous un mystère infernal qui finira par se découvrir. En attendant, il faut que je parte, sous peine d'être logé au *Bargello*. J'aurai l'honneur d'aller ce soir vous faire mes adieux ainsi qu'à madame la comtesse.

— Du tout, du tout, je ne l'entends pas ainsi, s'écria le comte avec chaleur. Vous êtes venu à Florence à ma sollicitation, et je vous laisserais partir seul! C'est moi qui vous ai attiré dans cette ville inhospitalière, et j'y resterais après qu'on vous en a chassé! Moi, votre ami, je respirerais l'air qu'on vous refuse! Par mes aïeux, ce serait une indignité. Si vous m'en avez cru capable, c'est que vous ne connaissez pas le sang des Pietranera. Où comptez-vous aller? à Rome. Demain, nous partirons ensemble.

Ces paroles avaient été dites avec tant d'entrainement que Valentin en fut sincèrement touché.

— Je vous remercie, monsieur le comte. Vous ne doutez pas du plaisir que j'aurais à faire avec vous ce voyage. Cependant je ne voudrais pas qu'il vous en coûtât un regret. Vous vous étiez promis de passer la fin de l'automne à Florence, et je serais désolé que pour moi...

— Votre conscience peut être bien tranquille, répliqua le comte en l'interrompant. Non-seulement vous ne me devez aucune reconnaissance, mais encore c'est moi qui suis votre obligé. Tenez, mon jeune ami, dussiez-vous me prendre pour un barbare, j'ai de Florence par-dessus les yeux. C'est, à mon avis, la plus sotte ville qu'on puisse imaginer. Ses palais tant vantés ressemblent à des prisons, son baptistère à un jeu de dominos, sa cathédrale à une vieille tabatière d'ivoire jauni par le temps. Ne me parlez pas de ses musées : des tableaux, toujours des tableaux ! A la longue, c'est fastidieux, surtout pour ceux qui, comme moi, n'entendent rien à la peinture. Je suis franc, j'ai le courage de mes opinions. Je hais ces touristes, vrais moutons de Panurge, qui admirent tout sur parole et se pâment où on leur dit de se pâmer. Eh bien ! Raphaël et Titien m'ennuient. J'avais compté, pour m'égayer, sur la Vénus de Médicis ; c'est froid, c'est étriqué, cela ne dit rien. Regardez un peu cette place. S'il fallait en croire les Florentins, ce serait la huitième merveille du monde. Qu'y trouvez-vous de beau ? Est-ce, par hasard, ce grand coquin de bronze, foulant aux pieds le cadavre d'une femme décapitée, et tenant à sa main la tête qu'il vient de couper ? Gracieux ornement pour une place publique ! Et savez-vous rien de plus inconvenant que ce groupe de marbre représentant l'enlèvement d'une Sabine ? Est-ce là des choses qu'on doive exposer en plein vent ? Ce n'est pas à Ajaccio que de semblables spectacles offensent le regard des étrangers. Voilà une ville, Ajaccio ! On y vivrait cent ans sans songer à compter les heures. J'espère bien vous y voir un jour.

— Vous êtes trop bon. Je n'aurais pas eu le désir de visiter la Corse, que vous me l'eussiez donné. Ainsi, monsieur le comte, vous quitterez Florence sans regret ?

— Avec joie, avec bonheur. Croyez d'ailleurs qu'il m'eût été doux d'avoir un sacrifice à vous faire ; tout mon regret, en quittant Florence, est de n'en éprouver aucun.

Ils venaient de se séparer pour aller, chacun de son côté, s'occuper des préparatifs du départ, quand tout à coup le comte de Pietranera revint sur ses pas et courut après Valentin.

— Encore un mot, dit-il en prenant avec familiarité

le bras du jeune homme. Toute amitié sincère a ses priviléges. Dans quelques-uns de vos discours, j'ai cru entrevoir que vous étiez parti contre la volonté de M. votre oncle. Les oncles n'ont pas toujours pour leurs neveux les égards qu'ils devraient avoir. Si le vôtre vous suscitait quelques difficultés, permettez-moi de croire, mon cher Valentin, que c'est moi qui les lèverais.

— En vérité, monsieur le comte, je suis confus de toutes vos bontés. Mon oncle est le meilleur des hommes. C'est un père pour moi, un ami. Parfois je me demande où j'ai pris le courage d'affliger ce cœur excellent. Je le connais, bien loin de vouloir entraver mon voyage, mon oncle se jetterait au feu pour m'épargner un chagrin, un ennui, une contrariété. Je n'en suis pas moins reconnaissant de l'intérêt que vous me témoignez.

— Quoi qu'il arrive, comptez sur moi; c'est tout ce que j'avais à vous dire.

Et là-dessus le comte s'éloigna.

Valentin retourna, la tête basse, à son hôtel. Au milieu de ses égarements, il était resté bon, pur, loyal et honnête. C'était un de ces roués innocents, un de ces fanfarons de vice qui poussent aussi loin que possible la théorie de la corruption, et qui montrent, dans la pratique, toute la candeur, toute la naïveté d'un enfant. A l'entendre, on eût dit don Juan ; à le voir agir, Grandisson. Il avait commencé par se féliciter, par se railler tout bas de la confiance et de l'affection que lui témoignait le comte; maintenant, il en était plus gêné, plus embarrassé qu'il n'aurait osé l'exprimer. Il se sentait écrasé par tant de franchise, de délicatesse, de générosité ; il était obligé de reconnaître qu'en tout ceci ce n'était pas lui qui jouait le beau rôle. A peine entré dans cette voie d'aventures qu'il avait si longtemps cherchée, Valentin hésitait ; il se demandait déjà avec une vague inquiétude si le grand chemin de la vie, quelque battu, quelque poudreux qu'il soit, n'est pas préférable à tous les sentiers de traverse. Toutefois ses remords ne tinrent pas longtemps contre la joie qu'il se promettait, et sa conscience s'apaisa devant l'image d'Antonia.

Ce fut un voyage enchanté. Ils avaient pris, pour se rendre à Rome, la route de Pérouse, une des plus belles de l'Italie et du monde entier. Ils allaient en poste, dans une bonne calèche anglaise, dont le comte de Pietranera avait fait l'acquisition pendant son séjour à Florence. Ils voyageaient à petites journées, n'obéissaient qu'à leur fantaisie, s'arrêtaient toutes les fois qu'un beau site ou un monument sollicitait leur admiration. Ils descendaient le soir dans quelque hôtellerie, et repartaient le lendemain aux premières clartés de l'aube.

La saison était délicieuse. L'automne avait amorti les ardeurs du soleil, sans rien enlever au luxe du paysage. Les pampres encore verts s'enlaçaient aux ormeaux ; les oiseaux chantaient, comme au printemps, dans les haies de myrtes, de lauriers et de grenadiers sauvages ; les pâles oliviers mêlaient un doux reflet aux tons chauds et bleus des collines. En présence des beautés de la nature qui se déroulaient devant elle, Antonia avait oublié, comme par enchantement, la contrainte qui pesait sur sa vie. Ce n'était plus la figure triste et sombre que nous avons connue, et qui ne s'éclairait qu'à de rares intervalles. La jeunesse rayonnait sur son front et dans son regard. La grâce respirait dans tous ses discours. Le comte paraissait jouir du bonheur de sa femme ; de temps en temps il serrait avec effusion la main de

Valentin, comme pour lui dire : Voyez, elle est heureuse !

Valentin était heureux, lui aussi ; il goûtait une félicité à laquelle il n'avait jamais songé jusque-là, et qui se révélait à lui pour la première fois. Dans cette chasse aux aventures qui venait d'absorber les plus riantes années de sa jeunesse, il n'avait éprouvé que des passions factices. La contemplation de la nature, la présence d'une femme jeune, belle et charmante, ouvraient insensiblement son âme à un sentiment qu'il ne connaissait pas. L'amour vrai, l'amour sincère se glissait peu à peu dans son cœur.

Un travail mystérieux s'accomplissait en lui. Son imagination s'apaisait ; la soif de l'inconnu s'éteignait dans son sein ; ses rêves, autrefois égarés dans l'espace, repliaient doucement leurs ailes et s'ébattaient autour d'Antonia. La voir chaque jour, à toute heure, l'entendre, lui parler, vivre de sa vie, admirer ce qu'elle admirait, sentir le frôlement de sa robe, marcher près d'elle quand ils montaient une côte à pied, telles étaient les joies qui suffisaient à son ambition. Sa pensée n'allait pas plus loin que le regard de la femme aimée.

Cependant son bonheur n'était pas sans mélange. Les paroles qu'avait prononcées la comtesse à bord du *Sésostris* bourdonnaient sourdement à ses oreilles, non plus comme une espérance, mais comme une menace qui le remplissait d'une vague épouvante. Le mystère qui l'avait d'abord attiré, l'oppressait maintenant comme une atmosphère orageuse. Son imagination était ramenée par son cœur vers les régions sereines et paisibles, pour lesquelles Dieu l'avait créé. Il contemplait avec ivresse cette femme jeune et belle, assise devant lui, et se disait. « Que je serais heureux pourtant si j'étais seul avec elle, si elle était à moi, si aucun obstacle ne nous séparait ni dans le présent ni dans l'avenir ! »

Bien qu'Antonia, distraite, ou plutôt absorbée par la contemplation du paysage, témoignât parfois moins de réserve et de froideur, cependant elle tenait toujours Valentin à distance; vainement Valentin s'était efforcé de mettre à profit les hasards du voyage et de lui parler à la dérobée, elle avait toujours trouvé moyen de l'éconduire.

Ils arrivaient à quelques lieues de Rome; la nuit était venue; le comte de Pietranera sommeillait. Les étoiles étincelaient dans l'azur sombre du ciel. La comtesse se livrait tout entière à l'émotion solennelle qui s'empare des jeunes imaginations aux approches de la ville éternelle. Son esprit errait à l'aventure parmi les ruines semées dans la campagne, sur le sommet des collines qui se perdaient dans la brume lointaine.

Sa main rencontra celle de Valentin. Valentin, comme s'il eût craint d'interrompre la rêverie d'Antonia et de la ramener au sentiment de la réalité, tenait, sans oser la presser, cette main qui s'abandonnait à la sienne. Ils restèrent ainsi pendant quelques instants. Antonia regardait la plaine. Une étreinte ardente la réveilla comme en sursaut. Elle retira sa main en tremblant et se rejeta brusquement dans le fond de la voiture : ils arrivèrent à Rome sans échanger un mot, un regard.

Les promenades au Colisée, au Vatican, au Capitole, remplirent la première semaine de leur séjour. Antonia se montrait de plus en plus sévère, de plus en plus défiante. Valentin ne se trouvait jamais seul avec elle, son inquiétude redoublait. Il se sentait aimé, et ne savait comment s'expliquer l'attitude de cette étrange créature. Il avait beau retourner en tous sens l'avertissement sinistre qu'elle lui avait adressé, s'épuiser en conjectures, interroger ses souvenirs, tous ses efforts venaient échouer contre cette énigme impénétrable.

Il était aimé, il n'en pouvait douter. Quoique Antonia n'eût jamais laissé tomber de ses lèvres une parole de tendresse, il ne pouvait se méprendre sur la nature du sentiment qu'il lui inspirait : quand le bras d'Antonia se posait sur le sien, un tremblement involontaire lui disait clairement ce que sa bouche n'osait avouer. Une explication était devenue nécessaire à tout prix. Le mystère qui l'avait enivré à Florence, qui avait doublé pour lui la grâce et la beauté de la comtesse, l'obsédait maintenant : sa curiosité, de plus en plus excitée, était montée jusqu'à la colère ; quelque danger qui le menaçât, il fallait amener Antonia à rompre le silence.

Quant au comte de Pietranera, c'était toujours la même confiance, le même aveuglement, la même sérénité. Décidément, Valentin avait mis la main sur le modèle des maris.

Depuis quelques jours, le comte parlait d'une partie de chasse qui devait se faire aux environs d'Ostie, et à laquelle il était invité. Un soir, comme il se promenait, avec sa femme et Valentin, sur le Pincio, il annonça son départ pour le lendemain.

— Je compte sur vous, ajouta-t-il, se tournant vers son jeune ami ; vous viendrez avec moi, n'est-ce pas ?

Valentin s'excusa. Il était souffrant et avait besoin de repos. Le comte insista. Antonia se taisait ; son visage exprimait une vive anxiété.

— Eh bien, dit gaiement le comte de Pietranera, puisque vous ne rougissez pas de préférer la vie oisive et nonchalante de Rome à la partie que je vous propose, puisque la chasse, cette noble image de la guerre, est sans attrait pour vous, restez donc ; nous nous reverrons dans trois jours.

Le comte de Pietranera était logé place d'Espagne. Valentin donnait le bras à Antonia. Ils descendaient l'escalier de la Trinité-du-Mont ; le comte les précédait de quelques pas.

— Madame, dit Valentin à voix basse, il faut absolument que je vous parle. Demain vous serez seule, demain je vous verrai.

— Malheureux ! répondit Antonia d'une voix tremblante, c'est impossible ; vous vous perdez.

— Il le faut, poursuivit Valentin. J'ai besoin de vous parler, vous ne refuserez pas de m'entendre.

— Insensé, y pensez-vous ? Avez-vous déjà oublié mes paroles ? Ah ! pourquoi m'avez-vous suivie ? Ne venez pas, je vous en conjure ! Partez, je vous en supplie...

— Je n'ai rien oublié ; à demain, reprit le jeune homme.

Et, sans laisser à Antonia le temps d'ajouter un mot, il rejoignit le comte de Piètranera.

Le lendemain, à la tombée de la nuit, Valentin se préparait à sortir pour se rendre chez la comtesse. Il était plein de sécurité. Dans l'après-midi, il avait vu le comte partir en calèche, au galop des chevaux. La chasse devait durer trois jours. Il s'enveloppait de son manteau, quand tout à coup la porte de son appartement s'ouvrit sans bruit, et Zanetta, la femme de chambre de la comtesse, entra furtivement et d'un air mystérieux. C'était une jeune et jolie fille, vive, discrète, intelligente, et qu'Antonia paraissait aimer d'une affection toute particulière. Elle donna un pli à Valentin, mit un doigt sur sa bouche, et disparut sans avoir dit une parole.

Valentin brisa le cachet aux armes des Pietranera, lut d'un œil ardent la lettre que renfermait l'enveloppe à son adresse; puis, lorsqu'il eut achevé de lire, s'accouda sur une table, appuya son front sur sa main et s'abîma dans une rêverie profonde.

Voici ce qu'écrivait Antonia.

XIV

« Malheureux, qu'allez-vous faire? Êtes-vous las de vivre? Au nom du ciel, ne venez pas. Quittez Rome, fuyez. Il en est temps encore; demain, peut-être, il serait trop tard. Ne cherchez pas à me voir, ne me revoyez jamais. Je vous dois toute la vérité. Je vais vous la dire. Pourquoi ai-je tardé si longtemps à vous la révéler? J'étais folle. Ne venez pas, ne venez pas! Écoutez-moi, et que chacune de mes paroles demeure à jamais gravée dans votre mémoire. Je serais coupable envers vous, coupable envers Dieu, qui nous voit et nous juge, si j'hésitais un instant de plus à vous expliquer le mystère de ma vie. Écoutez-moi, et réglez votre conduite sur le récit que je vous envoie. Vous ne savez pas qui vous aimez, vous ne savez pas qui je suis. Quand vous le saurez, quand vous me connaîtrez tout entière, alors, alors seulement, vous comprendrez toute la portée de mes avertissements, et vous partirez, Valentin. Vous partirez, je le sens bien, vous devez partir. Que ma destinée s'accomplisse! Je dois parler, je parlerai : je n'ai que trop attendu.

« Je suis le dernier rejeton d'une famille autrefois puissante, de la famille Mammiani, engagée depuis deux siècles dans une guerre d'extermination contre les Piglia-Spada. Un meurtre qui remonte à l'année 1625, et dont les causes n'ont jamais été bien éclaircies, avait divisé nos deux familles et allumé une haine qui ne devait finir que par la ruine des Mammiani ou des Piglia-Spada. Je n'ai jamais bien su, et je ne puis vous dire si ce meurtre fatal, source de tant de maux, fut l'œuvre de la jalousie ou de l'ivresse : si Francesco Mammiani, en frappant d'un coup mortel Giuseppe Piglia-Spada, vengeait son honneur outragé, ou lavait dans le sang une de ces paroles imprudentes que le vin excuse sans les justifier.

« Mon père, que j'ai souvent interrogé là-dessus, m'a toujours imposé silence et n'a jamais daigné me répondre. Il est tombé lui-même dans un maquis, victime de la haine des Piglia-Spada, sans qu'on ait jamais pu savoir quelle main l'avait frappé. Depuis 1625 jusqu'à l'heure où je vous parle, notre famille a perdu douze de ses membres par le fer ou par le plomb. Celle des Piglia-Spada n'a pas été moins cruellement décimée : quatorze de ses membres ont payé de leur sang les meurtres qui avaient fait tant de veuves et d'orphelins.

« Cette guerre sans trêve et sans merci paraissait enfin terminée. Il ne restait plus un seul Piglia-Spada. Je vivais en paix avec ma mère dans un village obscur de la côte. Les procès avaient dévoré les derniers débris de nos domaines, et ne nous avaient laissé qu'une pauvreté voisine de la misère. Pour subvenir aux besoins les plus pressants, nous avions vendu en pleurant les bijoux qui depuis tant de générations étaient dans notre famille et avaient toujours été respectés comme un héritage sacré. Bientôt, ces ressources épuisées, il fallut recourir au rouet, à l'aiguille, pour soutenir notre vie. Nous

nous levions avec le jour, et toutes nos journées étaient remplies par le travail.

« Pourtant nous acceptions sans murmure ce rude labeur, car nous vivions en paix. La mort nous avait délivrées de tous nos ennemis. Le nom de Piglia-Spada n'était plus prononcé que par les vieillards. Nous étions pauvres, mais sans inquiétude. Dans mes rêves de jeune fille, je ne concevais pas d'autre bonheur, d'autre espérance, que de prolonger, par mes soins, par mon dévouement assidu, les jours de ma vieille mère.

« Sa bénédiction devait être mon unique héritage. Je ne pouvais donc songer à me marier. Ma mère était loin de partager ma résignation. Elle s'affligeait de notre pauvreté, en songeant qu'elle me laisserait seule, sans soutien, sans amis, sans protecteur. Elle appelait de ses vœux impuissants les prétendants, qui s'obstinaient à ne pas se présenter. La solitude qui s'était faite autour de nous, et qui se fait partout autour de la pauvreté, ne la décourageait pas. Pleine de confiance en Dieu, ma mère espérait toujours que ma jeunesse et ma beauté seraient acceptées comme une dot suffisante par un cœur généreux et dévoué. Vainement la réalité démentait d'année en année ces ambitieuses espérances. Ma mère ne renonçait pas à ses rêves. Pour moi, je me serais trouvée heureuse, si elle eût consenti à se contenter, comme moi, de la destinée qui nous était échue.

« Un jour, on vit arriver dans le village un homme que personne ne connaissait, dont personne n'avait entendu parler : c'était le comte de Pietranera. Il était riche ; il se montra généreux et se fit aimer. Tous les pauvres bénissaient son nom, tant il mettait de bonne grâce et d'à-propos dans chacun de ses bienfaits. Introduit auprès de ma mère par un des anciens du pays, il ne tarda pas à devenir notre hôte familier. Chaque jour il venait s'entretenir avec nous, et, sans jamais témoigner une curiosité indiscrète, au bout de quelques semaines il savait notre vie tout entière. Il connaissait tous nos malheurs, tous nos regrets. Peu à peu il s'empara du cœur de ma mère et réussit à lui inspirer une confiance absolue. Il m'avait d'abord montré une affection toute paternelle ; je n'éprouvais pour lui ni entraînement ni aversion. Dans le fond de mon cœur, je le remerciais de son amitié pour ma mère ; je lui savais bon gré des bienfaits qu'il semait autour de lui, et pourtant je ne le voyais jamais arriver avec joie.

« Au bout de quelques mois, son affection pour moi parut changer de nature et devint plus tendre. Malgré son âge, qui semblait devoir éloigner de son esprit toute pensée de mariage, il n'hésita pas à demander ma main, et ma mère s'empressa d'accepter une offre qui comblait tous ses vœux. Je ne l'aimais pas ; mais je n'aimais personne. Mon cœur était libre, aucune affection passionnée ne me protégeait contre le désir de ma mère. Pouvais-je résister, seule et sans défense, aux prières qu'elle m'adressait chaque jour ? Pouvais-je refuser d'assurer par mon consentement la paix de sa vieillesse ? Sa fille une fois mariée, elle mourrait sans inquiétude ; elle retournerait à Dieu sans trouble, sans angoisse. Pour prix des soins qu'elle m'avait prodigués, de la sollicitude constante dont elle avait entouré ma jeunesse, elle ne me demandait que mon obéissance : pouvais-je balancer ? Malgré le trouble secret, malgré l'inquiétude confuse, malgré le vague instinct de défiance qui ne m'avait pas abandonnée depuis le jour de cette fatale demande, je cédai aux instances de ma mère et devins comtesse de Pietranera.]

« Mon mari fut pour ma mère un fils dévoué. Il semblait deviner chacun de ses désirs, et trouvait le moyen de les satisfaire sans lui laisser le temps de les exprimer. Il était excellent pour elle et pour moi. Son affection empressée, sa bienveillance prévenante, triomphaient peu à peu de ma défiance ; la reconnaissance allait lui gagner mon cœur tout entier, quand ma mère mourut. Debout à son chevet, il lui ferma les yeux et mêla ses larmes aux miennes.

« Le lendemain des funérailles, qu'il entoura de pompe et de magnificence, il m'emmenait auprès de la comtesse douairière de Pietranera, et, trois jours après notre départ, nous entrions dans un splendide château, à quelques lieues d'Ajaccio. Ma belle-mère me reçut avec une politesse froide et hautaine. Chacune de ses paroles, chacun de ses regards semblaient me dire : Je pardonne à mon fils son étrange mésalliance, mais n'espérez pas que je vous traite comme ma fille. Je lui pardonne, mais ne croyez pas que j'oublie jamais la distance qui vous sépare de notre famille. Il est descendu jusqu'à vous, il n'a pu vous élever jusqu'à lui.

« Le comte redoublait de soins, de prévenances, d'empressement, de générosité, comme s'il eût voulu demander grâce pour l'orgueil de sa mère. Chaque fois qu'il me conduisait à la ville ou dans un des châteaux du voisinage, il voulait me voir parée d'une robe nouvelle. Aucune étoffe ne lui paraissait assez riche ; il me couvrait de perles et de diamants, et ne croyait jamais avoir assez fait pour sa femme. Heureux et fier de me voir admirée, il me couvait du regard et me remerciait du triomphe qu'il m'avait ménagé. Sa plus grande, son unique joie était de me mener partout avec lui, et d'écouter le murmure d'étonnement qui accueillait notre arrivée. Malgré son âge, car il aurait pu être mon père, il ne témoignait jamais aucune jalousie, aucune inquiétude. Il voyait les jeunes gens s'empresser autour de moi ; et, loin de s'en alarmer, il les attirait chez lui, leur faisait fête, et me grondait doucement quand je les recevais avec trop de froideur. Il s'étonnait de ma réserve et me demandait d'un ton de reproche pourquoi ses amis n'étaient pas les miens. Il y avait dans ses paroles un tel accent de conviction, de sincérité, que j'aurais cru lui faire injure en persévérant dans la contrainte que je m'étais d'abord imposée. Hélas ! je fus cruellement punie de ma confiance.

« Parmi les jeunes gens qui fréquentaient le château de Pietranera, se trouvait un Doria, d'origine génoise. Jeune, beau, élégant, Giacomo réunissait tous les dons extérieurs qui peuvent séduire les yeux d'une femme. Son air, son maintien, sa démarche me plaisaient. Pourtant je ne l'aimais pas ; car il avait dans sa conversation un ton de frivolité qui me blessait. Il était beau, mais il le savait trop. Mon mari paraissait avoir pour Giacomo une préférence décidée. Il ne se contentait pas de l'inviter à toutes ses fêtes : il n'acceptait pour lui-même aucune invitation, s'il n'était sûr de le rencontrer. Il me vantait à tout propos son adresse, sa bonne grâce, son goût exquis, le discernement qu'il apportait dans le choix de ses amitiés ; il ne pouvait rien dire sans citer Giacomo.

« Un soir, nous étions au bal, Giacomo vint me demander une valse. J'hésitais à consentir ; je craignais d'attirer l'attention en valsant avec lui. On le voyait partout près de moi ; il me suivait comme mon ombre. J'allais refuser, quand le comte me fit signe d'accepter. Je donnai la main à Giacomo, et bientôt la valse nous emporta. Chaque fois que nous passions devant mon mari, je me sentais effrayée de l'expression singulière de son regard. Ses yeux ne nous quittaient pas ; il épiait chacun de nos mouvements ; il interrogeait mon visage et semblait vouloir compter les battements de mon cœur. Le bal finit et Giacomo prit congé de nous.

« Nous avions deux lieues à faire pour arriver à Pietranera. A peine étais-je assise au fond de la voiture, que le comte se mit à me parler de la fête que nous quittions. Sans savoir pourquoi, je me sentais triste et rêveuse. Le comte passa en revue tous ceux qui avaient dansé avec moi. Quand vint le tour de Giacomo, il entama son éloge, et, une fois sur ce chapitre, le comte ne s'arrêtait pas. Tout entière à ma rêverie, j'écoutais d'un air distrait et répondais à peine. Comme nous arrivions au château, le comte s'aperçut que je n'avais plus mon bouquet et me demanda ce que j'en avais fait. Je l'avais oublié en quittant le bal. Cette question et surtout le ton dont elle était prononcée m'étonnèrent dans la bouche du comte. Cependant cet incident s'était effacé de ma mémoire et je n'y pensais plus, quand j'appris, deux jours après, que mon mari avait tué en duel Giacomo.

« Pourquoi s'étaient-ils battus ? Ma pensée se reporta d'abord sur le bal où j'avais vu Giacomo pour la dernière fois ; sur le bouquet que j'avais oublié, que Giacomo avait pris peut-être à mon insu, que mon mari avait reconnu dans ses mains. Mais comment concilier la jalousie du comte avec la manière dont il avait attiré, accueilli Giacomo ? Je m'informai : on me dit que mon mari s'était pris de querelle au jeu et qu'il l'avait provoqué sous le prétexte le plus futile. J'étais sûre de n'avoir rien à me reprocher ; j'étais sûre de n'avoir jamais aimé Giacomo ; je ne savais même pas s'il m'aimait.

Pourtant la mort de ce jeune homme laissa dans mon cœur un regret mêlé d'épouvante.

« Je ne me sentais pas coupable, et je le plaignais comme s'il fût mort par ma faute. Cette querelle de jeu, qui avait amené leur rencontre, n'était-elle pas un pur mensonge? J'avais toujours vu le comte de Pietranera perdre gaiement son enjeu. Je ne l'avais jamais connu ni querelleur ni intéressé. Et cependant, si le comte avait tué Giacomo par jalousie, comment expliquer sa conduite? Rien d'ailleurs dans les paroles du comte ne révélait l'orgueil de la vengeance satisfaite. Le sang qu'il avait répandu n'avait pas altéré son humeur. Il se montrait, comme par le passé, bon, affectueux, prévenant. Ce souvenir douloureux commençait à s'effacer, quand une catastrophe inattendue vint le raviver cruellement.

« Le comte m'avait présenté un jeune Anglais, arrivé depuis quelques jours à Ajaccio. Edmund Grenville, malgré la sévérité de son maintien, m'intéressait par l'élévation de son esprit, la franchise de sa parole. Je le connaissais depuis un mois à peine, et déjà je me sentais attirée vers lui par une sympathie véritable. Ses pensées venaient au-devant des miennes; nos sentiments se rencontraient. Cette sympathie était-elle destinée à devenir plus vive de jour en jour? Notre amitié devait-elle se changer en amour? Je n'en savais rien; je n'essayais pas de le savoir. Je le voyais partir sans regret; mais je ne manquais jamais de me réjouir à son arrivée. Le comte paraissait heureux de nous voir ensemble. Il n'avait jamais témoigné à personne l'affection qu'il témoignait à Edmund. Il le mettait de moitié dans tous ses plaisirs, et, malgré la différence de leur âge, leur intimité avait quelque chose de fraternel. Je ne songeais pas à cacher l'intérêt que m'inspirait sir Grenville, et mon mari, pour lire dans mon cœur, n'avait besoin ni de vigilance ni de pénétration.

« Un jour, il était parti pour la chasse avec Edmund et quelques gentilshommes des environs. Le soir, comme je les attendais à souper, je vis arriver le corps sanglant d'Edmund : il avait été frappé d'une balle à la tête. Par qui? D'où était parti le coup? Sir Grenville était-il tombé victime de l'imprudence ou de la vengeance? Personne ne pouvait ou n'osait le dire. Tous les visages étaient consternés. Je me tenais debout, immobile près du corps d'Edmund, et je pleurais à chaudes larmes, quand tout à coup je rencontrai le regard de mon mari. Une joie sauvage étincelait dans ses yeux. Je tressaillis; une pensée terrible traversa mon cœur, mais je l'étouffai en frémissant.

« Le comte, frappé de ma tristesse, essaya vainement de la combattre. Tous ses efforts vinrent se briser contre ma douleur. Je refusais obstinément toutes les distractions qu'il m'offrait. Les fêtes, la parure avaient perdu tout leur charme à mes yeux. Inquiète, oppressée comme aux approches de l'orage, je sentais autour de moi quelque chose de terrible et de menaçant. Enfermée dans ma chambre, seule avec mes pensées, je voyais sans cesse les images sanglantes de Giacomo et d'Edmund. Je n'osais pas accuser mon mari de lâcheté, et je me demandais avec effroi si tous ceux qui m'aimaient étaient condamnés à mourir.

« Ma belle-mère tomba malade. Quoiqu'elle eût toujours été pour moi froide et hautaine, je la soignai comme j'avais soigné ma mère. Elle fut attendrie par mon dévouement. Parfois elle me regardait avec bonté; je voyais des larmes rouler sous ses paupières; elle pressait ma main dans les siennes. A l'inquiétude qui se peignait sur son visage, je croyais deviner qu'elle avait un secret à me révéler.

« Un soir, nous étions seules. Le comte était allé à la ville. La comtesse qui, pendant tout le jour, avait gardé le silence, fit un effort sur elle-même comme pour triompher de l'affaissement de ses forces, et d'une voix qui empruntait à la mort prochaine une étrange solennité :

« — Ma fille, me dit-elle, j'ai été dure pour vous, pardonnez-moi. Je vais mourir, je le sens, mes forces s'épuisent; avant de partir, je veux réparer, autant qu'il est en moi, le mal que je vous ai fait. Je ne puis rien sur le passé; mais Dieu permet du moins que je vous éclaire sur les dangers qui vous menacent. S'il me défend de vous rendre le bonheur, et cette défense est une part de mon châtiment, je peux, du moins, à cette heure suprême, vous révéler un secret horrible. Quand vous m'aurez entendue, vous ne serez pas sauvée, mais vous n'irez plus au-devant du malheur. Savez-vous, ma fille, dans quelle famille vous êtes entrée? Savez-vous le vrai nom du comte de Pietranera?

« Saisie d'épouvante, je tremblais, je respirais à peine. J'attendais avec anxiété la révélation qui allait décider de mon avenir. La comtesse, par un effort surnaturel, se dressa sur sa couche et poursuivit d'une voix fiévreuse :

« — Pardonnez-moi, ma fille, pardonnez-moi. J'aurais dû vous parler plus tôt : j'aurais prévenu de grands malheurs. Pardonnez-moi; et surtout, Antonia, que le secret qui va s'échapper de mes lèvres reste à jamais enseveli dans votre sein! Épargnez à ma mémoire les malédictions de mon fils.

« Tout à coup sa voix s'éteignit. Je me levai pour soutenir sa tête. Elle m'attira dans ses bras, et, comme si le remords eût doublé ses forces :

« — Ma fille, s'écria-t-elle d'une voix retentissante, le comte de Pietranera est le dernier des Piglia-Spada. C'est lui qui a tué Giacomo Doria, c'est lui qui a tué Edmund Grenville. Il tuera tous ceux que tu aimeras. S'il ne t'a pas tuée, c'est que chez nous on ne tue pas les femmes ; mais il te tuera dans ton cœur. Défie-toi de ta jeunesse, défie-toi de ta beauté. Tous ceux qu'il attire près de toi sont des victimes dévouées à sa vengeance. Ton amour donne la mort.

« A peine avait-elle achevé ce terrible aveu, que je vis, à la lueur de la lampe qui brûlait au chevet, ses lèvres trembler et ses mains s'agiter au hasard, comme pour saisir les spectres que l'agonie promenait autour d'elle. Quand le comte rentra, je priais au pied du lit où sa mère venait de s'endormir pour ne se réveiller jamais.

« Maintenant, Valentin, comprenez-vous toute ma conduite ? Est-il nécessaire de vous expliquer mon attitude vis-à-vis de vous ? Rappelez-vous les premières paroles que je vous ai adressées. J'avais deviné le danger qui vous menaçait; j'avais pressenti votre amour. Je vous ai supplié de ne pas me suivre, et vous m'avez suivie. Plus tard, j'ai voulu vous éloigner à force de froideur, et vous êtes resté. Tout en vous repoussant, je m'abandonnais lâchement à la joie de me sentir aimée. Mon cœur était partagé entre le bonheur de vous voir et le besoin de vous sauver en vous éclairant. Et puis, vous l'avouerai-je, j'espérais qu'il me serait facile de me défendre contre vous ; j'espérais ne pas vous aimer. Dieu me punit cruellement ; il châtie d'une main sévère mon imprudence et ma témérité. Partez donc, puisque je vous aime. Le comte, s'il ne le sait déjà, ne peut l'ignorer longtemps. Il lira dans mes yeux le trouble qui m'agite, et le dernier des Piglia-Spada sera sans pitié pour la dernière des Mammiani. Vous savez maintenant pourquoi mon mari vous attire. Il vous tuera, Valentin, comme il a tué Edmund et Giacomo. Il vous tuera; car, sa mère me l'a dit, mon amour donne la mort. »

XV

— Parbleu ! s'écria Valentin après avoir épuisé toutes les réflexions que lui suggérait ce formidable récit, Rodolphe avait raison. La Corse est un pays où il se passe des choses bien étranges. Je suis servi à souhait, je n'ai pas perdu mon voyage. A coup sûr, ce n'est pas à Paris, au milieu de la vie prosaïque et plate qu'on a l'habitude de vanter, que j'aurais jamais rencontré cette admirable aventure. Ce n'est pas à Paris que je me serais trouvé face à face avec un comte de Pietranera. Il faut reconnaître que ces Corses ont des idées qui n'appartiennent qu'à eux. Et moi qui avais la bonhomie, la niaiserie de m'alarmer sur la moralité de mon entreprise ! Moi qui me reprochais d'abuser, de tromper, de trahir lâchement cet homme si bon, si dévoué ! Moi qui allais jusqu'à me mettre sur la même ligne que les voleurs de grand chemin ! Moi qui rougissais de lui voler sa femme ! Tête et sang ! ma conscience me la baillait belle. Mes scrupules étaient bien placés. Si j'avais accepté l'invitation du comte, à cette heure je serais étendu sur le gazon et j'aurais du plomb dans la tête.

J'aurais été rejoindre Edmund Grenville. Ah ! mon maître, vous espériez m'attirer dans le piége? Vous aviez compté sans votre hôte. Ah! vous vouliez, monsieur le comte, ajouter mon nom à votre liste sanglante? Non pas, s'il vous plaît ; ou, si vous me tuez, vous ne me tuerez pas du moins comme une alouette sans défense. Allons, ajouta-t-il en étreignant d'une main fiévreuse le manche d'un poignard malais, mon devoir est tracé : il s'agit d'arracher Antonia aux mains de son bourreau. Je ne l'aimerais pas, que j'accepterais encore avec orgueil une si noble tâche. Je l'aime ; et si la route qui s'ouvre devant moi est une route périlleuse, elle est pleine de gloire, et le bonheur est au bout.

A ces mots, Valentin s'enveloppa dans les plis de son manteau, mit dans sa ceinture le poignard malais après en avoir caressé la lame, et sortit d'un pas assuré.

Il était logé sur la place de la Minerve. Avant d'arriver au *Corso*, il traversa rapidement plusieurs rues étroites, tortueuses et obscures. Quand il arriva sur la place *Colonna*, son parti était pris : il enlèverait Antonia. Antonia l'aimait et ne pouvait refuser de le suivre. Où iraient-ils ensemble? Le monde entier s'ouvrait devant eux ; la jeune Amérique leur tendait les bras. Exalté par ces espérances, il franchit l'espace compris entre la place *Colonna* et *la Via de'Condotti*. Quelques minutes encore, et il allait se trouver en présence de la femme qu'il aimait, qu'il voulait sauver à tout prix. Son imagination, un instant assoupie, avait retrouvé toutes ses poétiques ardeurs. Son cœur battait à coups redoublés : on eût dit que sa poitrine allait éclater.

Enfin il arriva sur la place d'Espagne. La lune resplendissait au-dessus du Pincio. Onze heures sonnaient à Saint-André *delle Frasche*. Valentin s'arrêta. Le moment solennel était enfin venu : sa destinée allait se décider.

— Ombre de Sainte-Amarante, dit-il à voix basse, contemplez du haut des cieux le digne fruit de vos leçons. Ombre invisible et chère, assistez-moi de vos conseils dans cette épreuve difficile; inspirez-moi au dénoûment de ce drame rempli de mystère. Donnez-moi l'épée d'Alexandre pour trancher ce nœud gordien. Si Dieu ne vous eût pas jeté sur ma route, où serais-je pourtant à cette heure? J'aurais cédé, comme un enfant, aux sollicitations de mon oncle, j'aurais épousé Louisanne, et je discuterais avec mes fermiers le prix d'un bail à cheptel. Je m'applaudirais stupidement de la vente de mes seigles et de mes avoines. Vous êtes venu à propos pour me dérober à cette sotte vie. Oui, je le sens, oui, je le reconnais, j'étais né pour les grandes aventures. Dans tous les récits que nous avons dévorés ensemble, rien de pareil ne s'est offert à ma curiosité. Mon bonheur passe mes espérances. La mort est là peut-être.. Je serai digne de vous.

La fenêtre d'Antonia était doucement éclairée par la lueur d'une lampe. Une ombre svelte et gracieuse se dessinait à travers le rideau. Plus de doute, Antonia l'attendait. Valentin monta d'un pas léger les marches de l'escalier. A peine eut-il frappé d'une main discrète, que la porte s'ouvrit, et Zanetta l'introduisit en silence auprès de la comtesse de Pietranera.

A la vue de Valentin, Antonia, touchée de tant d'amour, ne put retenir un cri de joie ; mais bientôt, reprenant possession d'elle-même, et réprimant, par un effort énergique, le sentiment qu'elle n'avait pu contenir :

— Vous ici ! s'écria-t-elle, vous ici, à cette heure ! C'est donc là le cas que vous faites de mes prières ! Après ce que je vous ai écrit, ne connaissez-vous pas le comte ? Ne le connaissez-vous pas tout entier ? Ne craignez-vous pas que son départ ne soit une ruse d'enfer ? Ah ! partez, je vous en conjure. Ne restez pas un instant de plus. A l'heure où je vous parle, mon mari est peut-être déjà dans les murs de Rome. Il vous tuera, s'il vous trouve seul avec moi.

Et elle attachait sur lui un regard suppliant, plein d'angoisse et d'effroi.

— Dites-moi que vous m'aimez, répliqua Valentin ; que j'entende de votre bouche ce mot qu'a écrit votre main.

— Je vous aime, Valentin, je vous aime. Et maintenant, partez.

— Oui, je partirai, s'écria le jeune homme d'une voix ardente, et son œil resplendissait de joie et de fierté, oui, je partirai, mais nous partirons ensemble. Avez-vous donc pensé que je vous laisserais à la merci d'un monstre sanguinaire ? Votre amour m'a créé des devoirs et des droits. Puisque vous m'aimez, Antonia, c'est moi désormais qui réponds de vous devant Dieu. Dès à présent, vous êtes sous ma protection. C'est à moi qu'il appartient de vous délivrer et de vous défendre. Malheur ! ah ! trois fois malheur à l'insensé qui oserait me disputer mon bien !

Antonia contemplait en silence le visage pâle et frémissant de Valentin.

— Vous êtes vaillant, vous êtes généreux, dit-elle enfin avec un accent passionné. Vous êtes bien le cœur que j'ai deviné, quand je vous ai vu pour la première fois.

— Je vous aime, répliqua simplement le jeune homme, je vous aime pour tout ce que Dieu a mis en vous de grâce et de beauté ; je crois que je vous aime surtout parce que vous êtes malheureuse. Avant de vous rencontrer, je ne connaissais pas l'amour; c'est vous qui me l'avez appris. Dieu m'est témoin que je ne crains pas le comte. Je suis venu m'offrir à ses coups pour vous sauver au péril de ma vie. Mais puisqu'il s'est trompé dans ses lâches calculs, puisque nous sommes seuls, puisque nous sommes libres, qu'attendons-nous? Partons, fuyons ensemble. Vous m'avez révélé l'amour, je vous apprendrai le bonheur.

— Fuir avec vous! s'écria la jeune femme avec un mouvement d'épouvante. Où fuir? où nous cacher? En quelque lieu que nous allions, la vengeance de mon mari ne saura-t-elle pas nous atteindre?

— Le dernier des Piglia-Spada est-il invulnérable? demanda Valentin relevant fièrement la tête.

— Non, il n'est pas invulnérable; mais, malgré son âge, il est sûr de ses coups. Un jour, sur la côte, je l'ai vu tuer une hirondelle de mer avec la balle d'un pistolet. Giacomo Doria passait pour habile à l'épée, et pourtant le comte l'a tué. Non, il n'est pas invulnérable; mais vous, cruel, l'êtes-vous donc, et ne sentez-vous pas que si vous mourez, je mourrai?

— On ne meurt pas lorsqu'on est aimé.

— Mon amour donne la mort, ajouta Antonia d'un air sombre.

— Votre amour donne la vie, reprit Valentin avec une tendresse ineffable. Que craignez-vous, d'ailleurs? Le monde est assez grand pour nous cacher. Je sais qu'il y a dans les Abruzzes des asiles enchantés, des retraites impénétrables. Lorsque le comte aura perdu la trace de nos pas, nous irons chercher une terre lointaine, hospitalière, où deux amants puissent s'aimer en paix. Nous irons partout où vous voudrez aller, dussé-je vous porter dans mes bras. Vous avez souffert, je vous consolerai. Quelle femme aura jamais été plus adorée que vous sous le ciel ! Vous avez subi un dur martyre ; mais vous êtes jeune, à votre âge il n'est rien d'irréparable. Vous n'aimiez pas Giacomo Doria. Edmund Grenville, vous l'aimiez peut-être ?...

— Non, Valentin, je sens bien, à cette heure, que je ne l'aimais pas.

— Partons ! vous pouvez briser sans scrupules les liens odieux qui vous enchaînent. Dieu ne veut pas que les gazelles vivent avec les tigres, les colombes avec les vautours. Vous résigner plus longtemps serait une impiété. Venez, une vie nouvelle va commencer pour vous. Ah ! si, pour vous rendre heureuse, il suffit d'un amour sans bornes, vous serez heureuse, Antonia. Je n'aurai d'autre tâche que le soin de votre destinée, d'autre ambition que de vous plaire, d'autre félicité que de vous sentir près de moi. Un jour, en songeant par hasard aux douleurs du passé, vous croirez avoir fait un rêve.

— Je le crois déjà, mon ami. Oui, déjà, en vous écoutant, il me semble que tout ce passé n'est qu'un songe. Je dormais, et je viens de m'éveiller sur votre cœur. Dieu juste ! s'il était vrai que ce ne fût qu'un rêve ! S'il nous était permis de vivre l'un pour l'autre, sans trouble, sans remords, à la face du ciel ! Pourquoi ne vous ai-je pas rencontré quand ma main était libre, quand mon âme, avide d'amour et de bonheur, pouvait se donner tout entière ! J'étais belle alors, on le disait du moins, et vous m'auriez aimée peut-être.

— Oui, dit Valentin avec mélancolie, et nous serions à cette heure au fond d'une vallée charmante, sous le toit de mon oncle qui vous appellerait sa fille.

— Dieu ne l'a pas voulu! Fuyez, partez sans moi, Valentin. Je ne dois pas vous entraîner dans mon malheur : je ne veux pas vous attacher à une destinée maudite.

— Écoutez, Antonia, reprit Valentin d'un ton résolu, si vous refusez de me suivre, je vous sauverai malgré vous. Je n'attendrai pas que Piglia-Spada me provoque, c'est moi qui le provoquerai.

— Vous le provoquerez, malheureux! Et de quel droit? à quel titre?

— Du droit que me donnent l'amour et la justice. Je ne l'attendrai pas. J'irai au-devant de lui. Je lui dirai : Vous m'avez attiré près de votre femme. Vous avez compté sur sa jeunesse et sa beauté pour m'enchaîner à ses pieds. Vous avez espéré que je l'aimerais, qu'elle m'aimerait elle-même, et vous attendiez cette heure pour me tuer. Eh bien, vous vous êtes trompé, nous nous aimons, et vous ne me tuerez pas. C'est moi qui vous tuerai.

Antonia, effrayée de l'exaltation de Valentin, essayait de le calmer :

— Eh bien, oui, nous fuirons, nous partirons ensemble. Nous partirons, je vous suivrai. Mais nous avons deux jours devant nous. Avant de partir, sachons où nous allons. Choisissons une retraite sûre et qui nous dérobe à toutes ses poursuites.

Valentin s'était jeté aux genoux d'Antonia. Il couvrait ses mains de baisers et la contemplait dans une pieuse extase. Il se trouvait si heureux à ses pieds, qu'au lieu de délibérer avec elle sur le but de leur voyage il ne songeait qu'à jouir de l'heure présente, comme si son bonheur eût été dès lors assuré. Antonia, dominée par le charme entraînant de cette passion qui ne reculait devant aucun obstacle, partageait elle-même la confiance de Valentin. Ils s'entretenaient doucement de leurs espérances enivrées. Ils revenaient avec joie sur leur première rencontre. Ils se rappelaient avec délices les moindres incidents de leurs promenades à Florence et à Rome. Ils se racontaient, comme une histoire ignorée, la naissance et le progrès de la passion qui les avait attirés l'un vers l'autre, qui maintenant les embrasait d'une flamme commune. Ils se révélaient l'un à l'autre ce que chacun d'eux savait, et ils s'écoutaient avec curiosité. Antonia couvait d'un œil attendri son amant agenouillé, et, à voir les regards qu'ils échangeaient, personne n'eût deviné le danger suspendu sur leur tête.

Tout à coup un pas rapide retentit dans l'escalier. Antonia tressaillit et prêta l'oreille.

— C'est le pas du comte, je le reconnais, s'écria-t-elle d'une voix éperdue. Vous avais-je trompé? Il revient altéré de sang et de vengeance. Il est trop tard maintenant pour vous dérober à ses coups. Oh! mon Dieu! comment vous sauver?

— Qu'il vienne donc! s'écria Valentin. Je défendrai ma vie; je mourrai s'il le faut, et je mourrai sans regrets, puisque vous m'aimez.

La porte s'ouvrit brusquement, le comte de Pietranera parut sur le seuil. Il s'arrêta les bras croisés sur la poitrine. Sa lèvre, à demi enfouie sous sa moustache grise, frémissait d'une façon convulsive. Sa barbe touffue suivait tous les mouvements de sa bouche. Ses yeux, éclairés d'une lueur sinistre, exprimaient une joie farouche. On eût dit un chacal prêt à s'élancer sur sa proie. Valentin, en le regardant, se demandait avec étonnement comment il avait pu un seul instant croire à la franchise, à la bonhomie d'un pareil monstre. Il frissonna, malgré son courage, et porta la main à sa ceinture.

— A merveille, mon jeune ami! s'écria le comte avec ironie. Votre santé languissante vous défendait de me suivre à Ostie, et vous profitiez de mon absence pour séduire ma femme : vous chassiez sur mes terres!

— Je n'ai rien à répondre, répliqua Valentin. Vos armes, monsieur le comte?

— L'épée, c'est la seule arme des gentilshommes.

— L'heure, le lieu du rendez-vous?

— Demain, à la Storta, au soleil levant.

— Vous ne m'attendrez pas, ajouta Valentin.

Et il sortit en jetant sur Antonia un regard d'amour et de compassion.

XVI

Minuit sonnait quand Valentin se trouva seul sur la place d'Espagne. Malgré l'heure avancée, il se rendit à la villa Médicis, et pria deux pensionnaires de l'Académie de vouloir bien lui servir de témoins. Rentré chez lui, en attendant le jour, il écrivit à son oncle. A peine assis devant sa table, il ne put s'empêcher de s'attendrir sur l'issue probable du combat qui allait s'engager. Quelque chose lui disait qu'il ne reviendrait pas de la Storta. Il ne craignait pas la mort, il ne croyait pas payer trop cher le bonheur d'être aimé d'Antonia; mais sa pensée se reportait avec tristesse vers son oncle si cruellement déçu dans ses espérances.

Il avait quitté avec joie le calme du foyer domestique ; il s'était lancé avec ivresse à la poursuite des aventures ; tous ses vœux avaient été comblés ; toutes les promesses de Rodolphe étaient pleinement réalisées ; l'Italie était bien ce qu'il avait rêvé, une terre féconde en émotions ; toutes les rues de Rome étaient remplies de tragédies ; comme pour combler du premier coup son ambition, la Corse était venue à son aide, la Corse où l'ardeur du sang perpétue depuis tant de générations les haines impérissables qui ont illustré dans l'antiquité la famille des Atrides. Certes, il n'avait pas le droit de se plaindre ; et pourtant, à cette heure suprême, il jetait un regard navré sur cette vallée paisible où il avait grandi, où il aurait pu vieillir.

Il avait repoussé loin de lui le mariage que lui offrait son oncle, il l'avait repoussé comme un dénoûment vulgaire dont son cœur s'indignait ; et maintenant qu'il nageait en pleine poésie, maintenant que, docile aux conseils de Rodolphe et de Sainte-Amarante, il respirait l'air vif des montagnes et vivait dans la région des aigles, il contemplait d'un œil attristé la plaine qu'il avait dédaignée.

Quelques instants avant que l'aube commençât à poindre, il ouvrit la fenêtre et respira l'air frais du matin. Ce n'était pas les palais, les monuments, les églises de Rome que son regard attendri cherchait dans la pénombre. Il voyait les Cormiers. Il entendait le fracas de la Sèvre qui se brisait contre ses barrages ; il prêtait l'oreille au chant triste et grave des pâtres et des laboureurs. C'était l'heure où il partait pour la chasse. Ses chiens gambadaient autour de lui ; son cheval hennissait et piaffait au pied du perron. Il partait, escorté de la meute joyeuse. La vallée fumait aux premiers feux du jour ; de blanches vapeurs se détachaient du flanc des collines ; les bois se remplissaient de confuses rumeurs, pareilles au bruit lointain de la marée montante.

Cependant, soutenu, exalté par l'amour sincère et passionné que lui avait inspiré Antonia, Valentin imposait silence à ses regrets et se préparait vaillamment à mourir.

L'aube blanchissait à peine la cime du *Monte-Mario*, quand les deux témoins se présentèrent chez Valentin, qui venait d'achever sa lettre à son oncle. S'il succombait, cette lettre devait partir; s'il survivait, elle lui serait rendue. Une voiture attendait à la porte. Valentin prit son épée. Deux heures après, la calèche les déposait à la Storta, à quelques milles de Rome.

Il eût été difficile de choisir un cadre mieux assorti au drame qui allait se jouer. Rien ne saurait donner une idée de la tristesse de ces plaines incultes où l'on peut marcher tout un jour sans rencontrer d'autres êtres vivants que quelques pâtres armés de lances ou de fusils, et des buffles qui vous regardent d'un œil stupide, sauvage et étonné. C'est une des parties les plus âpres, les plus admirablement désolées de la campagne romaine. Pour toute végétation, quelques arbres rabougris et poudreux, jetés à de rares intervalles sur le bord du chemin; des ruines éparses dans les champs de ronces; çà et là une tombe antique à demi cachée sous les herbages brûlés par le soleil; un bloc de marbre ou de granit sur lequel dorment de longs lézards verts; des cyprès s'élevant à l'immense horizon. Pas un bruit; tout est morne, silencieux, immobile : on dirait une mer pétrifiée, un océan d'airain.

Depuis une heure, Valentin et ses témoins se promenaient silencieusement, le comte de Pietranera ne paraissait pas. Valentin ne savait comment expliquer l'absence du comte. Il est brave, pourtant, disait-il à ses deux compagnons; je ne puis croire qu'il recule devant le danger. Il a bonne envie de me tuer, et ne laissera pas échapper l'occasion qui lui est offerte.

Cependant le temps s'écoulait, et le comte n'arrivait pas. Après deux heures d'une attente inutile, les deux témoins déclarèrent à Valentin qu'il avait fait son devoir et le ramenèrent à Rome. Valentin était triste, sombre, préoccupé. Il pressentait une catastrophe non moins irréparable et plus terrible que la mort à laquelle il venait d'échapper.

En rentrant chez lui, il trouva, sur sa table, une lettre.

Il pâlit en l'apercevant, et brisa le cachet d'une main tremblante.

C'était une lettre de la comtesse de Pietranera.

« Je pars, et l'adieu que je vous adresse est un éter-
« nel adieu, Valentin. Le comte, fidèle à la haine héré-
« ditaire de sa famille contre la mienne, vous avait
« choisi pour troisième victime : n'en doutez pas, il vous
« aurait tué. J'ai voulu vous sauver, et je vous ai sauvé.

« J'ai désarmé votre bourreau en lui montrant que je
« suis maîtresse de son secret. Je lui ai jeté à la face
« les dernières paroles de sa mère expirante; je lui ai
« dit qu'il avait tué Giacomo Doria parce qu'en le frap-
« pant il croyait me frapper; je lui ai dit qu'il avait tué
« Edmund Grenville d'une façon déloyale, qu'il l'avait
« tué lâchement, sans défense, que c'était un assassinat,
« et que, s'il me poussait à bout, il en répondrait devant
« les hommes avant d'en répondre devant Dieu.

« A ces accusations terribles, je l'ai vu frémissant,
« pâle de honte et de colère, mais réduit au silence, con-
« fondu, foudroyé. Il a renoncé à sa rencontre avec

« vous. Vous vivrez : cette pensée, du moins, adoucira
« l'amertume de notre séparation. Vous vivrez : tout
« est bien. Je ne songe plus à me plaindre. Me sera-
« t-il donné de vous revoir un jour? La justice divine
« prendra-t-elle soin de me délivrer et de nous réunir?
« Je n'ose l'espérer. Quoi qu'il arrive, au nom de l'a-
« mour qui nous lie, promettez-moi de ne pas me suivre,
« promettez-moi de ne rien faire pour me retrouver.
« Courbez la tête avec résignation sous les décrets de la
« Providence. Vous ne pouvez rien pour ma délivrance.
« En essayant de vous rapprocher de moi, vous signe-
« riez mon arrêt de mort. Oubliez-moi, cher, trop cher
« Valentin. Vous êtes libre, vous êtes jeune, la vie s'ou-
« vre devant vous. Ne vous acharnez pas plus longtemps
« à la poursuite d'un bonheur impossible. Retournez
« vers votre oncle. Le bonheur, croyez-le bien, n'est
« pas dans les émotions tumultueuses. Ne vous montrez
« pas ingrat envers la destinée qui a mis sous votre
« main les biens les plus dignes d'envie. Pour moi, je
« n'oublierai jamais que vous m'avez aimée ; ce souve-
« nir me soutiendra jusqu'à la fin de mes rudes épreu-
« ves. Dans la nuit sombre et menaçante qui m'enve-
« loppe de toutes parts, il y aura désormais un coin
« d'azur où je verrai briller une étoile mystérieuse.
« Adieu donc, jeune ami, encore une fois adieu ! Je me
« suis reposée un instant sur votre cœur, et je re-
« prends sans murmurer le fardeau de mon existence.

« ANTONIA. »

Après avoir achevé la lecture de cette lettre, Valentin cacha sa tête entre ses mains, et le pauvre enfant éclata en sanglots.

— Ah ! malheureux ! s'écria-t-il, tu voulais un amour

tourmenté, un amour hérissé d'obstacles et se dénouant par un coup de foudre. Tes souhaits sont comblés ; tu l'as rencontré, cet amour ! D'où vient donc que tu pleures? d'où vient que tu maudis le jour où tu es né?

Valentin sentait sa raison s'égarer. Il se leva, se jeta sur ses armes, et courut à la place d'Espagne, décidé à tuer le comte s'il n'était pas encore parti. Le comte de Pietranera était parti dans la matinée ; Valentin ne put savoir s'il avait pris la route de Civita-Vecchia, de Naples ou de Florence.

Que faire désormais sur cette terre où il ne devait plus la revoir? Où se réfugier, après cet éternel adieu? Il saisit avec un tressaillement de joie le poison que Rodolphe lui avait donné. La mort était devant lui ; un instant suffisait pour sa délivrance. Cependant, en relisant la lettre d'Antonia, son regard s'arrêta sur ces deux lignes, dont le sens lui avait d'abord échappé : « Me sera-t-il donné de vous revoir un jour ? La justice divine prendra-t-elle soin de me délivrer et de nous réunir? » Devait-il, par le suicide, protester d'avance contre la justice de Dieu ? Devait-il désespérer sans retour de cette réunion qu'Antonia n'osait lui promettre, et dont la pensée avait pourtant traversé le deuil de son âme? Ces deux lignes qu'il retournait en tous sens, dans lesquelles il crut lire une confuse promesse, suffirent pour le rattacher à la vie.

Entraîné par un instinct qui sera compris de tous les cœurs vraiment amoureux, Valentin voulut parcourir à pas lents tous les lieux où le bras d'Antonia s'était appuyé sur le sien, toutes les ruines au milieu desquelles il avait entendu sa voix bénie, tous les monuments qui avaient arrêté leurs regards. Il cherchait, il retrouvait partout son image. Il se rappelait sa démarche, ses gestes, ses moindres paroles, jusqu'aux plis de sa robe, jusqu'aux inflexions de sa voix ; et chacun de ces charmants souvenirs, tout en redoublant la douleur de leur séparation, ravivait en lui l'espérance de la revoir.

Là, sous les pins de la villa Borghèse, elle s'était arrêtée pour regarder les Trastévérines dansant la saltarelle au son du tambour de basque. Ici, près de l'arc de Constantin, elle s'était assise pour contempler la lune qui brillait entre les arcades du Colisée. Sous les ombrages de la villa Pamphili, dans le cloître de Saint-Jean-de-Latran, sur la route d'Albano ou de Tivoli, elle avait laissé partout le doux parfum de son passage.

Il y avait surtout un endroit solitaire où Valentin aimait à s'oublier de longues heures. Non loin du fort Saint-Ange, sur la rive droite du Tibre, se trouve une villa modeste que personne ne songe à visiter, et qui jouit, parmi les Romains eux-mêmes, d'une complète obscurité. Ce n'est, à proprement parler, qu'un jardin assez négligé, avec une cassine qui ressemble à un petit castel de Normandie. Antonia, que le hasard avait conduite un jour à la villa Salvage, s'était prise d'affection pour ce coin de terre silencieux et désert, où l'on ne voit que des fleurs, où aucune ruine, aucun monument n'atteste la folie ou le malheur des hommes.

Plus d'une fois elle était venue s'y reposer des magnificences de l'ancienne reine du monde. Plus d'une fois, en marchant près d'elle, dans les allées de cytises et de lauriers roses, Valentin lui avait entendu dire qu'elle aimerait mieux vivre dans cette agreste solitude que dans le palais des Borghèse ou des Corsini. Depuis le départ de la comtesse, il allait tous les jours à la villa Salvage chercher la trace de ses pas. Ce pieux pèlerinage calmait, à son insu, la fièvre de son désespoir. Seul avec ses souvenirs, il se sentait pourtant si près d'elle, les lieux qu'il visitait étaient si pleins de sa grâce et de sa beauté, qu'il ne pouvait la croire perdue sans retour, et qu'à chaque instant il s'attendait à la voir paraître au détour d'une allée.

Au milieu de ces préoccupations, toutes les histoires de Rodolphe lui revenaient parfois en mémoire. De loin en loin, sa curiosité reprenait le dessus. Le hasard avait voulu qu'il descendît dans l'hôtel où Rodolphe était descendu quelques années auparavant. Un jour, il eut la fantaisie d'interroger son hôte sur le compte de son ami.

— Il menait joyeuse vie, n'est-ce pas? Les billets parfumés devaient pleuvoir dans cette hôtellerie.

— Je n'ai jamais connu de garçon plus rangé, répondit l'hôte avec bonhomie.

— Avez-vous oublié, reprit Valentin, toutes ses brillantes équipées, la Brambilla, la Giuliani, la Rosemonda?

— Voici trente ans bientôt que je tiens l'hôtellerie où vous êtes, et j'entends aujourd'hui pour la première fois les noms que vous prononcez.

— Comment! s'écria Valentin de plus en plus surpris, vous ne connaissez ni la Giuliani, ni la Rosemonda? Vous ignorez la fin tragique de la Rosemonda, poignardée par la Giuliani? Vous vous souvenez au moins des trois mois que Rodolphe a passés au fort Saint-Ange pour avoir enlevé la maîtresse du cardinal Bamboccini? Cela dut faire quelque bruit dans la ville.

— Bamboccini! Nous n'avons dans le sacré collège aucun cardinal de ce nom. M. Rodolphe n'a jamais dormi en prison, que je sache. Ses plus longues absences n'ont jamais dépassé trois ou quatre jours. Il a fait, hors de Rome, quelques petits voyages, à Frascati, à Genzano ; si j'en excepte le temps du carnaval; il est toujours rentré avant minuit. Je vous le répète, mon cher monsieur, je n'ai jamais connu de garçon plus rangé, plus paisible. Il sortait le matin dès dix heures, avec son Guide sous le bras, courait toute la journée comme un lièvre, revenait au gîte, dormait grassement, et ne manquait jamais, en s'éveillant, de prendre le café dans son lit.

— Consultez votre mémoire, repartit Valentin. Il est impossible que Rodolphe ne vous ait jamais parlé de la Giuliani. Il est brave comme un lion, mais discret comme un trompette. Quand il est heureux, il met tout le monde dans la confidence de son bonheur. La Giuliani est une de ses plus glorieuses aventures. Il a dû vous parler d'elle, et plus d'une fois. Tenez, regardez ce flacon : il y a là dedans de quoi foudroyer tous les buffles des marais Pontins. C'est le poison avec lequel la Giuliani voulait se tuer quand Rodolphe l'arracha de ses mains.

— S'il a fait cette action charitable, et c'était le devoir d'un chrétien, il ne s'en est jamais vanté, répliqua l'hôte en branlant la tête. J'ajouterai que, si M. Rodolphe ne se fût pas conduit chez moi en bon et tranquille jeune homme, je me serais empressé de lui signifier son congé.

A ces mots, Valentin jeta sur son hôte un regard de mépris, et sortit dans l'espérance de rencontrer quelques Romains mieux informés; mais il eut beau questionner les oisifs de sa connaissance, dont toute la vie se passait à recueillir les anecdotes de la ville, personne ne put lui fournir le moindre renseignement sur la

Giuliani et la Rosemonda. Quant au cardinal Bamboccini, toutes les fois qu'il lui arrivait de prononcer ce nom, il recevait pour unique réponse un joyeux éclat de rire.

—C'est étrange, se disait-il. J'ai vainement cherché à Florence la tombe du comte Orsini ; personne ne connaît à Rome les merveilleuses histoires de la Brambilla, de la Giuliani, de la Rosemonda, et l'on me rit au nez quand je parle de la maîtresse du cardinal Bamboccini. Il y a là-dessous un mystère que je pénétrerai.

Malgré la promesse qu'il avait cru entrevoir dans la lettre d'Antonia, il n'abandonnait pourtant pas ses projets de suicide. Rome n'était plus pour lui qu'un désert. Il pensait sérieusement à quitter la vie. Seulement, il n'eût pas été fâché d'éprouver, avant de s'en servir, le poison que Rodolphe lui avait confié. La mort s'offrait à lui comme un refuge : mais l'agonie l'épouvantait ; il ne voulait pas mourir lentement. Où trouver un sujet pour l'expérience qu'il désirait faire ? C'était là la difficulté.

Parmi les vieilles Anglaises qu'il avait vues aux premières places, sur l'arrière du *Sésostris*, une surtout l'avait frappé par l'originalité toute britannique de sa figure et de ses manières. Elle se nommait lady Penock. Valentin l'avait retrouvée partout, comme une Euménide attachée à ses pas, à Livourne, à Pise, à Florence. Le lendemain de son arrivée à Rome, en sortant de sa chambre, il s'était rencontré face à face avec lady Penock, qui sortait de son appartement. Ils logeaient tous les deux dans le même hôtel, au même étage, sur le même palier.

Lady Penock était au grand complet. Rien ne lui manquait : elle avait un chien. Par une singulière coïncidence, Fox ressemblait à Zamore, que nos lecteurs n'ont peut-être pas oublié. Cette ressemblance, en rappelant à Valentin une des plus amères déceptions de sa vie, avait tout l'air d'une raillerie. Ajoutez que Fox, du matin au soir, remplissait l'hôtel de ses jappements ; c'était le chien le plus hargneux qui se pût voir, le plus indiscret et le plus incommode. Aussi lady Penock n'aimait pas Fox ; elle l'adorait.

Un matin, comme Valentin tenait entre ses mains le flacon de la Giuliani, il vit entrer un visiteur sur lequel il ne comptait pas. C'était Fox qui venait de s'introduire étourdiment par la porte entr'ouverte. L'occasion était belle. Valentin décida sur-le-champ qu'il ferait l'épreuve du poison sur le Sosie de Zamore. Il prit un morceau de sucre, l'imbiba du fatal breuvage, et le présenta traîtreusement au favori de lady Penock. Le poison, d'après le témoignage de Rodolphe, devait foudroyer comme la liqueur contenue dans le chaton de Mithridate. Valentin épiait la mort ; la mort ne vint pas. Fox, après avoir croqué le morceau de sucre, passa la langue sur ses moustaches d'un air satisfait, fit dans la chambre quelques gambades joyeuses, et vint s'accroupir aux pieds de Valentin, comme un convive qui prend goût au régal et attend le second service.

Enhardi par cette expérience, le neveu de M. Fléchambault porta le flacon à son nez ; l'odeur ne lui était pas inconnue, bien qu'il n'eût de sa vie respiré d'acide prussique. La sérénité, le contentement éclataient dans les yeux de Fox ; sa queue frétillait en signe de joie et de gourmandise. Valentin n'hésita plus ; il porta le flacon à ses lèvres et le vida d'un trait. C'était du marasquin de Zara.

— Par les cornes du diable ! s'écria Valentin, si la

Giuliani ne s'est pas moquée de Rodolphe, Rodolphe s'est moqué de moi.

Et, dans un mouvement de colère, il jeta le flacon de la Giuliani à la tête de Fox, qui s'enfuit en poussant des cris de détresse.

Le même jour Valentin reçut une lettre au timbre de Nantes. Il reconnut aussitôt l'écriture, bien qu'il ne l'eût vue qu'une fois.

Cette lettre était ainsi conçue :

« Mon cher monsieur Valentin,

« Je vous écris à l'insu de votre oncle, retenu dans
« son lit depuis quelques semaines. Vous donnez si ra-
« rement de vos nouvelles, qu'il se croit oublié; sans
« doute aussi il craint de vous effrayer en vous parlant
« de son état, et il est plus malade qu'il ne le pense lui-
« même. Depuis votre départ, il est plongé dans une
« mélancolie dont rien ne peut le distraire. Votre pré-
« sence seule pourrait lui rendre la joie et la santé. Mon
« père essaye en vain de l'égayer et de le rajeunir en lui
« rappelant les souvenirs de leurs premières années.
« Rien n'y fait.

« C'est à peine si nous osons lui parler de vous. Que
« faites-vous donc là-bas, mon Dieu? A quoi donc vous
« occupez-vous, pour oublier si complétement les Cor-
« miers? Vous voyez donc de bien belles choses? Je ne
« puis croire, malgré toutes les merveilles qu'on raconte
« de l'Italie, que l'image de votre oncle soit effacée de
« votre cœur. Il a toujours été si bon pour vous ! Vous
« savez si bien, et depuis si longtemps, que vous êtes
« toute sa vie, son unique espoir ; qu'il a travaillé, qu'il
« s'est enrichi pour vous seul; que vous seriez l'ingrati-
« tude même si vous songiez sérieusement à vivre loin
« de lui.

« Il ne vous rappelle pas, il n'osera jamais vous rap-
« peler. Il craint, je le sens bien, que vous ne preniez sa
« prière pour un reproche. Il a peur, en se plaignant de
« votre absence, de réclamer comme un droit ce qu'il at-
« tend de votre affection. J'ai beau veiller sur moi-
« même, votre nom arrive quelquefois sur mes lèvres,
« et alors, monsieur Valentin, je vois de grosses larmes
« rouler dans ses yeux. Il ne me dit rien, mais je devine
« ce qui se passe en lui.

« Allez, monsieur Valentin, au prix de toutes les
« belles choses que vous avez vues, je ne voudrais pas
« avoir à me reprocher un pareil chagrin. C'est si bon
« de se sentir aimé, de pouvoir se dire à toute heure de
« la journée : Il y a là, près de moi, un cœur que je rem-
« plis tout entier ! Revenez donc, revenez bien vite, et
« votre vue le guérira. Ne craignez pas qu'il vous parle
« de sa douleur. Oh ! non, monsieur Valentin. Il vous
« aime trop pour vous affliger. Quand il vous tiendra
« dans ses bras, il oubliera tout ce qu'il a souffert, et ne
« répandra que des larmes de joie.

« Voici l'hiver qui arrive. Dans les longues soirées,
« vous nous raconterez toutes vos aventures, et vous
« userez librement du privilége des voyageurs qui re-
« viennent de loin. Soyez tranquille, nous vous écou-
« terons bien, et nous croirons tout ce que vous direz.

« Adieu, mon cher monsieur Valentin. Recevez l'as-
« surance de ma bonne et franche amitié.

« LOUISANNE. »

Le lendemain, Valentin quittait Rome et partait pour la France.

XVII

Bien qu'on fût aux premiers jours de novembre, la saison était belle encore. Valentin avait quitté la voiture à Clisson, et suivait à pied les traînes à demi dépouillées qui courent sur le bord de la Sèvre. Quelques mois à peine s'étaient écoulés depuis son départ, et dans ce court espace de temps il avait bien vieilli. Son front avait pâli, son regard brillait d'un fiévreux éclat ; la douleur avait déjà flétri son doux visage, où, trois mois auparavant, brillait la fleur de la jeunesse. Il allait à pas lents et la tête baissée, indifférent aux beautés des campagnes qu'il avait tant aimées.

Cependant, à mesure qu'il approchait de la vallée tranquille où s'étaient écoulées ses premières années, il éprouvait un attendrissement involontaire; lorsqu'il aperçut le toit des Cormiers à travers le feuillage éclairci, il sentit son cœur se fondre et ses yeux s'humecter. Il s'accusait d'ingratitude ; il comprenait combien il était coupable envers son vieil oncle, qui l'avait toujours traité comme un fils ; il revenait désolé, mais plein d'amour et de repentir.

Justement alarmé par la lettre de Louisanne, il s'attendait à trouver son oncle dans son lit. Quelle ne fut pas sa joyeuse surprise en l'apercevant dans une avenue du verger ! La tête patriarcale de M. Fléchambault, doucement éclairée par le soleil d'automne, respirait la santé. Valentin courut à lui, et ils se tinrent longtemps embrassés.

— Mon oncle ! mon ami ! mon père ! disait le jeune homme en le pressant contre son cœur. M. Fléchambault se taisait, mais des larmes coulaient le long de ses joues, tandis qu'il attachait sur son neveu un regard curieux et attendri.

— Cher enfant, que te voilà changé ! dit-il enfin avec un étonnement douloureux. Tu as donc souffert, tu as donc pleuré, mon ami ? L'air de nos champs ramènera sur ton visage les couleurs que tu as perdues..

— Oui, mon cher oncle, j'ai pleuré, j'ai souffert. Je souffre encore d'une cruelle blessure ; j'en souffrirai longtemps peut-être ; mais vous me guérirez, mon bon oncle.

Pas un reproche, pas une question indiscrète ne sortit des lèvres de M. Fléchambault. Son cœur était un abîme de tendresse et de miséricorde ; aucune réflexion amère ne troubla la joie du retour. Les serviteurs se pressaient autour de leur jeune maître, et tous lui disaient : Ne nous quittez plus, vivez au milieu de nous.

Dans la soirée, M. Fléchambault voulut entraîner Valentin chez son vieil ami Varembon.

— Viens, lui-dit-il, Varembon ne t'a pas gardé rancune, et sa fille ne t'en veut pas. Ils seront joyeux de te voir.

— Rien ne presse, mon oncle, répliqua Valentin ; donnez-moi quelques jours de répit, laissez-moi tout entier au bonheur de me retrouver près de vous.

Après la façon très peu polie dont Valentin s'était conduit avec M. Varembon et sa fille, on comprend sans peine qu'il ne fût pas pressé d'affronter leurs regards. Il craignait que son oncle ne ramenât sur le tapis le mariage, qui lui souriait moins que jamais. Et puis il soupçonnait Louisanne d'avoir usé de supercherie. L'air gaillard et dispos de M. Fléchambault s'accordait si peu avec les termes du message qu'il avait reçu à Rome, que son étonnement avait bientôt fait place au dépit. Et pour tout dire enfin, dans la disposition d'esprit où il se trouvait, il était bien aise de ne voir personne.

Quelques jours plus tard, comme M. Fléchambault revenait à la charge :

— Tenez, mon oncle, lui dit Valentin, je vous en prie, n'insistez pas davantage. M. Varembon est votre ami ; je n'ai d'éloignement ni pour lui ni pour mademoiselle Louisanne ; mais je suis triste, je suis chagrin : j'ai besoin de solitude.

Sûr désormais de n'être pas troublé, Valentin se livrait tout entier au souvenir d'Antonia. Que faisait-elle à cette heure ? Vers quelles plages lointaines son mari, son bourreau l'entraînait-il ? Lui serait-il donné de la revoir un jour ? Dieu prendrait-il soin de les réunir, comme elle semblait l'espérer en lui adressant ses adieux ? Ce trésor de grâce et de beauté était-il à jamais perdu ? Les portes de l'Éden s'étaient-elles fermées sans retour ?

Cette préoccupation était devenue toute sa vie. Il n'avait plus goût à rien ; la chasse même, qu'il avait aimée avec passion, avait perdu pour lui tous ses plaisirs. Toute distraction lui était importune. Antonia était le commencement et la fin de toutes ses pensées. Il la voyait partout, il la mettait de moitié dans toutes ses impressions, il entendait sa voix dans les soupirs de la brise, il la mêlait à toute la nature.

Un soir, il était seul dans le salon des Cormiers. Le jour baissait ; la senteur qui s'exhale des bois à la fin de l'automne, moins pénétrante, mais plus douce peut-être que celle du printemps, arrivait à pleines bouffées par la fenêtre ouverte. Étendu sur un divan, Valentin passait en revue tous les épisodes de son séjour à Florence et à Rome. Son esprit se reportait vers les *caschines*, vers l'église déserte de San-Miniato, d'où la vue se promène sur la vallée de l'Arno. Il revoyait avec elle les ruines du Colisée, les aqueducs semés dans la campagne romaine, le temple des Muses et la grotte de la nymphe Égérie. Il s'asseyait avec elle au bord du lac Némi, sur le gazon émaillé de cyclamen.

Après avoir épuisé toutes les richesses du passé, il interrogeait l'avenir d'une âme inquiète, quand la porte du salon s'ouvrit brusquement. Valentin leva la tête et demeura frappé de stupeur ; il voulut s'élancer, ses jambes fléchirent ; il voulut parler, la parole expira sur ses lèvres ; il ne put que tendre les bras : c'était Antonia, Antonia elle-même !

— Est-ce vous, Antonia ? s'écria-t-il enfin. Est-ce bien vous qui m'êtes rendue ? Mes yeux ne m'abusent-ils pas ? La foudre ou la tempête vous a-t-elle délivrée de votre mari ? Êtes-vous libre enfin ? Êtes-vous à moi tout entière ?

— Je suis libre, Valentin, et c'est à moi seule que je dois ma liberté. Le comte de Pietranera m'a ramenée en France. Après la scène terrible qui s'est passée entre nous, la vie commune était devenue impossible. J'ai brisé ma chaîne, je me suis enfuie. Dieu, qui a vu mes tortures, Dieu me pardonnera. Je viens à vous, mon ami ; je viens à vous, calme et confiante. Je compte sur votre amour, sur votre dévouement. Vous me protégerez, vous me défendrez : me suis-je trompée ?

— Vous êtes ici chez vous. Mon oncle est bon, il m'aime. Je lui dirai tout. Vous vivrez ici à l'abri de tout danger. Piglia-Spada n'est pas éternel. Dieu aura pitié de nous et nous délivrera de ce monstre. Un jour, bientôt, vous serez ma femme ; ma femme, Antonia, ma femme bien-aimée ! Nous vivrons heureux et tranquilles : vous achèverez près de moi, dans la paix et la sérénité, une vie commencée sous des auspices si orageux. Oh ! combien je vous aimerai !

Tout à coup Antonia poussa un cri d'effroi, et demeura immobile, comme si elle eût été fascinée par la tête de Méduse.

— Là, là, ne le voyez-vous pas ? dit-elle à Valentin d'une voix tremblante, en lui montrant de la main le comte de Pietranera, accoudé sur le bord de la fenêtre, et qui plongeait dans le salon un regard menaçant.

Valentin bondit de colère, et saisissant dans un coin du salon un fusil de chasse :

— C'est toi, s'écria-t-il, affreux Piglia-Spada ! Cette fois, tigre altéré de sang, tu n'échapperas pas à mes coups.

Et il allait coucher en joue le comte de Pietranera, lorsque Antonia arrêta son bras.

— Malheureux ! qu'allez-vous faire ?

— Je vais vous venger, répliqua Valentin.

Le comte de Pietranera avait escaladé la fenêtre, et se jetant au-devant de lui :

— Tout beau, mon gendre ! s'écria-t-il ; voulez-vous donc tuer votre beau-père ?

En ce moment, M. Fléchambault parut sur le seuil de la porte et s'arrêta en souriant.

Pâle, tremblant, Valentin promenait autour de lui un regard éperdu. Ses yeux se dessillaient : son esprit s'éclairait comme par enchantement. Un coup de vent avait balayé la nuée ; le ciel s'inondait de lumière.

— Oh ! mon Dieu, dit-il enfin, que se passe-t-il donc?

Louisanne s'avança, et lui tendant la main :

— Pardonnez-moi, dit-elle. Je vous aimais sans vous

connaître; j'ai compris votre mal, et j'ai voulu vous guérir. Je ne pouvais arriver à votre cœur qu'en abusant votre imagination. Vous ne vouliez pas de Louisanne, vous la dédaigniez sans l'avoir vue; Antonia s'est chargée de notre union. A-t-elle réussi? Mon ami, dites-le-moi.

Valentin saisit la main de Louisanne, et la couvrant de larmes et de baisers :

— Vous pardonner ! N'est-ce pas à moi plutôt d'implorer mon pardon? N'est-ce pas vous qui m'enseignez la sagesse et le bonheur?

— Ne regrettez pas, ajouta Louisanne, l'épreuve à laquelle je vous ai soumis. Je vous ai trouvé, en toute occasion, brave, généreux, chevaleresque ; je vous en aime davantage.

Valentin se jeta au cou de M. Varembon, et le contemplant avec étonnement :

— Comment, c'était vous, vous, Piglia-Spada?

— Oui, mon gendre, moi-même ; n'ai-je pas bien joué mon rôle?

— Eh bien ! dit M. Fléchambault en montrant Louisanne, n'avais-je pas raison? Ses cheveux n'ont-ils pas bruni?

— Voici Zanetta, dit Louisanne en désignant sa femme de chambre qui les regardait d'un œil curieux par la porte entr'ouverte. Elle aussi a joué son rôle et nous a secondés. C'est elle qui m'a servi de secrétaire. Pardonnez-lui de s'appeler tout simplement Jeannette.

Le vœu des deux amis était enfin comblé. Le mariage se fit aux Cormiers, et la fête dura trois jours. M. Varembon et M. Fléchambault avaient réuni les paysans des environs : les noces de Louisanne et de Valentin rappelèrent les noces de Gamache.

Six semaines après son mariage, Valentin reçut la lettre suivante :

« Je viens, mon cher ami, de couronner dignement une vie remplie jusqu'ici par de poétiques aventures. Le mariage, vous ne l'ignorez pas, a toujours été pour moi une des choses les plus triviales, les plus prosaïques de ce monde. Eh bien, par un rare privilége, j'ai trouvé moyen de donner au mariage tout l'intérêt du roman le plus passionné, du drame le plus mystérieux. Une jeune fille dont le nom ne semble même pas appartenir à la terre, dont la voix est douce comme celle d'un séraphin, s'est éprise pour moi d'une passion irrésistible.

« Elle me croit pauvre, et pourtant elle me préfère aux plus riches partis. Vainement sa famille, dont la noblesse remonte aux premières croisades, s'est opposée de toutes ses forces à notre union; l'amour a triomphé de tous les obstacles. Elle n'a pas craint de s'exposer à la malédiction paternelle pour devenir ma femme. Prières, menaces, elle n'a voulu rien entendre. Il me reste à vous dire le nom de cet ange : j'épouse dans huit jours mademoiselle Élodie de Longpré.

« Votre ami, Rodolphe. »

— Grand bien lui fasse! dit Valentin en pressant Louisanne dans ses bras.

Deux années avaient passé sur leur bonheur.

Un jour, Louisanne et Valentin feuilletaient ensemble le volume dont nous avons transcrit quelques pages au milieu de ce récit.

Valentin relisait en souriant toutes les pensées qu'il avait autrefois tracées avec orgueil; il raillait sans pitié tous les rêves ambitieux, toutes les plaintes amères, qu'il n'eût pas donnés alors pour une page de Rousseau ou de Byron.

Louisanne le défendait doucement contre lui-même.

— Mon ami, lui dit-elle, ne jugeons pas trop sévèrement les folies de la jeunesse ; tâchons même, en vieillissant, d'en garder quelque chose.

Valentin écrivit sur la dernière page :

« L'amour est la grande aventure de la vie. Une affection sincère est pour le cœur une source d'émotions plus vives, plus variées que tous les rêves de l'imagination la plus féconde ; un monde mystérieux, infini, qui sollicite sans cesse notre curiosité, dont l'attrait se renouvelle chaque jour et que personne ne connaît jamais tout entier. »

FIN DE LA CHASSE AU ROMAN ET DU VOLUME

www.ingramcontent.com/pod-product-compliance
Lightning Source LLC
Chambersburg PA
CBHW052032230426
43671CB00011B/1623